泰州文獻

第四輯

嗜書堂未定詩稿

天香閣遺筆

率意吟

塞上草

緑雲紅雨山房文鈔外集

寄園詩存

余棲書屋詩草

吴儲合稿

静思堂續稿

寒翠軒詩

鳳凰出版社

ISBN 978-7-5506-2283-8
9 787550 622838 >

圖書在版編目（CIP）數據

嗜書堂未定詩稿、緑雲紅雨山房文鈔外集、余棲書屋詩草等 / (清) 繆永垣等撰. -- 南京 : 鳳凰出版社, 2015.10
（泰州文獻）
ISBN 978-7-5506-2283-8

Ⅰ. ①嗜… Ⅱ. ①繆… Ⅲ. ①中國文學－古典文學－作品綜合集－清代 Ⅳ. ①I214.91

中國版本圖書館CIP數據核字(2015)第252924號

責任編輯　王愛榮
裝幀設計　姜　嵩
出版發行　鳳凰出版傳媒股份有限公司
　　　　　鳳凰出版社(原江蘇古籍出版社)
　　　　　發行部電話025－83223462
出版社地址　南京市中央路165號　郵編:210009
出版社網址　http://www.fhcbs.com
印　　刷　揚州文津閣古籍印務有限公司
　　　　　揚州市開發區鴻揚路22-2號(6幢)　郵編:225009
開　　本　889毫米×1194毫米　1/16
印　　張　33.75
版　　次　2015年10月第1版　2015年10月第1次印刷
標準書號　ISBN 978-7-5506-2283-8
定　　價　500.00圓
（本書凡印裝錯誤可向承印廠調换,電話:0514－87969255）

《泰州文獻》工作委員會

主　任

藍紹敏　陸志鵬

常務副主任

盧佩民

副 主 任

戴勝利　王學鋒　張培成　佘江涛

委　員（按姓氏筆畫为序）

丁少華　方標軍　成愛君　季春芳　周興安

查學斌　姜小青　奚愛國　陳士宏　黄林華

曹茂良　曹學賦　許大才　張國祥　萬永良

程榮穩　鄒祥龍　費振鐘　劉　玲　劉仁前

劉宏鳴　潘時常　薛金林　顧維中

《泰州文獻》編纂委員會

主　編

盧佩民

副主編

黄林華　姜小青

執行主編

成愛君　費振鐘

編　委（按姓氏筆畫为序）

王　飛　王　劍　王正奎　卞惠興　朱長順　全　勤
李文華　李明官　吴　迪　吴小晴　吴雙林　汪　政
沈　俊　林世田　莫其康　倪培翔　徐一清　徐同華
高　峰　陳　立　黄　靖　曹學林　常　康　張　定
張永龍　劉仁前　劉春龍　潘浩泉　薛　飛　謝冬榮
竇立成　顧寄南

《泰州文獻》學術指導委員會

（按姓氏筆畫为序）

江慶柏　金良年　茅家琦　華學誠　徐　雁　畢飛宇

程章燦　楊九俊　魯國堯　劉玉才　顧　農

總序

泰州古稱海陵，漢初（公元前一一七年）置縣，晋末（公元四一一年）設郡，南唐（公元九三七年）建州，始稱泰州。

泰州濱江近海，物阜民豐。漢唐以來，糧鹽並舉，商貿繁榮，爲溝通南北的重要港口城市。

泰州素爲文教昌明之邦。唐初立州學，北宋建貢院，明清開學政試院，産出大批科舉優秀人才。

泰州自古人文薈萃。走進泰州的，從范仲淹、富弼、陸佃，到孔尚任、吴讓之、蔣春霖，都留下深遠影響。走出泰州的，從張懷瓘、胡瑗、施耐庵、王艮，到李清、吴嘉紀、柳敬亭、黄龍士、李鱓、鄭燮、劉熙載、李詳、梅蘭芳、高二適，都在各自領域爲中國文化作出巨大貢獻。

泰州遺存的文獻也很豐富。僅據《江蘇藝文志》所載，便有二千七百餘種，涵蓋經、史、子、集的方方面面。其中，尤以明清時期爲夥，占到百分之九十九以上。這當中不排除由於種種原因，致使元以前的一些著述湮没無聞，但明清兩代，確是泰州文化的繁盛期。在這些文獻中，如《書斷》（張懷瓘）、《水滸傳》（施耐庵）、《王心齋先生遺集》（王艮）、《宗子相集》（宗臣）、《陋軒詩集》（吴嘉紀）、《板橋全集》（鄭燮）、《藝概》（劉熙載）、《李審言文集》（李詳）、《黄龍士先生棋譜》等，在中國文化史上都有重要地位和深遠影響。

與此同時，對鄉邦文獻進行整理的也代不乏人。自宋至清，周氏（周麟之等）、宫氏（宫偉鏐等）、陳氏（陳應芳等）、徐氏（徐鳴柯等）等都曾致力其事，爲泰州留下了許多寶貴的文化財富。清嘉道間，鄉人夏荃編輯《海陵文徵》二十卷、附録十二卷，《海陵詩徵》十卷。民國初年，曾任江蘇省省長的鄉人韓國鈞歷經十餘年編成《海陵叢刻》計二十三種六十六册。

二〇一一年九月召開的中共泰州市第四次代表大會，提出了建設文化名城的任務。爲此，中共泰州市委、泰州市人民政府決定編纂《泰州文獻》。這是泰州有史以來對本土文獻最大規模的整理和彙編。它對於保存、利用、研究和開發泰州的歷史文化，尋繹泰州獨特的地方文化價值，爲泰州文化建設提供歷史人文資源，意義重大。

爲了保證編纂工作的順利進行，市委、市政府專門成立了工作委員會、編纂委員會和學術指導委員會。工作委員會由市委、市政府領導和相關部門負責同志組成，負責對編纂工作的領導和協調。編纂委員會由相關專家、學者組成，具體負責《泰州文獻》的編纂出版工作。學術指導委員會由江慶柏、魯國堯、程章燦、茅家琦、華學誠、徐雁、金良年等國内知名文史專家組成，負責對編纂工作的指導和把關。

編纂工作按如下幾個步驟進行：（一）進行文獻調查，建立文獻檔案；（二）精選有代表性、有學術價值的作品影印出版，選目由編纂委員會和學術指導委員會共同審議確定；（三）編輯出版《泰州文獻總目》。

《泰州文獻》分爲四輯：

第一輯『官修舊志』，收録泰州地區現存所有官修地方志。

第二輯『地方史料文獻』，收録泰州地區歷代重要的筆記和史料。按内容又可分爲史地類：收録有關泰州歷史地理方面的著作，包括小志、專志、雜志等；政情類：收録有關泰州政治、經濟等方面的著作；文教類：收録有關文化、教育、圖書館等方面的著作。

第三輯『家族文獻』，收録泰州地區重要的家譜、家傳、家集與名人年譜。按内容又可分爲家乘傳記類：擇要收録泰州家族譜牒中的譜序、家規、家訓、箴言、族約、族記、祠田記、塋田記、雜記、著述等資料；家族總集類：以家族姓氏筆畫爲序。

第四輯『泰州文存』，收録泰州地區作者的詩文著作及其他代表性著作。按内容又可分爲學術論著類：收録泰州作者的經史雜著；文集類：收録泰州作者的詩文集；地方總集類：收録泰州作者的詩文合集。考慮到《水滸傳》、《封神演義》（《辭海》云『一説陸西星作』）、《檮杌閑評》（學界多謂李清所作）等小説流傳甚廣，版本豐富，故不再收録。其他如堪輿、術數類著作，泰州人撰泰州地區以外的地方志、地理志類著作，一般性的彙編、摘鈔類著作，亦不予收録。

《泰州文獻》原則上收録現轄區内的作家作品。但從尊重歷史出發，泰州學派創派人物、明代思想家、哲學家王艮，平民詩人吴嘉紀等人，歷史上均屬於泰州地區，對泰州地區具有深遠的文化影響，他們的作品亦予收録。

前人給我們留下了豐厚的文化遺産，我們既要加以珍視和傳承，更要在前人的基礎上，創造出無愧於今天這個偉大時代的新篇章。這是我們更重要的使命，讓我們爲之努力。

《泰州文獻》編纂委員會

二〇一三年十月十八日

凡例

一、《泰州文獻》（以下簡稱《文獻》）分爲《官修舊志》、《地方史料文獻》、《家族文獻》和《泰州文存》四輯。

二、《文獻》收録範圍原則上爲現行政轄區内作者的著述和與泰州有關的重要著述，但考慮到歷史上曾屬於泰州地區的人物，如泰州學派的代表人物王艮、平民詩人吴嘉紀等對泰州文化深具影響，對他們的作品亦予收録。

三、所收著作成書年代限於一九四九年以前。

四、《文獻》所收著作，以學術價值、使用價值較高爲原則，適當兼顧版本價值。

五、《文獻》以影印方式出版。如有蠹損、殘缺、漫漶不清處，原則上以相同版本予以補配，以保證完整、清晰。

六、《文獻》對所收每種著作均撰寫提要，置於該著作前面，以方便讀者瞭解作者生平、主要内容、學術價值等。

七、《文獻》除保留所收著作原有頁碼外，均新編頁碼，每册頁碼自爲起訖。

八、《文獻》最後一册編有書名索引和作者索引，以方便讀者使用。

目録

嗜書堂未定詩稿

（清）繆永垣 撰

《嗜書堂未定詩稿》一卷，清繆永垣撰，據泰州圖書館藏乾隆三十八年（一七七三）刻本影印。

繆永垣，字時亮，號葛峰。清泰州人。琬長子。歲貢生。初任中城兵司馬，陞廣西横州知州。

此書收録繆永垣詩七十餘首。繆氏與同邑詩人宫國苞最契，故宫之《霄峥集》采其詩甚多。此書中詩歌可誦者亦頗多，如《東灣阻雨柬於亦川》：『田家隔水住，風雨閉柴門。烟樹連雲合，山河接地昏。漁樵迷去路，燈火暗孤村。景物關吟嘯，浮生且莫論』。

（周　忠）

長歌賦贈繆大葛峰詞長兼[illegible]

黃河亘天萬里入中國山飛岍走來南東海城其大如黑子屹然砥柱當其衝扶與盤礴之氣鬱積無所洩往往出為人物多才雄葛峰繆子天骨异目光炯炯軒英氣行年丱角能文章下筆能令宿儒畏弱冠試席蜚英聲孤鶵兀坐空書類人風吹我渡江來落落雲霞同臭味君今需次向長安以身許國從此始高堂把酒說生平當年閱歷猶堪記君家大父侍郎公堂堂文譽馳南中

仁廟凴軒親策士螭頭三策光華鐘海濱雙戟門初大奕葉金貂均負荷尊公材器尤白眉橫飛欲撞煙樓破巳肴啗手掇巍科造物生才偏轗軻一行作吏吏也廉懸魚在壁囊無錢酒酣脫帽時罵座那有折腰媚骨日向大吏頻周旋彈冠屢蹶復屢起卒携一鶴歸林泉爾時君方擁書勤稽古嶄然崛起持門户萬事糾紛如亂絲中宧綢繆日卓午拮据桑土年復年用保厥家寧乃父洪濤百折崖垠磅礴寒松屈盤凌厲衆芳有時振筆走豪翰詞源猶自掬銀潢偶拈一義示儕輩讀之寶氣奕奕天垂光甲第何難繩祖武一命彤墀謁

堯禹車笠要盟詎足多别有閒情淚如雨嗟余踪跡涼涼踽踽能入深山大澤擾長蛟狎猛虎不與鄉里咿唔腐儒通一語能提三尺劍斬樓蘭王頭更其國以去不敢睚眦之間一觸忿夫怒腐儒與語能令人嘔忿夫如怒殺我不悟乾坤七尺空懸疣茫茫何處消我憂君家宧深銀燭跋興酣一語當千秋更有膝下六男子赤毛鸑鷟翔崑邱登堂問

字敬父執令我披襟大笑百壺一吸如泉流無端忽送星軺發木葉脫兮風瑟瑟不獲峩冠側注從羣公故人况乃山川陽酒半酣為君起余亦乘舟還故里歲暮江寒波彌彌海陵尚餘幾知己他時麾轟繼前人鯉魚早寄黃河水

丹陽愚弟於震拜撰

嗜書堂未定詩稿目錄

擬謝惠連秋懷詩

應州伯父解組歸來程黃門前輩以詩見示即韻答之

送於亦川歸丹陽

次韻留別程綠埜

小清江夜月

將發舂明諸同好治具賦別匆次未有以答也舟邸寄柬

風雨述懷柬同舟諸子

衛河風阻

客懷次俞讓林韻

登德州南城

懷友

九日舟次

前題次墨奴韻

謝家園見梨

九日讀陶詩

月夜

風帆

雪中雜感次讓林韻

知莊觀荷感舊次蘊真叔父韻

前一夕夢友人招飲名園鑿泉通流栽荷植竹致足樂也感而誌之仍用前韻

生兒詩次家大人韻

八節應條風限風字

和朱完車辰日原韻

輓方孺人

次韻答方升舍弟喜雨仍用范石湖仄體

元日早眺兼示同社諸子

秋水芙蓉得書字

東灣阻雨柬於亦川

秋日游日涉園

作家書後書寄舍弟

次韻答於亦川泊舟姜堰見憶之作

壽殷仕貽九十

燕語

喜雨

挽高果亭

次韻答儲玉琴兼懷晴嵐

寄別讓林令度諸同好

嗜書堂未定詩稿

吳陵繆永垣葛峯氏甫著

擬謝惠連秋懷詩

商飈肅前林綠葉凋庭樹攀條感零落覽物悲遭遇空堦獨徘徊予懷紛觸迕侘傺羅百憂蒼旻莽迴顧漫漫白雲飛杳杳秋陽暮明月鑑孤帷寒蛩咽清露河漢耿中宵繁愁縈積愫興言枕漱風笑指扶搖路是處伏危機伊儔結深趣棲遲性所諳偃仰情誰喻寧眈汗漫遊不受簪裾誤陟山采薇蕨臨流契鷗鷺逝波去無停羲車豈暫駐壽非松栢茂安冀金石固延歡藉杜康長歌仰韶頀昌黎抒幽懷竊慙巴里附

應州伯父觧組歸來黃門前輩以詩見示即韻答之

浮生到處成何似却羨懸車得遂初三徑尋花九日後廿年話別五更餘閒心只合聞清棒人境偏宜結舊廬領取霜螯詩意美（原詩有霜螯恰可傾家釀之句）一回賡唱一踟蹰

送於亦川歸丹陽

白狐跳梁黃狐立茫茫對此百端集高人何事苦淹留長嘯一聲風雨泣與君傾蓋訂新交縱橫羣推四海習憶昨拏舟一水寒霜風吹老墨痕乾歸來不見舊時驛但見孤鸞別鶴瑟瑟響空碧

次韻留別程綠埜

風雅西園見一斑孤標應在謝顏間茆齋獨夜頻高咏襆被凌晨隔遠山驛路黃塵隨款段鄉關碧樹囀綿蠻已看同學高騫盡可許宮花次第攀

幾番握手滯征鞍別緒匆匆欲語難誰與看山消永日能忘把酒壯文瀾幾人車笠腸偏熱回首風煙鼻欲酸深感臨岐倍繾綣還期努力各加餐

小清江夜月

幕捲孤舟一水長玲瓏秋月滿江鄉人間應有仙郎在怪煞姮娥獨夜孀

將發春明諸同好治具賦別匆次未有以答

也舟邱寄東

邗江千里客驂息一帆懸我自餞歸思君還賦別

遲遠書期雁後良晤在春前倚棹孤吟處蒼茫雨岸煙

風雨述懷柬同舟諸子

經旬沙路迴好語隔雲煙匏繫關河老萍飄爾我憐酸鹹殊俗好豉露隔塵緣且共床前飲還餘風雨聯（同舟俞衡皋昆玉宮碩田竹林宗弟若時華）

衛河風阻

幾度宗生夢吹醒萬里魂停舟迷野渡落日淡黃昏擊筑人何在橫汾賦僅存傷心千載事一曲付

殘尊

客懷次俞讓林韻

迢遞層雲起暮陰娟娟新月忽高岑風霜萬里還家夢砧杵千門入夜心檢點征衫餘別淚低徊世路幾知音何時更訂皇州約同聽鶯聲滿上林

登德州南城

故山猿鶴嘯長空迴首金臺湛露融（謂先司寇公）競奕未甘辭弩末式微忍復賦泥中河陽雁斷風前夢嶺外雲歸江上楓（皆憶舊事）此際登臨無限感一聲殘

角起征鴻

懷友

關河迢遞嘆長征風雨仍教別子行衣聯萊彩他鄉樂腸斷鶴陰天外鳴臨岐古樹鴉千點隔水高樓笛一聲且喜茱萸佳節近螭頭應約看題名

九日舟次

高歌酬令節風月滿江天葭露情原淡姮娥態自妍詩情濃似酒歸思疾於船好結潯陽伴東籬拂曙煙

前題次墨奴韻

漫説茱萸節韶光又一年波流今古月帆掛別離天桑梓寒煙外芙蓉秋水邊關心觸舊恨迴首一凄然去年此日生兒不育曾有九日芙蓉之咏

謝家園覓架

野風吹汗漫鄉思入沉昏忽憶朐山味來尋謝氏村閒雲籠古陌老樹壓柴門彷彿蕉漿飽相看笑素飧

九日讀陶詩

辛苦讀騷騷未熟長恨學歌歌當哭有客提壺掛寒柯笑指紛紛蕉與鹿誰啼飢誰粱肉誰解綬誰戀祿傷心五斗賦歸來白駒皎潔潛空谷東籬秋老無容顏夕陽幾點淩霜菊君不見豪華座上競蛙鳴高懷那得任杼軸不願披吟落帽風但願孤弦一曲鸞鶴相徵逐

月夜

今夕是何夕秋光最可人星河連故國舟楫傍通津行色愁中老浮名夢裏真舉杯嵐翠外何處訴前因

風帆

水雲飄渺淡煙嵐徙倚秋光酒半酣此日歸航風正好不須惆悵待西南

雨後歸鴻夕照中暮天猶自帶長虹迴波暫緩中流棹輸與鄰舟一夜風

雪中雜感次讓林韻

北風何凜洌一夜雪花滿瓊瑤砌山河翡翠朗煥館虚空似我腹笑指琉璃盌不寐更羞明蹋蹭增

頫灋誰不慕炎熱而乃結冷伴念玆素心人契濶如久旱開緘出君詩貪讀酒屢煖（用坡公句）寢起梅花下月落自參橫四顧寂無人熏鑪對空枰晨風一披拂策策窓樹鳴不解膏粱味不羨氷蘗聲但得一尊酒聊以慰生平

知莊觀荷感舊次蘊真叔父韻

眼前那得百花莊冷落雲眉事可傷千頃芙蓉雙槳月一腔詩酒半生狂（謂俞正林先生）開心欲傍蕣苔老花氣猶侵笑語香迴首獨憐名勝處平泉今已賦滄桑

前一夕夢友人招飲名園鑿泉通流栽荷植竹致足樂也感而誌之仍用前韻

宦成留戀雪堆莊底事槐柯繫感傷斷巠何心趣匠巧穿泉有意避時狂（用狂泉事）此生只合芰荷老他日還分一瓣香惆悵風流尋斷夢教人無計挽扶桑

生兒詩次家大人韻

頫叶熊兒兆漫誇驥子扶著鞭争似祖蹻竈獨慚蘇花發椿萱茂吟成卯島愚眘箱如有分應免嘆猶吾（借用論語與坡詩意與）

八節應候風（限風字）

聖主調元化羣生盡發蒙三陽開節序一氣轉鴻濛漸覺川原潤咸覩品物豐峭寒猶拂曙輕暖欲舒紅雲靜山嵐影香飄蕙艸風花含金埒外柳釀碧波叢已識芳辰永還徵淑景融百昌胥應節稽首頌神功

和朱完車辰日原韻

抗節誰論是與非籌添一曲和音稀梅花句裏探紅瘦楊柳枝頭釀綠肥已分文瀾慚久滥還期身世莫相違東君最解憐花意消得風光鎮日依

吟鳥窓前喜得儔聽他歌吹儘風流雪殘枝上凝寒霽春向眉邊鎖舊愁顧我一腔血未冷憐君幾度髮先秋曉風楊柳關情處莫漫吹人盡白頭

輓方孺人

結褵憶初歡名閨設衿帨覓壻得溫嶠賢思溢伉儷入門失怙恃口澤半淪替風木恨有餘雞豚已

弗逮精誠貫蘋藻藜藿甘粗糲從君閥閲中匪勉持門第君還事詩書妾當理甘脆牛衣致足樂鹿車亦忘勢有時慕金蘭解佩以明契有時勗功名斷織以相勵舉案究嚴賓古誼如昆弟豈啻不復言窮達會有際云何清淑姿天不永靈慧瞬息笑談閒撒手成隔世青苔砌空幃芳澤留巾袂長將一字誄寫我無窮涕

次韻答方升舍弟喜雨 仍用范石湖仄體

大塊無私澤天人互推勘旱魃何為者炎雲赤如紺卬溝競厲揭那得西江瀨螟螣勢騰踔岌若舟中塗錢鏄置弗庤殘禾驚貝琀艱難在力穡嗷嗷羣待啗成仄蠟將燼欲秀心猶菼哀蟬鳴雜沓荒雞號黑暗雲山亘千里渺渺增余憾排闥無路入悲起漁陽參條焉聞簫鼓滉髙試窺闞淋漓沁地肺雞睍復魚瞰昏沉入夜冥宏偒而瀏濫譬如乘風舸縱横不可纜又如煙雨浦踈密無濃淡青葱漾阡陌至味渾蔗啗豈歛本無定炎涼心愈澹所愛羲皇侶遐思入空憺人生作達耳遑復問久暫

風雲會有日努力費鐫鏨常懷耿耿志汲深慮折檐鍵户自怡悦守禄慚徵甋榮華似朝雨賢愚勿妄探揮毫聊賦此滿引至再三

元日早眺兼示同社諸子

萬里雲霞淨扶桑第一輪煙光凝淑景春色漾寒津翠柏經年古霜梅隔歲新斜川賓侶在為樂及兹辰

眺遠當新霽披襟憶歲除節隨一杪轉春透五更餘桃板年年似晨星落落如圍爐椒酒熟離索渺愁予

秋水芙蓉

秋光浮太液花氣漾清渠出水情偏澹臨風態自徐遠香籠素月麗影妒游魚初日差堪擬晨粧那得如亭亭沾渥澤灼灼照新畬為借栽培力行占大有書

東灣阻雨柬於亦川

東灣維棹處詞客幾經過蕭瑟成奚似江關可奈何新詩憐古誼短燭起長歌去去復誰道年光老

辟蘿
田家隔水住風雨閉柴門煙樹連雲合山河接地
昏漁樵迷去路燈火暗孤村景物關吟嘯浮生且
莫論

秋日遊日涉園

秋光倒映一泓斜落日亭臺散綺霞隔座凉生雲
竇雪開樽風落石牀花當年金谷留餘韻今日平
泉憶故家最是層樓高處望一行白鷺起晴沙

作家書後書寄舍弟

別離何足道努力且加餐行役催人老關河入夢
寒孤舟雲靉靆凉月夜闌珊莫惜平安字傳來仔
細看

次韻答於亦川泊舟姜堰見憶之作

彈指一陽復梅梢欲放春高歌憐往事遠道惜離
人世事忙中拙交情淡處真願言懷耿耿同以答
明神

壽殷仕貽九十

元亱開瓊宴高堂進玉觴九閶閶鎖鑰千里萃冠
裳書映藜光炯功銘鄒子長芳聲殊奕奕後起更
堂堂詩禮關提命簪裾接焜煌成均蜚譽望頖壁
競趨蹌竚見三槐茂寧需五世昌期頤元指顧人
瑞頌無疆

登高旻寺浮圖歌

安瀾奏績奠邗郡蕪城傑閣摩青蒼岧嶤閣中何
所有玉瑱居楹金飾璫繁華恰在高旻寺海隅麗
日照禹梁寺門蕩漾三叉口嵌空層塔千琳琅屈
曲廻盤谿雙目風雨變態天花香瑤草芬芳襲衣

媚隋珠錯落明月光春雲藹藹日載陽
帝駕六龍巡四方周覽淮堤倍鞏固
宸衷睿斷超前王河伯許兮蛟龍恐舳艫接兮旌旆
揚
宵旰關經竹西路南連佛刹朝霞翔
天縱神姿獨超越更上一層闢大荒領悟新豢塔高
迥卑視萬象真茫茫鮮好禪機寓孤淡珊瑚翡翠
紛熒煌百丈琉璃甘露滴花宮梵唱佐玉觥觀者
如堵樂清宴

皇帝陛下壽無疆

過宜陵食冷淘步韻東亦川

霽色初開亙氣浮晨炊野店為停舟眼前生意浼高榭水面晴光漾小樓且喜蓴羹香乍熟還兼槐葉綠重洩回思姜堰聯吟日風雨經宵接勝流

步韻懷沈碧泉

共惜霜華照鬢時壯心還擬射金巵（將有謁選之舉）却慚鳳羽影華綬（謂貝黄廷璞）況覩雄文炫寶奐太傅應承宣室召忝筆早許杜陵知（謂於亦川）幾經齒頰芬芳處

傾蓋相逢恨已遲

尋炳公不遇

返照入廻塘溶溶映上方斷橋迷古陌野色澹巖霜訪道虛元度尋山悵孟陽相期無俗韻此意覺微茫

集陶句遣懷

雲鶴有奇翼甘以辭華軒誤落塵網中僶俛四十年氷炭滿懷抱離憂悽目前風雨縱橫至螟蜮恣中田念之動中懷鬼神昧茫然素襟不可易玉石乃非堅雷同共毀譽於我若浮煙清颸矯雲翮一盼周九天何事紲塵羈驟驥感悲泉世路廓悠悠聊且浼

齋松

昔我卜居來愛此孤根松荏苒十餘載束縛藤蘿中寒暑任代謝霜雪不改容俯視藤與蘿零落悲秋風

哭亡弟慎菴

四大何因著此身低徊往事起哀呻眼前幻化樓

生蜃江上煙波海颶塵棠棣頻教風雨妒脊令誰識性情真那知一棹倉皇去瞬息魂銷夢裡人

一別何從更溯洄經旬消息夢頻來鄉關去住成泡影湖海心情墮刼灰幾度寒煙青嶂外數行老淚白雲隈（慈親痛悼不已）他時旅櫬東歸日萬壑風淒猿嘯哀

哭長女端嫆

連宵風雨渺愁予況是吞聲死別餘一自比鄰乖夙願頓教遺恨泣枯魚

拮据未了身先瘁衿帨空留恨已遲檢點褔衣箱
笥在瑶環猶自卜瓜期（女姙已七閱月）
彌月將臨遽泣瓊別離倉卒未分明就中消息知
何似夢裏如聞叫不平
記得春來事未賒低徊哀怨說周遮（春初歸寧訴家庭詬誶之事聲淚交併）如今莫恁嬌癡態泉路非而父母家
未了前因種此生深慚余行負神明梧桐夜雨秋
江冷慘澹哀鴻三兩聲

哭季女阿多

無奈嬌癡更可人金鑾彷佛汝前身阿誰喚醒江
州夢又結來生未了因（半年中連喪兩女）
平時姑姪趁遊嬉一樣分甘解讓梨猶記挑燈勤
問字女郎相伴夜深時
豈料泣瓊成逝水更誰啼膝覓銀魚曉風落月闌
心處博得恩勤五載餘
風燈一霎影游颺尚憶彌留索米漿今日南郊澆
汝飯可能起汝更重嘗

感賦示朱冠林

同此傷心淚吞聲不忍揮落花人已逝明月影空
歸蕭瑟煙嵐斷迷茫露草晞杖廬猶古誼珍重莫
相違

晴嵐姪二十初度

若木初光正引年懸知刻晝悟真詮漫隨楊柳依
人媚但似芙蕖出水鮮雞鶴未聞中散異驪駒早
識仲容賢莫辭努力秋風裏老蚌生珠分外妍

中秋北望

尋秋昨夜雨初霎萬里嵐煙入眼迷日下非無縮

地術人間那有步雲梯孀娥曾否消殘怨水調依
稀憶舊題（丙子中秋出北闈曾和坡公韻賦水調歌頭）試望崦嵫何所
似爛銀盤已掛巖西

挽幻雲上人

早證菩提絕市闠白雲深處水潺潺經繙貝葉香
生宇座湧蓮花雪滿山已向真如參客諦尚留般
若照人間那堪陶令長相憶寂寞東林竟閉關

送理筠禪師歸寶華

清晨過訪接氍毹聽說淵源付襯珠十二芙蓉傳

刻漏三千簷蔔伴跏趺已從法外觀如是更爲人
間鼎友于（時師弟炳公初寂師來弔其喪）尚念屏營蹊路者許隨
盃渡入山無

送王二兼餘移居

南村久共比隣居彈指君年六十餘箕福漸饒崧
景外萊衣方羨若光初但令有子驕如豕何必多
兒嬾似舒衡宇及今相望否故人從此賦渠渠

秋聲次劉文竹村韻

疎林迴夕照落葉滿山秋雲氣千峰肅嵐光萬里
浮淒淒迷野渡瑟瑟漾寒流蕉雨砧中急松風檻
外收會須凝逸響那復憶閒愁爲擬淇泉竹遐年
懋德修

壽張椒堂六十

帶礪宏開府經綸屬後賢餘香凝畫戟壯志偃青
氈桃李新晴外菁莪化雨前經壇推五鹿講幄兆
三鱣風起春生座襟披月在天甄陶因物賦肝膽
向秋懸總荷栽培力其如感激偏隱微勞眷注險
阻仗周旋朱郭名何忝楊劉誼獨全斯文踰骨月

高義動星躔烏几橫長笛兕觥祝大年嶺梅香馥
郁吹送到華筵

邗江雜咏上河督李湛亭先生即次其韻

恩光幾度謁
承明紫陌鶯啼趁曉晴恰喜邗江頻駐節一帆風月
任逢迎

山水閒情憶盛年微雲疎雨夕陽天箇中忝得真
消息清絕當時孟浩然

摩詰風流若箇知傳來幾幅畫中詩二分明月揚
州夢珍重年華鬢上絲（來詩有二分明月依然白移向勞人鬢上絲之句）

安瀾長慶日遲遲應是蒼生徯澤時從此
皇州煙樹裏曲江風動萬年枝

陳慎齋別墅

門閭久式鄭公鄉（君家爲海陵望族）舊墅重修宅第旁入
座風華含婀娜開軒雲氣接微茫數株古木猶餘
蔭幾處新花别有香自是俗塵都不染對君心地
一清涼

次韻答李兆熊

海天凝望處秋思入層陰養拙存三徑修真乏五禽淡煙新嶂影落月故人心何日西風棹輕帆出曉潯

題俞鏡川秋江待渡圖

擬向煙波識釣徒霜林如洗月如珠寧教石上支頤坐不羨人間折簡呼雲氣遥横山靉靆江風初起浪吞層闕情最是蘆深處一棹蒼茫許渡無

客窓感懷次韻東梁小素

冷落清宵月一簾對君彩筆憶江淹但教款段囊

中富（來詩有李生休說囊餘錦之句）莫向溪山勝處廉此日聲華高里閈他年雨露洽蒼黔不須惆悵貧兼病我亦風塵吏隱兼

方升舍弟以指月録苦甜連根苦甜底徹蒂甜二語足成一律見示次韻答之

何妨憂樂一身兼世事如花解笑拈只有吟哦耽老癖可能日月任膠黏嘗來俗味瓜應苦參透中邊瓠亦甜三復倡言須猛省漫同詩律擬清嚴

初春水僊

木德初臨淑氣回瓊姿可許占花魁寒隨羅襪塵中去春向凌波步裏來素質已看承麗景香風猶自拂氷苔遥知洛浦多情賦費盡陳思八斗才

次韻述懷東讓林

銷磨其奈壯心何辜負年光老薜蘿款段羨君囊是錦風塵慚我佩非珂拊膺已恨逢時晚迴首偏憐鑄錯多只有高情千古在市中擊筑醉中歌

雨蓮茶舍小集

舊肆重來共笑歡殷勤握手勸加餐箇中參得真

消息帶雨芙蓉取次看

何曾溪壑遠塵囂心自煙霞迹自豪况是搴裳偕勝侶百年風雅屬吾曹

入座清凉勝綺筵晨風嫋嫋腹便便恰憐雞肋渾難飽莫漫支離供老拳

邗江月夜紀事

十里煙嵐雙槳舠一天氷雪淨孤高可知香海慈雲遠費盡人間膜拜勞（時觀音會）

海天望處一鷗浮多少閒心未肯休試問蜀岡遊

賞日二分明月又新秋

生日

無端客寺過生辰禪塌茶煙結比鄰入社何因追靖節望恩可許問平津殘鐘欲喚塵心醒落月初開曙色新為憶十年前度事臣之壯已不如人

移寓

少無城市習相賞在園林偶爾移萍跡悠然愜素心風霜侵客夢砧杵入秋吟誰念羈栖者盈盈一水潯

次韻新秋偶興

閒居何所似蕭瑟起遥情薝蔔香無夢芙蓉漏有聲孤砧和雨急秋思入雲横為問髀生客星霜幾度更

曉霽

鄉晨看霽色羣籟入詩腸嵐氣猶横黛松花别有香炎凉爭瞬息風雨憶荒唐且喜東籬菊秋來露漸瀼

僧寺中秋

海底銀盤分外妍娟娟萬里淨雲煙聽來簫鼓團圞會博得鐘魚寂静緣吳斧月中懷酉歲江花夢裏憶辰年（謂前乙酉暨甲辰兩捷）不堪往事重搔首一樣中秋一樣圓

旅次感懷次讓林韻

月明幾度笑凭欄薝蔔香林聽漏殘報到三秋霜信早吟成七字淚痕乾濤深莫漫思横槊風落無端為整冠（時近重九）珍重同袍捫髀者且憑清美一加餐

新寒

朔風吹人衣寒砧響清越策策窻樹鳴凄凄木葉脱太息何為者而乃故相聒夜來雨雪侵起坐頻咄咄閒軒怯衣单顧瞻中心怛非無郤寒術其奈相謬剌信知數有乖倉卒忽見撥春華與秋實天心任塗抹何如屈蠖姿凌厲衆芳末況復一陽生化機欣活潑

春雁

嘹嚦孤雲外行藏對爾哀煙光凝岫嶂春色老莓

皆歛翮非關拙誰鳴始見才會須乘日旦好振羽
儀來

燕語

小立斜陽一樹坳呢喃心事費推敲慣尋柳絮蘀
非詈學舞寬衆笑更嘲已分烏衣長寂寂　隨黄
鳥共交交舊巢零落應知否軟語春風燕紹茅

喜雨

經旬多雨勢往往逐風汊忽見層雲合旋覘大澤
流盈虚争一瞬消息到三秋謏學隨陽雁殷勤粱

稻謀

晩高果亭

蚕歲名齊趙倚樓淵源詩禮足貽謀芙蓉江上秋
風裏領取緣綸到福州

繖笠清餘兩袖風廿年春社憶欒公只今林下孤
標在曾否依違任苟同

戲綵堂前哭老萊無端風雨上莓苔屋梁落月長
相憶如是平生夢裏來

春縈萱草枝呈瑞雨毓蘭蓀佩染馨他日壎篪競
雅奏好鐫宗德入碑銘

次韻答储玉琴兼懷晴嵐

清商嘽以緩彷彿古歌行明月入孤抱片雲懷遠
征山銜鞍馬恨水帶别離聲去去復何道臨風一
繫情

鶴犀中散異慚愧竹林間送别臨秋浦懷人隔遠
山遥知淹日月誰與論江關風雪鄜州外晨昏接
笑顔

寄别讓林令度諸同好

平生詩酒共芳辰忍作屏營岐路人海國雲霞淹
舊雨皇州風景接重闉憶來别緒都成淚話到知
心欲佩紳多少相思迴首處故園堤上一枝春

惜别河陽雁一聲天涯從此賦行行輸君霄漢凌
翔鳳愧我風塵聽囀鶯敢託闕門兼吏隱聊思禄
養代躬耕殷勤同社如相憶簑笠他時締鳳盟

嗜書堂未定詩稿終

天香閣遺筆

（清）桂天培 撰

《天香閣遺筆》一卷，清桂天培撰，據泰州圖書館藏清桂薌麓刻本影印。

桂天培，字因之，號仙岩。清泰州人。諸生。文學昌黎，詩宗中晚唐，畫仿小米。間爲小詞，情致悽楚。年三十二卒。

此書爲桂天培同學團維墉輯，詩三十四首，賦二首。桂天培情迷於詩，苦心吟哦，其筆下詩歌亦别具韻味，如《僧舍》：『獨閉禪關却舊盟，蕭蕭風雨滿荒城。僧房盡日無人到，一半鐘聲雜樹聲。』

（周　忠）

同學桂君仙岩幼善病日再進食一溢米兩頰如削玉手爪纖纖長寸許嘗語余曰古人名字李百藥外唯棄疾去病最佳蓋自祝也善寫蘭竹尤以鐵篆名工五七言詩鮮秀似元人既薩葦間為駢語亦香脆迭有碧樹三四本每旦薄盥而起執小冊子清哦其下或累月閉門不見客時春暮邑之城西夕桃花仙岩冠素幘獨往步許時立城陰小池自玩其影誦余舊句云臨水忽然知影瘦傷春不忍說心疼覺寒風洒毛髮歸卧疾踰歲卒年三十二難兄鄦巖撿篋得遺詩賦數頁屬余輯之以存片羽亦仙岩初志也余既稍為詮次壽之梓以付其遺孤間從鄦巖輩重過讀書深處小几清森牙籤纍纍猶可數而落葉在庭斜陽滿地未嘗不相對掩泣云

真州同學弟團維墉書

天香閣遺筆

詩

海陵桂天培仙岩氏著
真州園維墉梻燈氏輯

春雨

冥濛春樹滴春蹊碧瓦紅欄萬戶迷深巷一聲泥滑滑賣花人在小樓西

城北舟次

秋水寒塘曲蒼茫暮色昏白蘆帆隙舫黃葉雨餘村吟落嗟生計飄零愴別魂無窮羈客意誰與話清尊

病中偶感

空階寂寂捲書幃臥病青春獨掩扉海內每憐知己少天涯漸覺故人稀閒園細雨楊花落小巷斜陽燕子飛十載沈郎腰已瘦而今更減舊腰圍

修竹不受暑

幾竿階下竹當暑亦颼颼雨過全辭夏風來欲貯秋綠深高館靜影落小窗幽亭午新回夢茶烟一縷浮

寄梻燈秦淮旅次

小簡紅燈賦六朝鄰鄰新水夾窗寮秋風夜落青溪柳暮雨寒生白鷺潮慷慨庾山寧有恨飄零張儉太無聊冷吟閒醉秦淮路何處停舟坐聽簫

西城晚步感興

杳杳西園起暮烟吟袍搖曳漫流連呼鷹客去寒雲外射雁人歸夕照邊離思三年悲白社名場十載恨青氈登臨欲寫牢騷意落木孤城畫角天

春雪

竹梢初見拍飛蛾鴛瓦迷濛十萬多何處茫茫堪入畫綠楊江上一漁蓑

懷宮三霜橋

翠管鈞窗對夕暉春風空老舊柴扉人如芳草經年別夢以殘鶯到處飛楊柳綠匀公子扇桃花紅上美人衣何時烟雨同攜手一兩青鞵緩緩歸

寄懷栟燈客廣陵

細馬馱馱太瘦生
廣陵迢遞想離情
平湖日落秋無影
古樹風乾夜有聲
趙瑕詩名樓上笛
牧之酒殘席前箏
遙知高燭遊隅爛
應有相思到海城

九日過白雲精舍

風雨重陽日
徘徊古寺前
僧歸黃葉路
鐘下白雲天
戰壘歌寒水
村原起暮烟
平生牢落意
佳節更淒然

天香閣遺筆　三

春江水暖鴨先知

一片江光暖日移
錦鳧戲水意遲遲
浮來碧檻初歸候
浴罷青萍未散時
沙岸閒眠風澹沱
寒塘回首草參差
阿誰打槳搴花過
恐有鴛鴦睡未知

清明郊望

金錢蹴踘滿芳塵
無恙東風醉客頻
蝶影晴郊挑菜女
杏花春店賣餳人
香分玉酪千村遍
烟散金堤萬樹勻
回首曲江何日到
獨傳遊騎立逡巡

秋夜

千家夜月千家怨
一葉秋風一葉愁
不夜不秋愁已極
那堪兼夜復兼秋

寄懷江丈

風亭水榭憶周旋
一別相思意悃然
扶杖有詩懷舊好
剪燈無地話前緣
暮雲東海山前樹
寒月西江雪後天
遙想故人愁對酒
梅花香裡正流連

對月懷園大問山

天香閣遺筆　四

獨坐清秋夜
燈殘酒欲闌
如何明月上
不對故人看
影逼樓烏冷
光衡雁陣寒
南樓凝遠眺
何處共盤桓

哀草

幾夜繁霜遠道荒
懨懨草色極天黃
山南日落三秋暮
塞北風高九月涼
廢苑那堪邀粉蝶
空原只合咽寒蛩
銷魂一片池塘外
零落西堂夢裡香

二

芊眠那復鬬春華。瘦影離離霞淺沙。落日城邊嘶病馬，涼秋塞上動悲笳。洲名鸚鵡昏烟冷，宮號鴛鴦斷碣斜。極目更多愁絕處，西風蕭瑟點寒鴉。

三

舞扆歌扇事銷沉。一望蕭條古道陰。謝客歸來空入夢，王孫去後總傷心。儘多落雁鳴朝雨，無復流鶯下古林。怪煞萋萋踪跡杳，幾番回首憶春岑。

四

霜晨凛冽朔風天，王砌雕闌負舊緣。浦帆遥飾落照，西池人去有寒烟。錦茵半廢梁園裡，天步難承太液邊。好待春來沐時雨，青青依舊色堪憐。

僧舍

獨閉禪關卻舊盟，蕭蕭風雨滿荒城。僧房晝日無人到，一半鐘聲雜樹聲。

春舟漫興

雨酥烟軟近芳晨，鞋樣輕舠盪遠津。柳隱畫橋孤

天香閣遺筆　五

舠節，花飛茅店一旗春。千潭碎石皆名錦，二寸遊鱗亦號銀。他日輞川忘不得，會携樽酒卧柔茵。

恨

難忘復易牽，隱隱更綿綿。賦罷江郎句，歌殘白傳篇。眉當將鎖處，心在未灰前。搔首何須問，蒼蒼萬古天。

送家兄鄭嶽之江右

臨岐慷慨發清吟，杯酒匆匆思不禁。千里夕陽羈旅况，一堂秋草弟兄心。西江雁過闌朝雨，南嶺雲開見暮林。別後相思憑尺鯉，漫教消息太沉沉。

潯栅燈白門手書

清風朗月滿幽居，寂寂空堦露下蛛。愁裡悲歌今夕夢，病中感慨故人書。芙蓉水榭欄紅處，楊柳山橋酒綠初。還念西樓高卧客，一窻秋雨恨何如。

柬沈繩武

茅屋欹斜夕照昏，泥酥沙軟踏荃蓀。桃花似雨紅

天香閣遺筆　六

千陀春草如雲緑，一門夜永悲歌，人中酒時清。飄蕩客銷魂，離情旻旻渾難盡。剪韭青燈好細論。

京口别劉五楓橋

破曉獨揚舲，蒼茫送遠汀。海天人落拓，江介客飄零。樹斷南徐緑，山聯壯固青。無窮歸思起，把酒坐長亭。

重九同人集碧蘿軒

銀墻垂遍碧蘿枝，九日招邀客過遲。烏帽青尊宣武席，玉山藍水杜陵詩。一樓風雨登臨日，半壁圖書坐嘯時。醉把茱萸倍惆悵，愁中雙鬢已垂絲。

送秋岩舍弟之邗上

琉璃新水滑於油，送爾春風上小舟。莫恨迢迢難望思，緑楊深處是揚州。

寒齋襍興

薄暮蕭齋静，雙扉晻暖間。黄茅霞際屋，紅葉雨餘山。村月隨潮過，廚烟帶鶴還。不知吟興苦，寒信亦

天香閣遺筆　七

閒閒。

東亭旅次

秋懷蕭瑟感清商，渺渺西風起雁行。村竚霜高汀草白，海天日落帶潮黄。杜陵作客羈愁遠，王粲依人旅恨長。獨把尊罍慨知已，琴高雙鯉竟茫茫。

别柿燈之潤州

濁酒澆愁處，離歌贈一函。樹蔵瓜步，觴雲雜潤州帆。問道懷張籍，知音愧阮咸。平生抱遥想，誰肯誤長鏡。

天香閣遺筆　八

寄朱三森齋

烟满深林水满塘，緑窗人静日初長。十年作客心搖落，三月思君夢渺茫。春雨杏花雙燕燕，晚風楊柳一鶯黄。窮途且喜餘知已，剪燭還來坐小堂。

中秋前一日送二坡家兄别

西堂盃酒夜膏焚，客路何堪手又分。楓葉新多聞多照，雁行忽斷入秋雲。窮如季子誰憐我，病以相

如獨感君明日孤帆愁對月清吟中夜賦離羣

遺病

暮景秋蕭索蒼茫澹夕暉道窮心力盡身病死生微强飲情空復耽吟興已非藥鑪烔碧虛耿耿坐柴扉

賦

鳴蟬賦 以乘風調急飲露心清為韻

有蟬鳴夏枝高獨乘沙沙兮吳女運軸軋軋兮衰妃裂繒細雨吟時碧柳之亭臺一角微風響處綠槐之門巷千層於時金驚衣冷玉蟀房空水環襟帶山列屏風一片悠揚遠入座隅之內斷斷續續遲聞院落之中爾其禁水深堤石城古道南崖北崕兮秋清長亭短亭兮霽曉豈銀箏而流淒戾之音非細管而學繽紛之調遂乃殘聲乍曳別枝裊裊以頻過幽韻初興古木蕭蕭而並集既非近而非

遥亦不徐而不急彼夫髣髴美女之標緻飾侍臣之錦纜瞀於西苑之琴鶯夢於北窗之枕正氷盤之方調亦荷筒之乍飲於是白晝吹薰青冥滴露獨咽將停攢吟忽聚幾回噪起客眠高館深林何處嘶殘人坐小窗深樹至如蔵身幽碧鼓翼陰森韻已絕而更續聲方揚而又沉河曲羈人聽纏綿而感遇江干遊侶聞憀亮而傷心更若望綠陰而散步向清蔭而孤行落葉滿漢家之殿斜陽下晉代之城孰不哀齊女於當年憐其悲怨閒驕丞之往事嘆彼淒清緣咽嘈之不已感孤潔於平生

杏花賦 以春色滿園關不住為韻

粉粧烘日紅態描春斜門小巷暖塢閒鄰夜雨霏微夢醒江南之客晚風料峭妝添樓上之人爾其園就生香展將活色乍帶笑而有

情復含愁而無力出風箏之墻角處處柴門夾金粉之樓臺家家寒食至夫過宋玉之東家開王維之別館虞學士閑情聽雨樹杪偏多宋尚書着意憐春枝頭正滿更如開野圃綻芳園愛繞樹之燕鶯飛來有意羞成蹊之桃李聽去無言牧笛吹時遥指一旗之酒馬蹄踏處人遊十里之虹見夫泥滑滑兮一徑苔深深兮雙鐶蜒蝴兮宛宛鳥語兮關關何

處最多二月人家流水當年曾記六朝城郭青山遂乃陋唐棣之反而笑常華之鄂不枝繁蹴踘場西影亂鞦韆架北斜斜羃去賣餳村裏之橋嫋嫋叢來沽酒街頭之屋彼夫垂柳如烟天桃似雨既輕薄而難留亦顛狂而莫住孰若陰雨半畬香風一度紅飄隋女之裁粉評何郎之傳弄春色兮一枝兩枝引遊人兮十步五步

率意吟

（清）俞 堉 撰

《率意吟》一卷，清俞堉撰，據泰州圖書館藏緑格鈔本影印。

俞堉，字容萬，號蘅皋。清泰州人。梅孫。留心經濟，以博學稱。乾隆三十年（一七六五）中舉人。任舒城縣教諭。

俞堉有詩名於時，乾隆十六年（一七五一）高宗南巡，獻詩者百計，惟堉詩最佳，一時公卿多異之。此書即收録俞堉頌聖詩，如《辛未春日恭紀聖恩詩一章》《恭祝皇太後萬壽詩八章》，亦有寫景抒情、自抒心懷者，頗爲動人，如《過趙北口》：『片時心境入清凉，萬頃湖光動夕陽。何異江南春雨後，緑蒲芳樹水雲鄉。』

（周　忠）

讀俞衡皋詩集長歌代叙

於震

歲辛未春之二月

皇帝鑾輿幸吳越江南學使番禺公率其弟子獻詩諧行闕一時被詔三十有二人但聞泰州容萬俞𤦺肝胆文章耳邊撑突兀詩成更上河渠書直超崑崙溯窮髮

皇帝曰𤦺汝惟才是用賚汝彰汝伐金貂重襲幣二端光華赫〻照門楣爾時我亦從羣英含毫摛藻當天庭冠蓋喧闐勢雜沓未獲與君一笑情相親須臾六飛還禁闥萬艘曉趁龍舟發幾度尋君並棹歸思之不見病如喝乘流鼓枻來吳陵海天三月桃花春山橋水店鷓鴣叫一路東風愁煞人此時君方下帷在高閣闢門一揖如平生坐我北堂上拂我征路塵割羊沽美酒擊鼓會衆賓發寶鴻章溢簡帖岣嶁鎖開夜擎出萬壑泉源天上來飛流倒濺蛟龍窟半夜寒光生滿堂百怪瑰奇狀非一有時閶闔開明堂元圭袞冕垂衣裳日月獨運天中央有時鼎鉉陳東序犧罇彝路發怪光摩挲莫辨夏與商有時落日下大荒平沙萬里飛天霜元猿夜啼塞草黄有時烈燄驚扶桑重瞳一炬燒咸陽燭龍投鞭歸走藏或如寒江風冽〻孤舟夜泊江邊雪魚龍寂寞天正愁空中一聲山竹折或如平康冶遊客紫騮嘶風踏香陌星文寶劍金鞞鈒垂鞭醉入金張宅或如陰崖木初脱古寺半欹架蘿蔦枯僧遠汲石澗寒澗邊月浸苔花活或如曼姬鬭細腰臨風環珮雲飄〻翠羽明珠金鳳翹霓裳舞罷不勝嬌或如大將嫖姚轅門萬騎羅弓刀鉄甲健兒虎頭毛寅尤怒捲天風高又如峩眉鐃天脉五丁鑿開山骨赤巉巖巉嵯飛鳥迴天梯一線盤空碧又如高榭凴空澗沙鷗點〻青蕪末山平水静吹烟孤天外殘霞秋一抹令我覽罷空包羞古今能事凴君一筆收杜陵老去謫仙死宋元以後作者如山邱鴟嘯龍吟不可作訓狐妖鳥徒啾〻今日重見黄初作益信吾道非悠〻安得如君十数輩當天一柱支頽流殺鷄登壇與君矢千秋大業從此始刻燭傳觴秋復冬一歲僂凡疾如駛翻然君忍駕征蓬獻詩稱壽

慈寧宫送君一醉揚州市余亦歸去焦山峯焦山林壑自岑寂石牀高卧僧樓空杜宇叫殘江月白春風吹落山花紅不見客萬北來信但聞長江之水晝夜鳴洶〻古

來禍福相倚伏高岸深陵何太速憶昔歡娛曾幾時兩淮倏忽天行戮乙亥之秋暴雨一丈餘高田低田大半無芋菽銜破　一夜開天倒波濤上人屋可憐泰州界在東海濱千村萬落赤子魚頭生簇簇老蛟啃子攫人居鬼母無家入市哭剩有高原破屋三兩間屋根老鴉啞啞啄人肉嗚呼貧與富兮誰復論萬事變遷如轉燭容萬曾祖音隱公當年結客傾南東太美太史容萬祖詩歌騎射尤材雄宅東別墅名漁莊盡籌遠近皆宗工十里林巒開圖畫一池樓閣漾沖瀜花潭夜雨瀟瀟歌竹嶼春泉曲曲通玳瑁窗櫳藏窈窕水晶簾幕捲玲瓏几橫靈璧千尋石亭倚徂徠百尺松迴廊屧響梧桐月曲檻綸垂菡萏風席上鏗鏘歌正暖樽前鸜鵒舞初終太史少年重結納番楊馳道望歌合佳人翠鳳玉雕鎪公子青驄金匼匝僕姑羽箭解角弓林外錦囊懸兩鴿翻身仰射錦囊開響入青雲風颯颯賓朋大笑起稱觴光景依稀照人目更有尊公間世豪聲名繼起追芳躅偉論雄談四座驚一代風期欽嶽嶽琳琅健筆開鴻濛三十詞壇稱老宿落落高吟動鬼神（知莊先生著有落落吟詩集行世）

百年漁莊風流續繁華轉眼恩無涯舞榭歌台翻　我來繫舟向堂上與君握手長咨嗟咨嗟剩有愁千斛擬辦歸帆指空谷容萬瞋目為予言君乎懷抱何局促方今天下貴勢交酒肉朱門爭逐鹿如君本是青冥姿安能骯髒東年來稌黍縱全荒指囷猶可　粟胡不開懷為我留酒可澆愁書可讀再掃南州榻重開北海樽琴書消白日風雨共黃昏嗟君七齡傷鞠育偷尾嘵音交反覆人間玖壞已全經屏絕豪華返初服半生姓字聞王公歸來起居仍樸遬韋帶危冠大布衣晨飲一盂昏一粥鎮日海濱長閉關百城坐擁便其腹富兒驕馬時到門掩耳踰牆走折足況我天涯落魄人世路相逢多礫确涕淚誰憐阮籍狂衣冠羣笑禰衡辱偏能相賞風塵踦躡往往關衷曲簞豆綈袍貴不忘寸心況許同幽獨令人睥睨江海孤萬古炎涼當感觸一聲長嘯興雲雷朱郭當年徒碌碌自是精誠貫杳冥寧同意氣相徵逐始知君昔傾朝纓肝膽殊非浪得名況乃文章實相副頃見金石光輝生卿當弁言贈長句用證鷄壇舊日盟

率意吟

泰州俞堉容萬氏著 一字衡皋

賦得淺深紅樹見揚州

秋老邗江草木凋無邊紅樹晚蕭〻粧成樓閣三分月隔斷笙歌廿四橋隋苑夕陽濃更淡雷塘霜信近還遥西風喚醒繁華夢衰草長烟共寂寥

送何二山歸常熟

古籍廿披尋一燈千載心故鄉何日到離恨此宵深菊綻秋將老更長酒漫斟天涯多舊識山水幾知音

賦得驚時最是梅 紅椒山房分韻得春字

瑟縮寒如此驚看一樹春渡江香獨早照閣影偏新品格元先物風流不倩人何郎逢舊識逋客認前身雪滿羅浮夜珠懸漢水濵東君能愛護韶令動芳神

紅橋懷古

一溪烟水澹春華何處樓臺酒易賒玉勒驕迴原上草金鞭敲落路旁花柳拖板渚陰猶綠月轉雷塘影半斜漫說當年歌吹地詩情多少付殘霞

旅夜聞雁

霜斷故園信燈昏獨夜秋叫迴歸去夢百感到心頭

登平山堂

翬飛鳥革壓崇岡浩劫茫〻剩此堂隋帝樓臺禾黍茂歐公翰墨芷蘭香隔江山色凝朝黛繞屋松聲送晚涼何處冶春詩社客風流空自說漁洋

遊法海禪寺喜遇謝未堂先生即蒙枉過寓齋相訪裁此奉答

法華高榭俯晴空淮海文章識鉅公萬里風雲隨馬足九天星斗入詩筒衣冠偶接長堤北車騎旋臨古院東慚愧儒生何所似茫〻天地一飛蓬

英灣道中喜遇陳海寧相國

鏡湖風月許歸耕小駟粗衫任意行已分耆英聯洛社可堪霖雨望蒼生江海一棹迎恩鑾扈雨雪兼旬戀主誠何幸旅途重拜謁披懷慰問不勝情

偕王丈潛夫訪翁丈霽堂不值時霽堂客河督高公幕下

垂髫曾記接芳顔別恨黄河兩岸山今日東遊重過訪布帆空掛水潺〻

幕府高談意氣雄吹蘭拂蕙轉春風寒儒未便瞻公輔

目斷殘陽樹杪紅

辛未春日恭紀

聖恩詩一章

大江南北春風起

聖主鑾旂春蒞止恩波直並江水長萬乘千騎如雲駛

小臣身際隆平時一卷衡茅學操紙緬懷高曾祖

與父世受

國恩綰青紫

御書日月懸中庭秩秩祀典光閭里高深圖報良無由感

竭忠誠待驅使欣傳

天仗渡長淮踴躍摩奔瘁頂趾敬陳先臣治河書

聖祖方略詳載紀抒忱更獻迎

鑾篇闡見孤陋辭弇鄙逡巡深懼冒

天威屏息

宮門候

諭旨須臾

丹詔下瓊樓侍臣傳說

天顏喜綵幣煌煌出

內庭錫以纁帛盛玉甌一雙更

賜上方貂克承先志用褒美稽首頓首親奉歸一介儒

生安得此敢不益勤率祖修敢不益礪行已恥休哉

五世荷生成許身報國從茲始

容姑蘇戲題旅壁

飯罷無端整艷妝倚闌含笑暗窺郎任教鐵石成心性

到此如何不興狂

李白桃紅滿目春鶯啼燕語聽徐陳三更好赴南樓約

莫使銀釭照殺人

獻賦金門受賜先天衢軌發自今年休將幽夢擾狂客

別有春心付寂禪

三年閑夢此庭中彌悵宵來夢未通歸計不如何太速

巫雲空傍楚王宮

辛未季春偕顧澥陸玉熙閔姜萬長諸君渡江應

召試阻風舟中分韻

澤鄉有鴻雁不鳴亦不飛飲啄只自甘飢飽原上薇嚶

嚶好友招忽志稻粱肥展翅江之洲嵐光起四圍景色

雖云樂御風力猶微盤旋不得進岸草自菲菲豈無幽

貞人五弦空復揮嗟汝奚太躁汝食尚未稀九州遠且
濶旭日方停暉曷不緩須臾飛鳴會有幾而涵鳳鸞間
素心寧弗違寘然遭弋獲故鄉何時歸

江夜聞鷄

祖劉功業竟如何欹枕孤舟舊夢多霜外一聲江欲白
蛟龍亦合舞寒波

西山道院喜晤吳子一山次壁間見懷原韻

為尋仙侶渡江來今夕相逢古院開拚影直凌銀漢上
鐘聲半落碧雲隈山迴暮靄催吟興花引閑情到酒杯
轉盼金門同作賦早知深遜馬楊才

西山道院偕顧瀬陸吳一山王熙聞姜萬長夜話

此地是蓬瀛高談夜更清奎光流冷院暝色繞層城共
秉青蓮燭如聞子晉笙弗愁更漏短傾倒不勝情

偶感

無故捧徵檄樓船破浪開遭逢原偶爾顛倒亦奇哉遣
興還披卷澆愁漫舉杯不須長太息我友盡鴻才

試日詠懷（時予以兼獻治河方略上諭另提加恩是日反不獲與詩賦之試）

十載浮名誤此身一回追溯一傷神情當熱處難言澹
樂到閒來亦有真幾度良辰虛麗景片時清夢認殘春
枝頭杜宇聲聲喚小閣花開待主人

望北極閣二首

殘陽橫古道高閣瞰城陰翠列峯巒迴雲連棟宇深儃
佪憑　躑躅感春心羨彼能飛鳥周遭弄好音

曽作捫天夢宸居縹緲間舉頭真得象進步近難攀鉅
石疑當路炊烟漸隱山蒼然來暮色長嘯振衣還

晚泊永濟寺

江上寒林日半梢停舟飛鳥已歸巢山僧不解愁人意
偏取鐘魚故故敲

登燕子磯

幾度秦淮水來登燕子亭江光過眼換客夢幾時醒老
樹翻新綠高巖識　青山園如可賣結屋此經窮

東溝道中

歸興闌珊強催揚鞭古道獨徘徊亂鴉翻日孤雲動怪
石橫江一徑廻野艇半帆歌夕照殘花幾樹落蒼苔相
逢童子真閒適短笛驅牛過水來

留別顧瀬陸

連宵風雨度江洲聚本無端散亦愁君取微名原不易
我歸故里復何求孤吟還酌樽中酒遠眺獨登溪上樓
寄語丈人從此別可憐春色滿揚州

歸舟懷姜萬長

兩月共晨夕孤舟忽別離吹壎余有和投杖爾宜思（時萬長喪子悲歲逾度）得失復何論悲歡各自知囊錐終脫穎努力
奮清時

立夏前一日耕雲樓賞牡丹限字時予自金陵歸

臨別春光一樹支依山垂幔隔風吹平鋪麗采烘丹砌
徐裊清香過綠池雲雨暗更婁尾節樓台斜映最高枝
看他富貴休愁悵造化由來

輓江都黃東舒

閒愁正縈緒天涯渺茫茫有書邗江來開緘增徬徨相
別曾幾日斯人遽云亡憶昨赴京華維舟香阜旁岸幘
訪吳君（謂涇陽）迺登君子堂朗月入我懷幽蘭遺我香有
酒敢辭醉一舉罄百觴悠悠風塵中此意極不忘頃者
獻詞賦騎驢下殘陽假寓四五宵知君乃益詳庭前三
玉樹枝莖何煌煌羣曰此異材拂拭參天長君亦顧之
喜早卜升巖廊夜雨剪短燭春潮送遠檣用資湖海客
遊揚翰墨場嗚呼君逝矣撫景予心傷曙星總近日便
劍猶含鋩露滴書聲冷蟲鳴燈影黃幸哉尚義翁今闡
貴與王（闡君暘賓時托孤於強子熙闡暨涇陽三君）涇陽更長者六載啟迪
良生死情不渝然諾凝堅光會須成諸旐尉君白雲鄉

獻賦後重至郡中王熙闡邀偕彭君晉函冒君甚
原費君強子蔣君晴巖吳君涇陽宮子篤周容
度暨舍弟讓林遊紅橋平山諸勝

乾坤何處是瀛洲又羣逐公賦此遊十里樓臺新葦路
百年　古揚州峯低遠黛妝初斂露入輕衫氣漸秋
漫道經綸歸我輩一時蕭瑟不勝愁

吳涇陽邀同彭晉函王熙闡濯江程邑東宮曙嵐
篤周法海觀荷是夕雷雨大作

畫橋曲曲接垂楊山色迷離半夕陽急雨一天消暑氣
微風隔浦送荷香傾心淮海交新舊回首燕山路短長
同是風塵淪落客相逢尚此罄壺觴

賦得山雨欲來風滿樓（學憲月課）

嵐翠濕空濛雲迴萬木風氣吞八極外聲滿一樓中遠

岫泥新綠飛花綴亂紅不須覩潤礎即此類泥楓指點
甘霖降依稀大澤通驚鴻歸別浦孤鶴唳長空驟挹蕭
疎景徐承雲渥功吹噓知有意時雨化無窮

喜張蒙川世兄聯捷

闕閱清華毓後賢相逢旅舍訂交堅三杯氣烈如吞海
一劍身隨欲倚天日下聲名新籍〻雲間年度舊翩〻
故人爭看凌秋翮獨卧滄江思惘然

秋日邀張西園顧澥陸於亦川羅德紹宮篤周御
天登耕雲樓閒眺

岧嶤高樹俯平塘半畝池台未盡荒下榻有時留孺子
彈冠何日慶王陽天邊雁影千行出樹裡溪光一線長
最是登臨饒景物閒愁只合付茫〻

將之村寺讀書留別於三亦川

春漲萸灣水送君訪友來盟心語一夕遣興酒千杯騰
躍他年事蕭條此日才何須怨離別清夢兩縈迴
游揚傳自昔變態極於今幾處容青眼憑誰托素心窮
途休痛哭白日豈長陰往哲留芳軌嵩〻 吟
繾綣何曾盡臨岐漫染毫淒涼村裏寺輕急浪中舠 亦川

將渡江歸 夜月蟲鳴苦秋風鶴唳高不知歸里後仍復念吾
曹
巖穴何為者斯文此際昌生才天有意取士帝無方
騏驥方高駕鸞凰任遠翔燕台春信早桃李共爭芳

村庵夜坐百感交集疊前韻柬同社諸友

寒蟾偏照我寂館有誰來氣盡故書本愁浮濁酒杯即
今悲霧合自古患多才起舞西窗下柔腸幾度迴
一粟渺天地半生變古今飛揚湖海氣繼述子孫心捧
日分餘照揚風鍛勁陰時哉一再失抱膝發長吟
金蘭多畏友珠玉各揮毫曾約逢佳節相將駕小舠烏
鳥啼山月冷雁渡海雲高剩有善愁客挑燈憶汝曹
世途隨偪仄吾道自光昌漫講驅貧策寧知得熱方一
枝紛笑謔萬仞看翱翔回首長安路憑誰發早芳

憶舊吟

幽趣何嘗得空教嘆索居夜長紛鹿夢地僻杳魚書覓
句頻添感避人秖益疎取斯欣汝便渺〻應愁余

中秋對月

三百六旬今又來今人古月兩相猜清光端向誰邊照

丹桂由來幾度開往事問君何落漠中宵憐我尚徘徊
奚童睡熟爐烟冷無計相酬酒一杯
離迷異彩散諸天誰泛仙槎訂好緣露冷白榆秋寂寂
雲橫碧落夜綿綿琴書半榻空佳節簫管千門自綺筵
素影不須頻入照教人無術慰華年

寺門晚眺

倦眼昏朱墨山門送夕暉柳邊孤艇住烟外一僧歸鷗
鷺情何遠雞豚秋正肥莫言城市好長此足忘機

懷羅德紹

如何無隻字望斷遠遊人旅況從來慣離愁又一新即
離風雨夜冷暖利名身欲訴通幽夢翰音已促晨

重九村庵夜坐燈花大開久之劃然作聲如鵲之
沸如微風之振窗紙響溢户外怪而誌之

上林春尚早燈焰忽生花隱隱規朱蓋亭亭映絳紗光
輝聯幻想消息動年華自分無他獲輕言拜寵嘉
旅館人眠熟奇情萃一燈歆搖聲欲沸影蔚氣如蒸迴
出見聞外寧知休咎徵應憐夜讀苦長笑慰修能

秋夜紅椒山房文讌名彥畢集予讀書村寺聞召
逾歸而北門已閉鑰矣悵然久之詰旦呈在座
諸友

極目聞文陣星河秋影微三更筵已罷一葉客初歸伏
枕不成夢聞鐘遽攬衣所貪在佳句心事詎相違

送於亦川回丹陽

昂昂於季子今日尚飄萍天意原難識人心胡不平著
書堪破寂縱酒亦陶生相贈無多語夕陽古陌橫

應試京兆邗上留別羅德紹宮御天朱如川宮碩
田渭川暨弟越千

遠別悠悠淚染巾臨風瞻顧最傷神片帆獨指三千里
孤館誰留五六人青紫拾來元甚淡夢魂歸去可能真
幾番聚散年將老愁看金台錦繡春

泊清江浦

淮水日東流孤蓬千里愁烟波秋漸老弧矢願難酬公
子乘驄馬佳人倚畫樓相逢不反顧思緒正悠悠
玆浦再維舟風光一歲週驚魂猶震蕩（去秋於此把閱北闈全錄）幻
夢又勾留舊侶星同散（同舟郝太史陶季廉丁卯二同學今皆久斷消息而從弟任亭日物化矣）芳華電自流何時澄俗慮高卧讀書樓

雨夜憶里中諸同志

細雨滴帆檣，昆朋天一方。蕭蕭餘別意，脉脉断愁腸。未試春風煖，先知冬夜長。隔簾咻楚語，故欲話連床。

黃河晚泊

潑浪湧泥沙，孤舟日已斜。酒帘飄隔岸，歌板猶隣娃。雁壓霜華重，天連海道賒。故園何處是，雲樹幾重遮。

黃河

葱嶺一源長，東來勢莽蒼。高風翻震怒，落日動昏黃。杞典尊羣瀆，安瀾仗聖王。翠華春駐此，善後更多方。

河北道中

片帆繞徑渡，景物頓蒼凉。連衰草村墟，八大荒日。浮人影澹，風送馬嘶長。誰使虛名誤，輕言去故鄉。

黃家嘴阻雨

雨阻桃源路，長堤夜繫舟。驚寒蛩唧唧，繞樹鳥啾啾。黯淡垂天色，飄零起客愁。三吳泉已涸，靈馭盍南遊。是秋杭湖蘇松旱甚

冬征即事 時阻風宿關北境

大造運二氣，閉塞忽成冬。冬萬物各有時，深巖蟠蛟龍。嗟我生海濱，行藏本從容。衣宜必孤貉，尺布尚可縫。食宜必粱肉，斗米尚可舂。胡為犯霜雪，遠遊必朋從。鬱吁登蜀岡，滌盪開愁胸。景物入歲暮，高低烟蒙茸。揮手登舟去，寒雲幾千重。黃河天上來，濁浪奔相衝。喧豗不得渡，高枕聲淙淙。須臾櫓發激，越凌晨鐘。直達河之北，白日陰霾封。草枯木葉落，周遭無桑農。豈是兹土牧，休風遜黃盤。冥漠且鑣鏕，匡郭異陶鎔。迴帆向前岸，突兀撑高松。霜皮含翠色，春意何溶溶。因知後彫材，原為氣所鍾。忽焉天宇震，狂飈走千峯。咆哮雜虎豺，格鬬紛爭縱。岸搖沙並飛，連天勢洶洶。急轉闔窓牖，詎敢攖其鋒。銜孔遠裘裳，芒刃肌相逢。欲避更無路，瑟縮當殘兇。於兹百感生，悔不安凡庸。桑弧志四方，一幾挽頹宗。坐使孱弱軀，斬艾同椿葑。前途彌栗烈，何日春光濃。羨彼偕行者，尚能飲村醲。

天涯怨 為鄰舟徐孺人作

孺人姓徐氏，崑山人，適同郡某氏，亡無子，隨老僕一附賈舟訪親夏鎮，同舟知無其為巨族者。中道聞車馬聲喧甚，老僕升舟尾望之，僕從頗

相識蓋東中郎孺人之妹張夫人也先是孺人
在板閘已聞其妹將隨夫官閩省至是欲停舟
一見風正帆懸賈客堅執不可孺人勢莫能爭
惟望厓長嘆而已為作此哀之

娶婦泣孤檣鶯逢弱妹車投林何落漠赴任自光華輪
轉聲難辨帆懸路正賒可憐親骨肉咫尺竟天涯

至都門與張含一夜話

何須撫卷嘆沉淪千古人才別有真歲月波流濤髯改
好將書判慰嚴親

贈友人某

紈彩紛紛是斯人獨不羣襟懷光日月意氣走風雲客
容到冬缸啓詩成夜漏分金蘭欣有托几席挹清芬

恭祝

皇太后萬壽詩八章謹序

臣　聞盛德格天必膺純嘏至仁及物恒享大年事
歷驗於古今理燦懸諸簡策欽惟
皇太后溫恭天授慈孝性成樹壼教於　璇宮溥海沐資
生之德贊太和於椒寢寰瀛蒙錫福之休我
皇上登三立極御六凝符垂拱中天德已參於徒順巡
行南國恩特沛於江淮趨複道以承　顏衿衣裡
彩捧安車而視膳玉食昭隆　慈光同炳於　恩
光孝治聿臻夫郅治畬耕處處喜風雨之和甘壤
擊家家慶日雲之朗麗振琳琅於藝苑篇章恙寫
王風譜樂利於民廛飲食不忘　帝力青山綠
水傍　輦呈姿翠柳紅桃望吐色方瞻
天於咫尺遽廻　仗於京華爾迺七政轉璿璣一陽來
復正值萬安開壽域六寰初週虬車早降於西池
鸞馭交馳夫北極布九天之景色望歌直接蓬萊
集萬國之丗球冠蓋遥通海嶠路路蹡蹡鵷班鷺
序晃銀燭以趨　朝戩戩繩繩麟趾鳳毛酌金罍
而献酒地天交泰甲紀天子紀地極絳老之四百
甲子不足盡我
皇上一人有道之光華仁義承麻秋行義春行仁合大
椿之八千春秋總以衍
皇太后萬壽無疆之福祉臣　埼　衡茅下士樗櫟庸材覲孔
邇之

天顏志切陳書早荷金貂　賜出戴難名之
帝德才慚作賦復叨雲錦頒來鶯　殊寵之自天御
湛恩於無地當此祥開　紫閣歡天共祝華嵩不
禁躬詣　彤廷向日自儕葵藿思上三多之句同
咏遐齡妄為寸管之窺載揚
聖母謹拜手稽以　獻詩曰
寶日高懸麗紫霄　慈寧宮殿彩霞飄　九重暈
翟開元化一代睢麟擁　聖朝蓂莢階前週甲子
雲璈天上奏簫韶忻逢八表同懽慶錫類恩推雨
露饒其一
羣仰
慈顏拜　袞衣頻宣濊澤滿南畿　帷宮春迓斑虬至華
道花迎彩鳳歸補後天樞雲五色望中斗極電交
輝氷桃雪藕紛陳設紫氣東來一鶴飛其二
親見垂裳治已覃岡陵隨處頌聲酣洪鈞葭律春
初轉　聖治　萱闈德並參九域舟車爭向北八
方絃管盡歌南名山亦効懷柔應廿、聽懽呼萬歲
三其三

繡綺平鋪閬苑春　皇家樂事萃彝倫寢門養志
迎暉永瑤席承懽布澤新恩洽宗支原浩、瑞呈
公族亦振、卜年卜世增千萬長引南山侑壽辰
其四
寰宇同添海屋籌瓊筵啓處即瀛洲綿、佳氣浮
朱闕靄、祥光繞翠樓上理久看登富庶下民齊
聽祝春秋萬方致養心仍歉　聖孝由來邁等儔
其五
稽古邀榮藝苑光　恩科特設率前章香飄丹桂
栽培久慶衍　金萱庇蔭長奮發　熙朝都叶瑞
篤生　王國並儲祥作人自昔歌雲漢萬載千秋
際會昌其六
汪洋德化九州通環向拜畿頌禱同民躋淳風三
代上天開景運
四朝中梯航共切呼嵩願筐篚羣懷獻曝衷　慈福普流
符覆載謳吟是處樂融融其七
曽迎　綵仗接爐烟敢後羣工祝大年太姒嶶音
元邁古周王達孝本光天頌揚才愧金根誤拜舞

心依　玉闕懸家世受恩慚報稱抒誠欣誦九如篇其八

訪饒霽南先生不值便過永光寺閑步

太火聲名重斗山頻勞噓植喜相攀識韓有約驚他出御李無因悵獨還古寺鐘聲塵想外澄潭水色夕陽間迮人莫訝行踪異九十春光片刻閒

移寓

十旬棲托豈無緣臥別依迴足弗前燕子不知人欲去喃喃才傍柳陰還

三月初六日入城內小寓聞合河孫尚書點順天主試同舍中有代為欣喜者感而作此

嶽嶽聲名動帝城冰衡今又校羣英浪誇衣鉢淵源舊公癸巳科出先王父門下敢道雲泥義分輕月下推敲曾借力樽前感喟豈無情暗中針芥成投合心迹能無嘆未明

壬申榜發檢遺卷知落彭氏奉夫子之房力薦不售悵然南歸作此誌感

斯文恃一脉此道隔千秋何意風塵外偏蒙骨相收無心成作合俯首嘆交遊多少凄凉意斜陽古渡頭

冰壺懸朗鑒燕製動高評未滿披羅願曾經慷慨争書生原薄命知己詎忘情感激思摩厲終當奮一鳴

留別王丈贊園

傲骨難諧俗惟君賞最真定交遥片語延譽遍通津世態凉於水高情煖若春褰裳悲此別涕淚欲沾巾

德州待渡

大樹朝停車極目日已斜舟子自不聞紛紛過賈客

題友人松菊琴書小照

滿庭松菊映窗疏綠綺高橫一枕書五斗何心分吏祿數椽且自愛吾廬閑中趣味原無盡靜裡光陰倍有餘竊恐東山終欲出莫將初志溺華裾

秋夜得楚中友人音問

秋色浸廬窗懷人心未降無言瞻玉宇不寐剔銀釭舊夢月千里新愁鯉一雙啓緘頻悵嘆何日發湘江

寄懷繁昌張君上宇

才名喧早歲一棹喜相尋未滿十旬約空懸兩地心海風吹澤國霜葉滿秋林獨有黃花酒清宵寂寞斟

觀友人行陞官圖

九品官寮片紙列半生壯志一宵伸功名反手成何易
富貴浮雲認轉真略有陞遷爭屬目偶然降謫亦傷神
宦途消息原如此伏處寧須嘆隱淪

作芍藥賦成有感

不甚離恨⿰缶因瑤臺也趣春光次第開肯與花王作近侍
羅生未許號通才

春暮買舟北上途遇史丈歷亭之官杭州

丹詔新除出帝畿彩帆高掛映春暉六橋柳色初迎旆
三殿爐香尚染衣製錦不須嗟屈抑（歷亭以太史出補賦寧頗有愠色）
停舟何幸慰瞻依片時邂逅仍睽隔水自東流花自飛

過趙北口

片時心境入清涼萬頃湖光動夕陽何異江南春雨後
綠蒲芳樹水雲鄉
湖上人家半掩扉賣魚生計未全非晚來忽漫人喧語
漁父舟從遠市歸
長橋十二鎖金波地接瀛洲烟景多征客停鞭渾欲醉
綠楊陰裡一聲歌
巍巍闕隘敞畫神京玉殿珠宮映水明里老為予談盛
事秋風幾度幸霑旌

至都門喜復晤秦鑑泉殿撰

長安春雨雪旅懷膏燭煎徵聞人走語啟戶覿名賢芝
蘭愜素心忘分歡相聯沽酒不辭醉意度何翩翩上窮
霄漢高下際廣漠淵萬象歸談笑斗室烘雲烟一别黃
金台嶺樹障遠天君乃鼓勁翮高步凌星躔仙樂奏雲
璈巍巍領羣仙秋風鳴華鑣宮袍桂蕊鮮禁闈夜召對歸
第引金蓮淋漓濡大筆鴻文金石鐫隻字寶球玉鷄林
紛流傳嗟予營微名奔走履欲穿燕市復來遊蕭條景
依然懷刺惭故知將近足迍邅感君篤車笠辛苦相矜
憐促膝詢出處膠漆情比堅疇謂古人遠高誼竟孫懸
長歌動鬼神哀怨起無邊一第渺難得宏蘊曷由宣白
日去駸駸轉瞬凋華年幡然悟真訣俗慮矢屏捐鯤鵬
會南徙溟水擊三千

景山訪鍾立先教習

嗟我山脊擁祥雲瑤館書聲天半聞琢就棟梁三載學
散為綺繡一堂文居然薄宦身猶隱略試微勞祿亦分
暇日太平歸指上琴徽一曲擬南薰

呈宋蒙泉太史

太史風流足千古旅館秋高揮玉麈百城坐擁意何豪
峻溪預癖安足數落筆冥合造化工天樞石破待君補
少年驅車賦遠遊逢迎冠蓋空齊魯攜客朝陟泰山巔雲
霞萬狀恣攬取氣吞溟渤發高吟 四顧茫茫絕曹伍詞
源倒瀉天河流夜深客散餘隅鼓賈璀璨積成七寶觀
月殿玲瓏借斤斧楚陽詩人顧瀨陸東南壇坫張旗鼓
維時光和數千篇比若濡陸坐廊廡客歲江上為予言
恨未壁上快一覩京華軟塵送馬蹄一卷相資挹眉宇
笑談清風生謖謖尊酒燈前傾肺腑北堂板輿迎未遑
冷官依然患貧窶松菊秀故園心歸裝早辦追巢父
盛朝文德方宏宣化洽有苗舞干羽巍巍治功成百年
作為雅頌踵遐武隆平潤色資鴻儒如君豈得謝簪組
明年灘陸入長安為報擬作北道主

過蔡丈芳三故寓

空教姓字動公卿門徑蕭疎絕送迎楓影稗花惆悵處
曾聞雄辯四筵驚

與張虎臣世伯話舊

小園十載借幽棲此日樓台夢欲迷剩有垂楊三兩樹
春來依舊曉鶯啼
一冊知莊展積塵（先君在日刻諸社友唱和詩為一冊顏曰知莊集）分題刻燭
事如新當年社好從頭問名字都成隔世人

張水部宅喜遇范胡二編修話舊

相逢握手問行藏書劍蕭蕭氣不揚日月漸隨流水去
輪蹄空逐夕陽忙況兼疾病常為客每憶雲霄欲斷腸
賴有一端銷旅恨故人次第到岩廊

訪呂式之世兄不值

天涯作客嘆辛勤杯酒澆愁恃有君走向西城謀一醉
蒼苔白石鎖閒雲

旅夜與宮篤周趙千弟閑話

文章無語日西馳遇合茫茫未有期杯酒客窗同一哭
難將心迹索人知

南歸車中懷張宇肩

頻年燕市染緇塵羈旅憑君慰苦辛肝膽秋高懸一室
文章風發辟千人誼聯管鮑丹心廿業許白首新
雲樹悠教迷遠望相思惟有夢魂親

過高沙閘決口水豨

七旬猶未塞十里已聞聲驚覺還家夢恍疑天柱傾

邵伯道中贈鄰舟老人路費

淮陰一老翁雙珠嫁遠州哀年歉歲多泛宅往奔投小艇載全家十口聲啾啾榜人索晨炊野岸寒旅舟檢囊無一錢前路阻且修匪惟不得進一飯安從求我亦道途人慨然相矜賙願共成義舉含笑謝朋儔枯魚遊洪波掉尾何悠〻不復通名氏施恩豈望酬

六閘夜泊

百里鄉關路今宵又阻歸舟仍繫野岸夢已達荊扉雨過濤聲急雲沉樹影微漏殘翻不寐催覺倒裳衣

歸里夜即得北闈榜信

苦雨連宵滯客程歸來翻覺百端縈天心未卜何時轉月魄偏教此夜明往事可憐還可笑新愁時遣又時生好明廿載符仙夢湖上看霞起赤城重陽夜夢西湖得遇道者詢功名失答云二十年後赤城霞起與子相會孫斯即鶯臚與倚筠懷齋諸君言之一紙題名户外來幾番臆度帶愁開良材盡入巖廊選羣卉爭蒙雨露培道果遠人堪自奮書偏負我倩誰哀茫〻閶闔無從叩且向花前送酒杯

送彭晉函入都兼寄何罕勛教習

邇來文學盛東吳壇坫何彭領眾儒博浪奮椎悲再誤罕勛兩中順天副車荊山獻璞痛頻誅晉函屢躓南闈數年遠夢參商隔此日輕裝風雪驅春色長安同按轡還思舊雨困泥塗

送唐嘯岩仲松嵐程綠野侍路川會試

盛世求真才羣英別桑梓利器殼已收聯鑣爭北指上林春正妍東風遍桃李邂合豈為難驅馳循舊軌愧我倦遨遊寂寞卧烟水杯酒送行人清宵夢不止

寄姜萬長

真州握別幾經年雲樹蒼茫隔遠天夢逐秋風徒瑟〻情隨春雨共綿〻江花彩筆俱消盡阮眼窮途歎哭穿為問故人猶念否料因同病自相憐雌伏雄飛各有緣一番慰藉一淒然素心車笠人千里故國琴書屋一椽忙裏光陰悲易去靜中憂恨苦頻牽相思兩地令人老訪戴空教夜放船

送張經一返都

芍藥初開散綺霞殷勤相送一咨嗟花名當日偏無賴

故號將離傍日斜

從羅德紹處見潘丈築夫未有詩名不動心之作
感和二首

窮愁無那日相侵虎榜何時姓字森干祿本非儒者學
策名肯負古人心十年行色憐霜露五夜吟魂傍斗參
剩得青山仍故我紛紛宮錦映華簪
兩鬢霜華忽忽侵無端意興入蕭森筆花夢斷當年淚
文塚銘成近日心曠世児猶憐杜默踰垣毋竟失曾參
從來魚目淆氷鑑已分空名愧盍簪

擬謝惠連秋懷詩 代友人月課作

炎飈漸云收金律猝已屆時序有推遷人心易感喟霏
霏霜滿山習習風生樹俗艷洗空林清氣澄一派胡為
有心人半受無象械踊躍就網羅辛苦營纖介樂至本
揶揄憂來偏狡獪豈如揩前葉蘇嘘不受敗不及嶺上
雲往還恣獨快我坐泬寥中忽現虛明界一卷短長吟
一瓢淺深噲百川淪脟臓四照豁睚眦素魄侵床衾黃
英奉珪玠寧希萬慮空實懼寸絲掛金石不常存憂思徒
自憊木脫杳無言該景時相邂

題友人秋林獨酌圖

洗盞入疎林秋來愁更侵炎涼一轉眼榮落幾驚心魯
酒聊為醉孤踪誰復尋悠然寄興處滴翠滿衣襟

和潘丈築夫小園閑步見贈原韻

數椽偃息砌盈苔杖屨何因訪勝來眼底變遷頻問路
意中興廢一登台雲山仍繞疎林外歌管曾喧曲沼隈
感荷裁詩慰寥寂故人誰薦子雲才

興泰叠遭水患訪顧瀨陸消息不得悵然有感

半生浪迹走關山聞說歸來鬢已斑負郭曾無田二頃
傍屋惟有屋三間緗書詎足支荒歲謀食能毋損舊顏
多少憂懷憑一哨竹窗風雨響潺潺

嘲朱八自起七夕前一日帶雨歸里步宮叢周韻

何事匆匆擴載歸豈因仙會觸離違雨雲浪說來巫峽
書史平教冷客闈橋未全填呼艇渡車經新洗絕塵飛七月六日為洗車雨
遙知今夜高樓上笑指銀潢解佩幃
雨阻君歸君竟歸雙星此夕尚暌違慢言公子方投轄惺時是日留之甚堅
應料佳人已閉闈馬首半埋偏命駕鵲毛俱
溼固驅飛仙家真是好離別忍對盈盈守寂幃

再疊前韻閒乃弟如川旅思

同心有伴足忘歸伯氏驅車竟爾違畫閣人旋頻送酒
荒齋僮卧獨封闈蟬因吸露高枝冷梧為驚秋一葉飛
可奈淒清偏景物星河兀自射孤幃

良宵客裏易思歸習静初心肯暫違幽夢倘能來館舍
遥情元可寄閨闈雲浮遠岫舒還卷鳥傍平林止復飛
旅興悠悠誰共語一燈摇影伴書幃

登樓秋感六首

霜落空城萬木秋百年人事一登樓乾坤未醒塵中夢
日月頻添鏡裏愁藜閣有書傳祖德芸編無計翼孫謀凴
高一派蕭森意不盡淮南水自流

秋風把酒問高旻底事迍邅獨此身兩世劬勞悲大母（予八歲先父母即見背祖母陳太夫人實撫育之逮年十七甫有知識祖母復捨予而逝）
一經燈火負先人琴書自愧東西屋簪紱多慚强近親别有閒愁
澆不盡頻年畫劍困風塵

十載名揚總斷魂寧甘伏櫪老鄉園孤舟夜月經鍾阜
匹馬西風向薊門時有知音逢賀監誰教骨相累虞翻
暗中自檢青山看新舊斕斑半淚痕

江浦曾經幸六龍迎　鑾賦就沐恩濃祇蕲拜舞瞻雙
闕何意聲名動九重待漏曉趨青瑣闥臨風夜听景陽
鐘金貂猶記承天寵敢道科名勉亢宗

江南回首客心傷江水猶廻舊日腸高唱同聲酬賈至
微名未並王陽（予以萬獻治河方略詩册彙入内廷届朝檢名不得未獲與試）龍潭
雲起山程遠鶴市春回水驛長辛苦儒冠隨劍佩歸裝
空惹御爐香

升沉天意竟何如廿載戹懷未暫舒八世苦憐肝膽盡
捫心未肯利名踈尊甖北海猶高會風雨西河慰索居
珍重此身關繼述滿樓明月一牀書

重九後二日邀潘丈築夫羅君德紹過小園補登
高之約

倏忽佳辰去一樽迮所知閣還開北垞菊更采東籬談
笑寧愁盡登臨不厭遲數聲哀雁過四野暮雲垂

已負藍田約重來興更豪英残休插髮釀熟且吟騷景
物關遲暮親朋漫鬱陶何愁歸路晚皓月滿林臯

賀友人花燭十首

迢遞銀河水一灣迎來仙子到人間蕭郎莫訝腰枝瘦

才向瑤台艷舞還
梅逗新寒半月天金猊香暖裊輕煙彩毫緩賦催妝句
玉漏初長月正圓
捲簾銀燭照花明珮解丁東静裡聲恠底春光香閣早
桃花浪暖夜聞鶯
星河斜轉月輪高楚楚連環解漢皋莫説仙槎容易渡
蓬萊水淺不容篙
鳳腔頻燒焰尚濃瑤池新濯玉芙蓉休教再問桃源路
已被晨風送遠鐘

塞上草

（清）朱腹松 撰

《塞上草》四卷，清朱腹松撰，據南京圖書館藏清乾隆六十年（一七九五）刻本影印。

朱腹松，字鼎懷，號雪濤，江蘇泰興人。幼承庭訓，早負文譽。乾隆四十四年（一七七九）由選貢舉順天鄉試，授完縣令。革諸徭，析俸贍，創燕平書院。調清苑，權保定府同知。以事謫戍伊犁五年。賜歸，奉二親，課子以終。有《雪濤文集》《塞上草》四卷、《夢餘詩抄》。

是集所收録腹松詩作皆爲其謫戍伊犁期間之作，從庚戌西行到乙卯東返，計五年三百餘首。前有腹松自序，言『所往來者莫不泥於昌黎之説，而舉以爲戒』，而其不以不平而鳴爲然，自信得其平，彙其詩以成帙，弁其端曰《塞上草》。其詩或即景以留題，如《見芍葯有懷長安諸友》『折花思遠人，淚滴春江水』展現了因見芍葯花而想到長安故人的傷懷之情；或因人以作贈，如《贈程子仲光》『書城歲月莫空消，左右逢源樂事饒』，寄託了自己的殷殷勸誡和真誠祝福；或短詠以言歡，如《春暮入關喜作》『一路花開迎宿客，萬里雪擁送歸人』，表現了即將歸家的欣喜；或長歌以代哭，如《客中吟十首》『子規聲裏客思家，況雜邊風起暮笳』，流露了一片羈旅思鄉之情。諸詩爲腹松出入關期間所作，故多展現了塞外風光和古國遺迹，如《過哈密》『冰霜連絶塞，烟火起孤城。落日牛羊影，秋風鳥雀聲』，再如《伊江懷古五首》『烏孫遠嫁换征衣，回首東華不計歸』。讀是集四卷，詩中多『客』『家』等字眼，盡顯遊子無歸的惆悵和思親懷鄉的愁思。

（耿陳陳）

自序

昔昌黎云物不得其平則鳴而以詩鳴歸諸東野困是後之言詩者輒謂人有憂愁抑欝憤〻不可為人道而後發之於詩士竆貧困亦惴〻焉恐以詩取戾而所謂竆而後工者幾無可徵焉余束髮受書即學為詩一行作吏猶以簿書少暇得事吟咏為快及罷官後有伊犁之役告於常所往來者莫不泥於昌黎之說而舉以為戒余竊以為不然古人謂大丈夫不能讀萬卷書即當行萬里路太史公觀於名山大川而所學益進是行也安知非天之玉予於成耶且憶余年三十作初度詩有琴從隹後始聞音之句彼時貢成均登賢書胡為作是語者殆亦數有前定早以是語為之識耶況夫食焉而息其事必有天殃余賦性踈懶謬膺繁劇鼎折餗覆猶得幸全其軀豈非荷

仁恩於再造所謂生死肉骨者耶然則感

再造之恩安前定之數且有以益生平之所學烏有所謂不平者而不可

寄之於詩也如謂有所鳴即有所不平而昌黎言善鳴之人上及於咎陶夔禹夫豈咎陶夔禹亦且有不得其平者哉甚矣其說之未可泥也計自庚戌西行乙卯東返共得詩三百餘首彙以成帙弁其端曰塞上草不敢

謂合於風人之旨庶自信得其平焉而已若夫奔走於縉紳先生之門持以供品題定聲價思附驥尾而名彰則非余願也因自援筆而爲之序

塞上草卷一

古延朱腹松雪濤著

詩九十八首 自庚戌出關起至辛亥冬止

庚戌秋暮出關作

玉關高鎖入層雲扣馬城闉客思紛挽轡誰曾逢尹喜棄繻未敢效終軍粘天草擁家何在匝地沙飛路不分暫息征鞍向雙井茅檐沽酒醉斜曛 出關第一站名雙井子

過哈家

何處永今夕遊人怯晚征冰霜連絕塞烟火起孤城落日牛羊影秋風鳥雀聲車停天欲暮魚鑰下重營

松樹塘

夕陽鞭影暮林度百尺靈斜鎖雲霧小橋東畔三兩家綠陰當門留客住記曾結茅蜀岡巔繞屋濤聲徹朝暮一別蒼髯叟廿秋日抱相思不

相晤霜皮鐵幹今重逢舉頭如到舊遊處吹衣風落松子香夢魂飛入竹西路

夜度戈壁（即漢語旱海也）

征車徹夜走長途月影昏黄淡欲無堪笑數椽茅蓋屋白雲隔斷勝蓬壺

滿地霜華曉未殘馬蹄聲裏怯衣单僕夫燃得枯薪火乂手迎風喚避寒

宿迪化城（即烏魯木齊）

寒雲壓城鎖雉堞晚角一聲忽吹裂喧閧市井列萬家壚頭嬌語喚停轍春風絃管絕域開盡樓十二連烽臺畔行人若相識半從長安謫而來

途中阻雪

朔風起空林亂捲雪花墮土屋三兩間車停向門左入室不見人空廚絕烟火米乏劍頭炊氊同斜上坐夕陽放新晴策馬行未果山路僻且深夜寒凍雲鎖

十一月初六日抵伊犁惠遠城

邊城投遠轄旅屋解征袍地接龍堆盡山圍雉堞高狂風喧鼓角冷霧鎖旌旄明日長途上無憂鞍馬勞

宵深天欲雪寒氣逼蘭釭掃葉燒殘竈裁箋補破牕夢驚魂未穩人雜語紛哤獨坐愁盈斛銜杯借酒降

寓意

三日作新婦上堂拜翁姑嬌羞默無語斂袵立庭隅庭中列珠翠嬉笑相歡呼舉頭不識面低頭弄羅襦含悲淚欲落將退復踟躕

抵伊犁後鬻馬作奴子歸費感而賦此

客牕枯坐夢初還勘破塵緣萬慮刪安用奴憐蕭頡士渾忘馬戀白香山歸期可數心常定往事難追境轉閒禪榻鬢絲誰是伴笑看殘月掛

松關

寄保陽諸舊好

分手離亭赴大荒秋風鞍馬帶星霜藥籠久癈身還健書槖常隨夢亦香徐邈於今猶中聖次公到處總稱狂天涯有客勞相憶詩寄花南舊草堂（花南硯北草堂在保郡之蓮花池為同人遊憩之所）

晤孫觀亭明府

君負豫章材干霄卒自冠我慙不能鳴烹亦隨

君後次第來邊城萬里復聚首相逢雙淚垂摯觴為君壽材與不材間勉焉慎所守

諸同鄉過訪感賦

故園咫尺未相親塞上欣逢笑語新春夢不勞悲學士白衣休誤認山人無田種秫還蔵酒到處誅茅可結隣顛倒窮途自足樂諸君努力守清貧

述懷

處世遭何定平生志不違望塵羞再拜懷刺笑空歸自可蔵鳩拙無勞借虎威閉門絕迎送獨坐弔殘暉

即事

松陰満逕鶴栖杉座擁丹鉛雜古函日為徐郎署紙尾五花猶判昔年銜

辛亥上元集撫民廳署中懷暢樓看月

去年踏月紅塵道簫鼓満城雜歡笑今年踏月

大江濱寒光浸骨愁殺人南樓老子興不淺掀髯猶說長安春春風不向玉關度隨緣足樂何所慕歲歲照人月自圓年年對月人非故烹羊宰牛且為歡萬古繁華若朝露君何不悟且酣飲醉眠一試邯鄲枕

謝友人恵羊酒

道人號白石從事稱青州扣門来座隅相對增我羞旅中自呼飲曾誰知馬周故人大解事絕

勝監河侯作詩愧瓊瑤聊以報所投

獨坐

客牕貧病苦相兼拋却春愁意自恬一枕夢回
猶倚榻滿庭花落不開簾親朋似葉辭柯去歲
月如籌逐漏添借得殘書消晝永黄昏又是雨
簾纖

自遣

暮笳聲裏弔斜暉歷盡憂勞悟昨非已置此身

填馬革更餘何事泣牛衣樗甘散木容終老鷁
阻秋風任退飛日向湖山尋樂趣看花沽酒醉
忘歸

春日見杏花感賦

江南路杳杳塞上春遲遲客夢萬千里林花三
兩枝眼昏如中酒身瘦為吟詩不盡愁人意問
花知未知

鬢影年來白花光分外紅小齋間供處相對意
無窮瓦揷換殘水紗櫺護晚風曲江春自好半
入馬蹄中

懷暢樓小集

同向天涯作逐臣銜杯爭醉小樓春莫嫌相見
不相識明日重逢盡故人

士龍席上晤鳴鶴鑿齒尊前接道安四座狂吟
齊拍手笑看虹氣落江寒

春暮過北郊有感

折花送客踏春堤人去殘紅化作泥重向碧桃

樹下立臨風腸斷小橋西

見芍藥有懷長安諸友

故人送我行握别長安市手執將離花作歌贈
遊子今日花復開人隔萬千里折花思遠人淚
滴春江水

遊普化寺

鈴魚聲繞落花塵薝蔔林中紺宇新漫以慈悲

求佛子從来潦倒是詩人行吟自得幾成癖醉飲無休不計貧我欲偷閒頻過此團蒲坐老塞城春

㖿居

不事尋春唱冶遊村居風景自清幽林花梅處門如賣野水浮来屋似舟三逕日斜抬放鶴一簾雨細聽啼鳩茶鐺酒鉢饒佳趣漫效南冠泣楚囚

擬處去詩

昨夜接郎書無計到郎處細語祝東風為儂吹夢去

題春溪烟雨圖

急雨暗前灘浪激溪風響碧水捲殘紅流出桃花港

夾岸烟蒼蒼濃陰收不起小艇一帆歸如在白雲裏

即目

空庭積冰雪破壁倚蒿莱酒熟已頻盡花寒猶未開雨侵燈影暗風雜鼓聲哀門掩無人到唯看燕往来

七歌

有客有客天一涯終歲匏繫悲無家昨夜臨風接鄉信開緘淚溢如翻車老父眼昏艱作字命孫握管授之意欲發恐傷遊子心勉寓平安向

書背嗚呼一歌兮歌辛酸頽倒讀罷孤燈寒

朔風穿骨沙入面三月披裘猶寒顫征衫㪚盡不忍拋心傷慈母手中線憶昔臨行授兒衣兒尚未去望兒歸一赴邊城歲復歲故園回首驚魂飛嗚呼二歌兮歌偪仄刺耳烏啼塞月黑

我生煢煢鮮昆仲負郭無田復屢空高堂甘旨何㖿資飲泣長行囑妻奉近聞旱荒歲歉收數口生計短機頭斗米千錢糴不得空房仰屋誰

與謀嗚呼三歌兮歌聲咽投箸淚滴盤中粒
讀書作官今若此謀食何須向經史昨聞兒能
讀父書心灰又復輾然喜丈夫苦為功名縛任
將六州鉄鑄錯途窮日暮思替人回頭不記風
波惡嗚呼四歌兮歌慨慷雞聲喔喔夜未央
我生三十未出門親戚過從話晨昏酒酣仰天
一長嘯縱横意氣如雲屯别經廿年信音斷聞
説凋零已將半天涯遊子歸無期短髮垂耳顔

亦换嗚呼五歌兮歌未終唾壺擊碎雙劍紅
十載詩酒長安道名士風流相傾倒五陵衣馬
皆少年青雲梯上置身早我度玉關作遷客軍
門握手半舊識冥冥鴻飛霄漢間胡為雪泥留
爪跡嗚呼六歌兮歌心憂一瞬重逢人白頭
單車萬里風霜苦奴僕紛紛散如雨我來浮家
玉塞西頻年經理亦楚楚小童負槖行且隨蓬
頭老叟供晨炊但得有人足驅使一呼百諾何
昕為嗚呼七歌兮歌清越掀髯大笑天地濶

薄暮郊行

連番風信客情牽綺陌春回又一年芳草綠痕
沾蠟屐夕陽紅影送絲鞭橋欹野水來時路寺
倚寒山鈌處天醉倒旂亭歸去晚甕頭且枕落
花眠

憶家

寒江西逝暮雲屯矯首鄉關斷客魂十口流離

悲遠别一身潦倒笑空存夕陽古木鳩夫婦秋
水平沙鴈弟昆獨坐空庭聽花落半牕燈影又
黄昏

贈李明府漢亭

出門見東野不事低頭拜握手兩無言相喻形
骸外澥城桃李枝盡逐西風敗欝欝栢與松勁
節千秋在撫此七尺身當作如何待車笠守前
盟努力各自愛

讀家書誌喜

傳語何堪信夢回亦渺茫音書通絶域色笑侍高堂對影話悲喜焚香祝壽康寸心無別願只願早還鄉

枕上聽隣家度曲口占二絶

短夢回孤枕風清月滿庭何来絲與竹疑向壁中聽

倚床不復眠顛倒剪殘燭寄語度歌人莫唱思歸曲

午日

旅邸韶光換蒲香入酒樽心隨邊塞遠目極午天高鬼渡類兒戲梟羹快老饕湘江千萬里灑淚讀離騷

觀潮

日落空江暮潮聲撼杳冥樹垂連岸没帆擁到門停散去盈科白飛來一綫青荻花風信緊漁火亂鷗汀

影戲二首同陳觀察蒓渓先生作

壁後新聲鏡裏容星馳電掣度重重彎弓盤馬鶗雙角佩玉鳴鸞蟻一封羅幔輕籠烟影淡紙屏亂點墨痕濃梨園遺事傳天寶盡向金蓮燭下逢

歌板臨風韻繞塵紅燈素幔暗留春三年學步終何得半面凝粧亦未真招隱如逢雲外客問名欲喚畫中人繁華隊裏参禅乘勘破元關認化身

伊江雜咏十首

旅邸光陰盡日閒門無剥啄任常關壯懷一枕清風裏卧看城南雪滿山

空庭草滿碧無情鐵馬頻嘶入夢驚明月樓頭吹玉笛隔墻併作斷腸聲

欲把愁懷付酒巵睚眦剪向白雲陂携竿不羡

鱸魚美怕引秋風上釣絲伊江所産以鱸魚為最

老樹垂陰覆短檐編蘺為障草為簾晝長人靜爐烟冷自起敲煤作炭添香伊犁煤甲西北焚香煑茗俱用之

沿街風景似山村野水浮來綠到門小彴横斜人過少飛鴉掠破碧波痕

秦越萍踪結作鄰青鞋布襪往來頻最憐拳大金鈴犬迎向柴關學吠人始得自哦囉斯國居人相沿以哦囉斯呼之

霜花初結草猶肥争逐荒原看打圍獵馬帶禽門外過百錢買得一雙歸

聽曲東鄰月半沉陽春何處覓知音江南子弟邊關老唱斷崑山淚滿襟

山寺風揺殿角鈴鈴聲遠隔數峯青牛羊滿地無人牧古樹斜陽貿易亭亭在城北與哈斯哈克通商處

百尺凌雲鑑遠樓水光山色望中收綠楊市井孤城裏短壁齊腰屋打頭俗稱望河樓為臨伊江北距惠遠城里許

擬古二首

崇蘭生幽谷脉脉懷其芳欲贈無同心棄擲遺道旁孤高亦自賞榮茂不能長秋風悲摇落相對空斷腸

我有匣中劍得自昆吾谿久埋塵垢中補履不如錐夜半忽長嘯烱烱生光輝世無歐與薛知者詎終希何須邀賞識扼腕徒傷悲

妾薄命

擎掌重明珠繡閣羞人見癡憨不知愁對鏡憐嬌面與君結同心蔦蘿荷殊眷中道相棄捐忽作分飛燕病影伴春燈吟懷寄秋扇空房年復年命薄韶光暁膏沐誰為容回首淚如綫無語憑欄干檐風落花片

題范馨浦屺樓

馨浦原桃源令今復用為惠遠城巡檢署中作樓三間顔之曰屺以誌望母之

意索詩於余成五律二首以應

天末岑樓起牕開壓暮城夕陽千里目遊子十年情落木經風瘦寒山帶雪平倚闌人靜後長笛一聲聲

縮地苦無術望雲空有思孤城回首處白髮倚門時蝶夢依三逕鶯遷寄一枝國恩深未報寧許乞烏私

再過屺樓續題三絕於壁

玉關喜捧毛生檄花逕思扳潘令輿豈是君身有仙骨風流本自愛樓居

繡幕銀鈎挂晚晴茶烟初歇酒微醒公餘試奏鳴琴曲應帶思歸一兩聲

壯堂風日近如何燕盡田園未許過十二闌干都倚遍白雲紅樹只東多

同人約登望河樓值抱病未赴因拈河樓二字韻成七律兩首

紫關鎮日掩藤蘿冉冉韶光病裏過白髮頻添鄉夢少青衫漸敝淚痕多花牽客緒飛成雨水解人心靜不波試問城南堤畔路芒鞋竹杖興如何

簾捲西風暑暗收凉生病骨怯登樓醉從酒國尋佳境吟向詩城作雅遊遠岸馬歸松逕晚虛牕人坐竹籬秋多情最是溪頭月分我餘光挂玉鈎

病愈登望河樓再疊前韻

畫棟參差隱薜蘿苔痕踏破客初過樹歌夕照當牕得山擁晴嵐入户多彈劍放歌驚落葉舉杯邀影對清波西風歷慣無腸斷短髩蕭蕭奈我何

廿年不着阮孚屐萬里重登王粲樓坐倚孤松憐並瘦行逢野鶴喜同遊蕉天浪拍沙堤晚帶雨雲栖竹屋秋小試青蓮釣鰲手蓼花深處理

漁鈎

夜坐

聽起擁衾坐孤燈伴寂寥夢翻風裏葉愁溢雨中潮入曉金猊冷驚秋鐵馬驕那堪蓮漏盡殘夜轉迢迢

病中

境僻人踪絶孤吟小閣閒愁心如古井瘦骨比秋山不信花銷恨難憑藥駐顏年來雙鬢減半

為客囊慳

飲酒

有琴不須張有劍不須厲斂惹不平鳴琴傷遊子意唯宜飲醇酒時覓花間醉花落復花開白日孰可繫貴賤祇須臾脩短同一致顛倒醉鄉中打破乾坤謎得失聽雞蟲紛紛何足計瓶罄枕花眠斜陽自西墜

自君之出矣四章

自君之出矣花事逐番更相思如砌草踏盡又重生

自君之出矣笑語孰為歡不知消瘦久祇覺帶圍寬

自君之出矣不復理殘粧叙頭雙燕子一見一迴腸

自君之出矣盈袖淚闌干經年衣未浣留取待君看

秋夜懷李漢亭

斜月挂銀鈎小立踈簾下對酒懶獨飲樽開復又罷繞屋作秋聲何以消永夜故人應未眠欲訪城南舍漏盡不敢行怕遭官長罵

中秋有感

月是今宵好人如久客何友朋半零落身世兩蹉跎刻燭酬詩債敲棋却睡魔明朝雙鬢上華髮應添多

九日

秋風吹帽鬢蕭騷，懶採茱萸繫緼袍。獨臥元龍樓百尺，醉持花酒作登高。

戲馬臺荒落日殘，龍山人去有誰看。繁華不及文章壽，秋水長天弔子安。

聞鴈

征鴈初聞又一年，哀音嘹唳客凄然。青燈夜雨三更夢，紫塞秋風萬里天。歸路阻長心共遠，故

交零落信空傳。樓頭聲帶霜華冷，半入羇人短鬢邊。

予作聞鴈一律，索純溪先生賦和，相與評及陳恭尹送鴈詩，因復次韻一首

暮靄蒼茫接遠沙，橫空鴈影入雲斜。塞城別恨三秋雨，江驛歸期二月花。矰繳難防須作計，稻粱雖飽已無家。揮絃目送南征路，半是山顛半水涯。

詩成獨坐再次前韻

偶將吟興寄平沙，七字敲成月半斜。冉冉流光歸鬢影，茫茫遠信問燈花。子桑病臥原非病，靈運家居已出家。到處湖山成舊識，不知何在是天涯。

不寐

牕外雨如繩，牕裏燈如豆。一夜不成眠，雞聲唱殘漏。

小車行

野曠朔風寒，小車走歷碌。行李無半肩，零星載敝簏。有婦首如蓬，短衣不蔽足。手携小兒女，含淚相追逐。問從何方來，家在玉關北。連歲苦荐饑，晨昏絕饘粥。索逋人盈門，咆哮肆詈辱。夜半出閭里，遠就邊城熟。舉目天之涯，誰為親與族。日旰未一餐，傾囊無可鬻。行乞向道左，未語自羞縮。數口同嗷嗷，空作窮途哭。夫言尚未終，婦

起頻相促暝色漸昏黃何處誅棲宿急共挽車
行覓路亂山曲日落歸鴉啼倦飛集古木

題友人課子圖

富貴誠由命聰明亦有緣不教先業墜即是後
人賢放眼書千卷棲身屋一椽辛勤無限意白
髮晚燈前

讀書

窮達知有命讀書尚未晚顛倒翻㪉簏殘缺得

數卷堪笑世人癡購求及墳典日置几案間魚
豕何曾辨大嚼過屠門不如飽一臠把酒理芸
編醉向花陰展

冬日早起

虛牕延曙色冷竈起炊烟掃逕風為帚鋪堦雪
作氊書從隣叟借夢倩小奚圓悟得閒中趣天
涯快息肩

苦寒

朔風敗屋冷於冰趺坐圍爐類凍蠅盞溢酒痕
垂寶珞衣沾人氣起觚稜釵頭燄減銀燈暗箭
底聲停玉漏凝倦倚繩床眠未穩瓊樓疑到最
高層

對雪

日影昏黃雲氣結寒威逼座天將雪乍聞淅瀝
撒如珠旋見迷濛飛作屑鴉墮深林凍羽僵樹
攲小牖枯枝折當階遇物成方圓隅院移時泯

凹凸萬象全歸玉鏡明片心獨貯冰壺澈銜杯
醉飲顏微酡捲幔笑看眼半纈人倚春堤柳絮
風夢回晚閣梨花月搜腸欲繼灞橋吟暫向東
坡乞寸鐵

冬至即事和韻

老去冥心着死灰天涯浪跡不知回年華荏苒
歸詩橐世路崎嶇付酒杯孤館夢驚蟲自語故
園書杳鴈空來欺人客況渾無賴積雪初晴臘

又催

匏繫邊城歲月賒雪牕三度見飛花多愁最怕頻逢節久客渾忘尚有家貧極一身悲斷梗病餘雙眼笑籠紗黍糕豆粥聊隨俗小灶炊烟竹外斜

懷暢樓主人名飲即席用前韻賦贈

花信遲遲問琯灰尋芳人至值春回登樓小拄看山笏繞席爭飛醉月杯好客孔融情自重無

官張祜日頻來長安舊事話難盡宵漏何須儘力催

落魄窮途興自賒揚鞭看遍塞城花雄心未盡休言老至友相依即是家醉舞撩衣翻白紵狂呼擲帽傲烏紗吟成握管容題壁濃墨淋漓字半斜

初度日感賦仍疊前韻二首

弧矢於今志未灰流光冉冉逝難回報恩有願空留劍銷恨無方數舉杯髩減方知悲老去囊空未許賦歸來床頭甕破成癡笑寄傲蓬廬任歲催

葡萄釀熟不須賒坐醉寒牕雪後花堪嘆頻年常作客每逢此日倍思家離懷莫慰機頭錦壯志難酬髀上紗幾度欲眠眠未得隣雞聲裏月西斜

塞上草卷一終

塞上草卷二

古延朱腹松雪濤著

詩八十六首 壬子作

春日望河樓小集

治遊豪興擬平原春信初逢第一番酒令嚴如秦相法詩懷清比晉人言日移柳蔭花為幛風偃松盤鶴作軒好景勾留歸去晚夜深車馬隔墻喧

城南山中相傳有博望侯碑存者僅二十字而求之卒不可得詩以誌之

殘碣臥空山云是漢家物披讀得廿字餘者盡剝蝕誰其負而趨胡為一朝失山靈謹護持未許俗人識珠從合浦還劍向延津出隱見各有時曾何疑此石

種柳

君不見坡公揷柳沿湖岸而今烟鎖六橋畔又不見昔年陶令賦歸來五柳當門門不開我非宦遊亦非隱也學兩翁種樹破莓苔土容根深培之固日勞灌溉朝還暮客牕待得緑成圍如予又復在何處雪泥鴻爪安可期十年樹木笑予癡塞城春阻玉關道借作東風第一枝若見百尺濃陰參天碧予豈願效南郡泣

落花

東風吹落花花怨東風惡不記因風開只解因

風落我願世間人莫學花情薄

題施柳南太守醒園

結屋名醒園棲身作醉客是醉即是醒此意人誰識予自卜為隣過從無虛夕同看醒園花共拜醒園石覺岸苦難登昏昏為形役一字是余師三復辟閭額

春暮感懷

三送春歸尚遠征坎坷人更勝虞卿冥心自足

甘貧賤舉目誰堪託死生家室久離憑夢返友朋相聚逐年更一身孤寄渾無着半向詩城半酒城

贈王息畊

我自同飄梗君何亦繫匏十年敦夙好萬里結新交（息畊從施柳南太守來伊予東隣也）卜宅依元積低頭拜孟郊夜深猶聚首落月挂松梢

過從忘賓主交情金石諧日長分酒鉢花放檢

詩牌客夢秋風榻鄉心夜雨階何堪悵離別歸橐獨安排（時息畊有南歸之說）

題息畊松壑吟秋圖（息畊囑以題籤字為韻）

此是西泠第幾峰倚天高削玉芙蓉故園畫寄三秋信空谷音催萬里蹤（圖係息畊友人手筆由浙寄伊促息畊歸期者）月冷柴關憐瘦鶴霜飛石逕憶孤松數椽老屋經年別細雨青燈塞上逢

綠雲散作牕前幕百尺豫章圍小閣一葉風凋天下秋三竿日上此間樂石畔夢酣舒折胥溪頭塵洗軟行脚擁書讀罷劍爭鳴謖謖濤聲起大壑

為愛空庭山水音結茅路入薜蘿深撇開莊叟人間世参破成連海上心客返藕門聞獨嘯歌傳楚澤縱行吟沿溪不種桃源樹怕有漁郎鼓棹尋

萬疊岡巒四望收科頭箕踞復何求載尋若士

同高隱多為長卿已倦遊松子香中雙蠟屐茯花影裏一羊裘甦子亦有蝸廬在辜負雲山二十秋

寒食郊行

餳市簫吹酒半醒沿堤數遍短長亭不知何處尋芳草人立寒沙說踏青

做盡輕寒百五天幾家籬落半藏烟遍山荒塚無人掃風捲殘花作紙錢

浣衣曲

湖草香湖水綠傍湖女郎赤雙足纖手理衣浣碧波杵聲響徹柳堤曲堤邊少婦耽冶遊春風絃管木蘭舟羅袖輕籠金條脫翠鈿斜壓玉搔頭照水紅顔差相若如何儂獨悲命薄顧影愁逐晚潮添橫笛短簫催淚落回首暮色起寒陂欲歸心怯郎嗔遲持衣暗向夕陽祝莫下儂家庭樹枝

送葉明府（暘）赴塔爾巴哈台

小窗一夜瀟瀟雨春色闌珊薤香土踏花送別牽君衣杜宇催行不知苦憶君鉛槧遊長安傾耳聲華重蘭譜一時爭識馬相如前驅願負臨卬弩無何綰綬過畿南時因同舟幸接武豈期桃李滿河陽君忽投簪我解組故人重遇天之涯握手歡聚忘賓主歌翻白雪共悲吟劍倚青霓同醉舞黃雞催曉日催年歷借詩囊記寒暑三載坐老烏孫山又折柳枝向南浦管鮑再結復有誰張范重逢終何所把袂依依尊酒間離愁萬斛不忍吐我自銜杯君自行驪唱一聲雙淚楚馬蹄塵斷猶凝眸憑欄獨立郵亭午

贈徐鶴皋別駕

紫塞閒居百慮空心如秋水氣如虹奇貧可守追東郭大勇常伸陋北宮萬里關山詩橐裏半生歲月酒船中挑燈夜坐同君話助我談鋒羨

阿戎（鶴皋長子隨至伊犁未回）

雨後徐鶴皋過訪小酌

蠟屐衝泥過市南郫筒釀熟索分甘此生唯願持螯飲人事何須捫蝨談入座香薰花氣暖當筵曲度鳥聲酣酒中佳趣頻相覓把盞同君仔細參

移花

夜雨催花花滿溪溪頭花共短鋤攜夾岸香飛

鬭紅紫移入空庭隅烟水瘦影當牕粧半殘一枝愁倚春風寒問花何愁花無語低頭似抱相思苦金尊酬酒笑花癡區區離别何須悲行盡天涯一廣厦請花試看看花者

學圃

灌園學老圃胝胼不知疲人啞抱甕愚而我日效之拔葵傳清節何必慕公儀青門種瓜人非復東陵時菜根安儒素朝夕得所資逃名陳仲

子夫豈予敢師

讀正氣歌作小樂府十二首

大義伸青簡精忠萃一門口碑傳太史姓字不須存

不興討賊師安得云非賊秉筆問元臣百口辭不得

博浪擊秦車誤中幸偷活雖未雪韓仇祖龍氣已奪

氊雪餘生感煢煢節與依麾旄零落盡終伴白頭歸

刀鋸甘如飴取義當知此今古乞降人幾曾得不死

國難無可逃頸血為君瀝煢煢衣上痕千古昭忠烈

臣力有時竭臣心無可移死呼南八語真不愧男兒

唐室無君臣顔氏有兄弟數語張天威勝借甲

兵洗

布帽傳清節蕭然萬里蹤權門衣錦者安得共稱龍

早定三分策胡為屢北征一承遺詔後不復計歸耕

渡江問晉臣人盡王夷甫擊楫淚滂沱一身安足補

慷慨誅國讐奮袂血光濺遺笏表孤忠無須斬馬劍

關中友人助資斧寄伊賦此誌感

紫塞羇棲歲月深囊空仰屋意難禁告人羞貸莊生粟知我幸分鮑叔金欲報無門徒束手相逢有日暫銘心翻雲覆雨紛紛是寄語臨風淚滿襟

感懷

生死等鴻毛雞壇意氣豪雨雲棄古道肝膽屬吾曹墓上徐君劍車前范叔袍茫茫誰共語短髩對風搔

讀謝徵亭明府近作口占作贈

齒折無嫌廢嘯歌一邱一壑興如何客牕倚枕吟春草得向還家夢裏多

觀王息畊作畫

傳神象外挹天然樹裏斜陽竹裏烟自有山莊圖不出笑君終遜李龍眠息畊松壑吟秋圖出友人手

送蔡太守世恪歸楚

飛絮滿天遮遠目舉頭不見湘江綠春事闌珊何處行無奈僕夫苦催促吳兒素未習楚吟拍手漫唱襄陽曲只此臨岐酒一盃勸君酣飲為君祝躍馬食肉舊家聲四十三年富貴足君齒未衰慎勉旃從古因人徒碌碌

醉中墜馬傷手

雖逢醉墮說全神毅豹均為失守身憑枕夢成書榻少檢囊方試藥爐頻三公莫卜甎羊祜數月深居效子春從此信知驢背穩看花記取借東鄰

戲作

一覺南柯髩已華笑尋殘夢向天涯高牙聳列門當竹綵綬橫拖座有花夜掌螢燈勘鼠獄朝傳蛙鼓放蜂衙誰真誰幻叅禪乘消盡雄心付

酒車

讀東坡集拈和定慧長老詩二聯句賦以寄意

鈎簾歸乳燕

踈簾捲殘照薄暮燕雙歸銜花任來去晨夕得所依高樓接霄漢豈必盡危機主人情自重顧傍華門飛

穴紙出癡蠅

何不出空門終朝鑽故紙覺路引光明天龍禪一指涸轍聽呼號樊籠寄生死安得援手救慈悲盡若此

為鼠常留飯

世人重飲食一飯不輕與探穴勸加餐裏之獨遺鼠昨夜嚙我衣今朝飼爾黍貪黠得所報此故向誰語

憐蛾不點燈

焚身不知避拙哉誠可憐短檠作陷阱夜坐禁蘭煎人間多炎熱豈僅一燈然願與趨赴者同遊混沌天

客中吟十首

客牕

花影參差覆綠苔竹牕斜對夕陽開呼童夜靜牢關鎖莫放秋聲入户來

客榻

石枕藤床冷似氷挑燈夜坐記吾曾年來差覺相依慣病骨難支等茂陵

客囊

行李蕭然伴索居翩翩裘馬近何如黃金散盡無餘物三尺焦桐一卷書

客燈

蘭膏剔盡漏將殘萬里脩書許共看試問花開何太喜多情為我報平安

客廚

縱難辟穀學長生鐘鼎何曾足重輕冷灶無烟
乞新火春歸猶認是清明

客飲

逸少常虞兒輩覺公孫每被故人譏何如潦倒
天涯客菊友梅妻杯自銜

客鬢

芸窗投筆日奔馳歲序頻催苦不知馬上霜華

舟上雪征人染得鬢如絲

客淚

子規聲裏客思家況雜邊風起暮笳寄語江州
白司馬傷心不獨是琵琶

客夢

古戍羈栖隔遠天夢中人作小遊仙故園若借
風吹到願學希夷日夜眠

客吟

奪幟詞壇二十秋詩懷枯盡不勝愁聽歌欲賭
雙鬟唱腸斷江南舊酒樓

聞箏

庭空露冷宵漏寂倚壁殘燈半明滅座中有客
理瑶箏手弄冰絲彈夜月大絃和且平小絃清
以切喁喁私語隔牕聞忽變軒昂鳴金鐵被譏
誰知謝傅心矢志不屈羅敷節悲哉十三絃上
聲孤臣怨婦千秋血嘈嘈俗耳耽淫靡古調倦

聞若秦越況復逢人作哀吟燕筑吳簫共凄絶
我欲倚聲和以歌歌喉未轉淚先咽請拋銀甲
傾瓊尊相與共解迴腸結

同年劉明府士煌來伊見而感賦

長安別後信茫然宦海沉浮各一天白髮重逢
萬里外青燈遠話十年前榮枯未許由人造聚
散何妨任境遷生入玉門期可卜與君共約買
歸鞭

夏日咏冰

墨瀋流香帶露研冰壺坐對俗塵捐秖緣潔白心常澈頻任銷磨骨自堅鑑物神遊秋水外懷人夢落楚山前清寒氣味渾如舊逃暑筵開又一年

荅保陽故人

萬里荅君書含悲付驛騎貴賤見交情感君不我棄生死滯絕域毋勞心遠繫所嗟妻與子十

口他鄉寄臨風語故人莫負齋臣意

聞眷口自保陽南歸賦以誌感

官罷無所歸古今人同歎幸有屋數椽結向秋江岍風雨任飄摇十載韶光換此日喜重過舉頭識里閈老妻織可衣稚子樵可爨努力事高堂一門樂且衎丈夫志四方豈得謂離散況復數瓜期流光已過半

柳南先生惠筆數支口占作謝

抛却詩書二十春吟壇强作再來人縱教乞得江淹巧畢竟何如郭景純

山行過友人留宿

繫馬紫門落照殘故人握手笑言歡山深竟日遊難遍屋小孤身住已寛自喜聯吟同襆被何嫌佐飲乏杯盤年来别淚知多少互把征衫仔細看

席間以不倒翁行酒賦此寄意

體態龍鍾面目新當筵端不許横陳此中空洞原無物到處推移一任人身有完膚終掘强力難舉步豈因循幾回痛飲勞相勸失路逢君覺更親

過王治堂寓

卜宅面塲圃秋深半黍苗竦籬銜落日曲港勒歸潮醉舞蒲為劍長歌葦作簫村居無限好詩酒樂招邀

書城酒國縱清狂倦倚闌干又夕陽壯不如人何待老閒無廢事豈須忙詩成懶作蠅頭字夢醒勤添鵲尾香識得箇中滋味好笑予坐破管寧床

伊江懷古五首

河源渺渺悵迷途畢竟乘槎事有無醉裏銜杯對銀漢欲將往蹟問黃姑

封侯萬里姓名標豈獨長安屬漢朝抱牘乞歸能幾日應嫌多事是班貽

烏孫遠嫁換征衣回首東華不計歸抔土夕陽芳草綠癡情未斷笑明妃伊犁古烏孫國

虎帳談兵夜語時六花妙訣兩心知如何勒石銘功日不及當年李藥師西山有侯君集遺碑

天山三箭著奇勳擐甲抛戈靖賊氛九姓同心齊効死長歌恐未易回軍天山即祁連山在伊犁東界

偶過友人村居留贈

無題

昔人遇所愛微物盡成癖品量分低昂孳孳錢與屐我謂儲有用孰不解珍惜中流失舟時一壺千金直馬息支公閑琴懸陶令壁脉脉結神交相賞不相役持此求知己古今曾誰得旦暮供驅使詡然誇物色

秋夜同漢亭久坐

把酒唱玲瓏雞聲度曉風猶存和氏璧漫問楚人弓鬢影殘燈裏詩懷落葉中醉鄉容寄跡相與訪無功

雨中同友人醉飲

綠蟻盈樽對客傾呼盧痛飲莫辭醒爭同李廣稱飛將直把桓溫作老兵翡葉豈癡堪自喜斷輪雖巧竟何成酒闌燈灺留君住共聽西窗夜雨聲

偶成

結廬人境自清幽問字車停客遠投十里長堤紅樹晚數椽老屋白雲秋眠花病蝶苔為席渡水寒蟲葉作舟菊放東籬香正好開尊一笑捧盈頭

漫興

漸見盈頭雪難求換骨丹無衣蘭作佩每飯菊同餐努力嗟螳臂微生陋鼠肝那堪秋又盡萬里滯江干

小閣涼於洗秋風入坐寒病餘還戒酒貧極不言錢守口瓶如膽持身石似拳故人來復去我自枕書眠

歸鴉二律以題為韻同施柳南太守謝徵

亭明府賦

小閣秋風裏憑欄見晚鴉何堪當日暮相對在天涯古樹籠輕靄深林帶落霞悲鳴聲不斷纖月一痕斜

境僻争投止宵寒各倦飛亂驚黄葉墮遥逐白雲歸有木何須擇無巢亦可依吟成人倚樹物我兩忘機

戍婦歎

友人携七律二首來寓云厄魯特奴婦所作詩意悽惋似為夫緣坐者其姓氏里居俱不可考作此以悲其遇

木蘭歸作從軍辭猶痛燕山黑水時文姬贖回

鴈塞壯餘恨填膺寄笳拍天涯更有薄命人老死青衣愁脉脉萬里赴邊關傷心行路難風霜凋綠髩氷雪老朱顔春草生秋花謝埋首毳幙不知年終歲昏昏若長夜口銜石闕以詩鳴盡是哀猿腸斷聲我今讀詩如對語展卷未終淚如雨

醒園小集柳南先生指凍豆腐黄芽菜為消寒佳品即席各賦二首

凍豆腐

腐臭神奇運化機酸鹹任與俗情違氷霜苦歷餘生在面目重開故態非差喜身堅堪耐冷漫嫌味淡可療饑消寒清況誰甘得藿胃藜腸老布衣

黃芽菜

荒園日闢破苔痕剪取畦蔬薦酒尊人世莫教逢此色吾曹端合愛其根種成小圃清香永供

向寒厨至味存自是價廉貿易給芸窓朝夕足盤飧

雪中早出沿街門閉未開道上人跡亦頗少

朔風何凛烈比户掩蕭晨競效居邠俗誰為訪戴人猿啼當古道鹿走入重闉蹈遍山城路無由得借春

立春日枕上口占

未曉人語譁争云賣春困偃仰竹榻間我自安疲頓小童不知愁笑言強相恩拉我書宜春床頭進花勝

雲圃李明府重聽嗜酒詩以嘲之

鈴鐸時鳴豈作勞床頭蟻刺耳嘈嘈天涯安得治聾酒日抱銀瓶笑李濤

靜遠山房咏雪用東坡北臺韻

寒燈坐倚髩纖纖雪釀深宵氣更嚴地豈藍田

都種玉人非學士亦儲鹽月沉花影收殘壁風急鴈聲落短檐簾外凍雲飛不起一齊捧上竹鈎尖

芸牕坐咏學塗鴉逸興遄飛付酒車香盡銅爐添柏子夢回紙帳失梅花長街履跡他鄉路小竈茶烟處士家更愛孤舟江上客綠簑青笠伴漁叉

再疊前韻

漏滴蓮壺帶雨纖夜闌并入雪聲嚴小山石瘦
埋貓笋老樹根盤築虎鹽險韻偶拈吟倚榻奇
書新購讀當簷党家風味羊羔酒輸我花香簇
筆尖

一枝借得伴栖鴉門掩荒苔絶客車天共忘機
留本色佛堪證果現空花匏尊竹杖愁中友草
舍籐床夢裏家聞說溪南春信早瓊瑶踏碎路
三又

塞上草卷二 終

塞上草卷三

古延朱腹松

詩九十一首 癸丑作

舟行赴金頂寺

望河樓外水沄沄獨放扁舟趂夕
花影合綠翻雙槳浪痕分賣魚市散
犢人歸石逕雲數點村燈桑柘裏去
林聞

江上吟

春看伊江江上花花開夾岍明於雪
江上月月浸平沙皎如雪彈指春徊
人頭僂遊司馬何時休問花問月如
茫茫日西去

過趙氏別墅用少陵遊何將
首

訪勝出城北揚鞭過大橋 大橋在北五里

日浪湧拍青霄獨向雲根度誰從谷
見衡宇回首塞垣遥
道左亭軒厰車停心跕清到門聞吠犬
啼鶯野圃遺菰米香厨足菜羹主人笑
手上階行
繞屋探幽境扶藜强自支迴廊抱曲岍
清池水暖魚先覺花深蝶未知沿堤八
草半離披

老幹穿山脈盤根蝕土花風摇奔怒馬
靈蛇曲院驚秋早空岩歷歲賒行人隅
望識君家
舊雨半零落柴扉扃不開愁牽江上柳
頭梅逝水留難住歸雲待未來憑闌無
立破莓苔
穿林尋曲徑倚石俯流泉薄靄輕於
似綿酒為留客劵詩作買春錢好景

棲勝輞川
日暮聞漁唱渡頭芹藻香移舟當夕
微涼果落逢新熟樽空索舊藏伊人晤
復咏葭蒼
山深風物好生意滿臺池草色迎遊屐
接蘿移居依白傳勸飲倩紅兒覓得園
尊日夜随
舉盞輙成醉科頭枕白雲君能重意氣

儀文曲度聲多誤棋殘局不分曠懷何
蝶自紛紛
歎遊未十日春盡奈愁何興到中年減交
容多湖山恣眺賞歲月任蹉跎手指東
芳約再過

范馨浦以詩留别和韻二首作贈

鞍馬還歸玉塞西孤身如葉氣如霓奮
逢春暖鼓角餘聲入夢凄道上楚人誇

前齋客學鳴雞愁懷日借奚囊寄吟遍湖
醉題
唱罷驪駒淚未收天涯芳草怕登樓斜
三年別古道荒城兩地愁執策雖悲轅
金莫羨壁間牛百花洲畔春如海待解
釣舟
次徐鶴臯送范馨浦原韻
殘花成土絮成萍又是黃梅夜雨零飛燕何

忘舊壘促鱗偏合在渟汀共抽客緒如分繭
數年華不見螢桐帽棕鞵聊自適莫將往古
緹屏 鶴臯原粤東別駕
客窓獨坐偶憶故鄉風景作江南
首誌思歸之感
催花風信記新年梅破氷胎柳帶烟簾
明月好衣香人影試燈天
尋春共約趁花朝踏遍芳泥去路遥家住

城郭裏夜深扶醉過紅橋
連朝細雨叫軥輈飛絮隨風滾作毬落盡
門半掩荼蘼紅上夕陽樓
黃梅時節氣清和製就輕衫試綺羅指點耻
亭畔路沿溪芳草碧成窩
畫艫衝波習水嬉半江烟霧日遲遲笑看逝水
忙於箭人踏潮頭捕鴨兒
江上紅蓮歷亂開小娃打槳渡江來嬌癡不借

瓶罇供花作衣裳葉作盃
唱罷采蓮唱采菱學粧無暇髮鬅鬙歸來約赴
盂蘭會了髻新梳拜佛燈
叢桂爭開玉露凝小山登處月初升綠陰淌
香如海人在瓊樓第一層
秋風秋雨竹窓西把酒東籬拆甕泥茅屋
臨水葢菊花香裏劈團臍
芙蓉開遍大江濱堤上殘紅踏作塵日向

深處立偷看人看看花人
消寒作會醉圍爐蔬笋堆盤薦玉厨門外釣舟
歸正好瓦盆淪貯四腮鱸
溪南春到雪飛殘驢背尋芳逐暮寒日落灞橋
人半散折花沽酒掛歸鞍

擬東坡漁父四首

漁父飲村醪㪅沽向隔溪茅屋船頭掃葉自烹
魚醉倒鵞黄滿斛

漁父醉棹歌續臥唱忘憂一曲枕橈聽徹晚潮
聲醒後應添新緑
漁父醒波如縠且撥菱花濯足江天何處是予
家篊閣雲峰六六
漁父笑居安卜挂起蒲帆半幅扁舟夜渡武陵
源請就避秦人宿

柳南先生告予有幕府相延之說詩以荅
之

蕭然環堵自堪娛花鳥親人日與俱賤役可操
同運甓孤身無寄不吹竽居求適意貧非病性
畏多言老益迂漫說文章聲價在書城甘苦半
模糊

擬東坡四時詞即用元韻

秋千索畔閙花落夜起移燈捲羅幕雨聲初歇
緑楊梢春色半歸紅杏萼輕寒峭料粟生肌瘦
盡芳容問阿誰鏡裏不知胥幾許開箱驗取嫁
時衣

午夢驚回殘漏永溪亭風度茶烟冷沿堤鷺宿
藕花香繞屋蟬吟槐影静螺子懶拈眉自顰雲
鬟私喚女奴匀粧成背向銀屏立偷擲金錢卜
遠人
繞逕藤蘿烟鎖緑日殘人倚叅差竹花扶病蝶
睡當窓燈引寒蟲啼入屋屋角欵關手自扃步
摇響屧下空庭巡檐摘盡芭蕉葉怕聽夜來秋

雨聲

濕雲低壓闌干角冷逼踈櫺孅紙薄雪聲淅歷沒堦除梅影橫斜隔籬落消寒無計學塗鴉凍指頻呵染綠霞寫到離愁愁更劇倚床挑盡短檠花

效李義山蝇蝶雞麝鸞鳳等成篇體

莫將腐鼠嚇鵷雛昔日蝉貂今有無君子甘隨猿鶴化世人任作馬牛呼蝦鬚簞底飛蝴蝶鴈足燈中詠鷓鴣蚓笛鶯簧差足樂漫同笯鳳説棲梧

野堂池中泛舟作 野堂為幕府別業水石花木擅伊江之勝

碧水漾琉璃迎涼放小艇柔櫓一聲聲摇破樓臺影

雨霽夕陽西樹底光斜透風吹野草香冉冉上羅袖

逕指前溪路蕭疎烟柳中長堤遮不畫微露小橋紅

鳥踏碧桃枝殘花落無數散作一池春歸潮推不去

林間梅子熟葉淌綠成陰呼童停畫槳小住聽蟬吟

水面鷺鷥飛雙雙掠簷瓦乳鴨自貪眠笑被竹篙打

蘋葉點清波波平清見底賭酒數遊魚半隱蘆灘裏

隔岸月初上花光滿釣磯折花待明月共載一船歸

舍舟入園中小步

偶來塵境外閒步問桑麻細雨濕籬豆香風吹野花小渠流十字荒逕闢三义踏遍青畦路垂楊一帶斜

隔水見人影扶筇過竹溪落紅鶯蝶聽新緑引

鶯啼草色當門淺松陰壓屋低叩關訪老圃坐
話夕陽西

山居雜詩八首

閑門絶人跡木石相與居時鳥變新聲方知歲
月除小窓驚夢覺起還讀我書悠然清興足天
地一蘧廬

頽垣纒薜蘿塌盡連朝雨乳燕怯高飛来往欣
得所笑我貧無錐何必須環堵日暮風生寒歸

雲暫借補

霧色滿芳原藥苗長一尺呼童携短鋤劚破寒
雲碧歸款竹閒扉斜陽挂東壁相助檢筠籠晒
向空階石

桃李遍荒逕山深春到遲東風昨夜来細草緑
含滋巡檐索花信花放去年枝堪笑看花人重
逢鬢已絲

叠石作雲嶂疏泉通竹林蕭然半畝宅中有山
水音俯仰欣所遇焚香彈素琴曲罷復長嘯萬
慮消塵襟

花隨亂棋聲隱約綠陰裏小閣一燈青隔窓聞
落子宵深局未終一笑推枰起朗誦東坡詩陶
然敗亦喜

客從故鄉来貽我蒙山茗手自劈龍團香奪頭
綱餅掃葉烹清泉蠅鳴起石鼎老鶴避烟行踏
破蒼苔冷

風雨苦無聊恰報故人至把酒共呼盧借作消
愁計臧穀同亡羊何須説所事瓶罄客頳酡我
亦頽然醉

入塾日示諸同學

同向邊城寄客踪學書文史足三冬偏陂莫問
分馳轍大小全收待叩鐘敢信魯雞堪伏鵠唯
期河鯉共登龍五陵衣馬推年少詰日長安幸
再逢

醒園風雨後池東衰柳一株欹覆水上頗有畫意蒓渓先生作詩索和步韻二首

者卿何處寄相思舞倦蠻腰強立時秋水亭邊苔逕斷夕陽樹底竹橋支鞞貪美蔭吟猶急鳥葺危巢宿較遲欲喚人扶扶未得半遮石壁半臨池

隋堤春色說無邊坐對空庭意渺然送客寧堪勞再折依人恰合伴孤眠長條劃破花潭浪老

幹棲荒竹院烟獨抱離愁誰共訴曉風殘月自年年

西山

朝看西山晴暮看西山雨忽晴忽雨不可期山色青青自終古我來振衣千仞岡連天荒草路茫茫樵唱隔雲人不見但見滿山亂石雜牛羊

老鶴

今日階下禽昔日雲中鶴飲啄依藩籬亦自欣有託豈不願高飛羽毛日頹落戛然一長鳴風動護花索

過厄魯特營四首

寒風獵獵捲晴沙繫馬氊廬問酒家說與胡姬渾不解自拈鐵撥弄琵琶

不種桑麻不種禾卜居遊牧碧山阿敝帷破釜無車載檢付荆筐挂紫駝

塞草經霜夾岍紅牛羊滿地任西東兒童爭習

射雕技樹底懸鞭試竹弓

篳篥聲催宿霧收據鞍圍獵遠峰頭戍樓日落歸來晚剥取狐狸補破裘

過回營四首

寒營霧色破烟霾馬上遥聞笑語諧禮拜寺前人似蟻亂持經卷散清齋

稻花香滿碧江隈歲熟官租不待催手挈瓶罌跨牛背惠寧城下納粮回回部習尚稼穡其耕種官地與居民等

一片機聲暮未休㸌扉靜掩隔松楸篝燈自織金絲布半借遮身半裹頭回人用布裹頭閣外以纓頭呼之不事編年紀物華日從駒隙數羲車春谿桃李秋蘺菊盡是山中獻歲花回俗以三百六十日為一歲

七夕

湯餅何從佐酒樽試看做橐一無存奇貧我欲欺南阮破盡當年犢鼻褌

兒女情癡説鵲橋雕花鏤絲度清宵長生殿裏人何在不及緱山鶴可招

拜月歌

拜月拜月當堦立蒼苔露浸鳳鞋濕斂衽欲訴怕人聞斜捲繡幃引月入月影漸下青桐枝儂語未終知不知含愁送月出粧閣相對無聲月自落

贈程子仲光

書城歲月莫空消左右逢源樂事饒問道所存通瓦礫知心何在寄簞瓢功成鍊石天堪補謫解拈花佛可燒騏驥老難先駑馬扶輪大雅早揚鑣

秋夜感懷

萬里辭家音問疎客窓抱膝渺愁余青氊舊業都成夢白簡餘生再課書顛倒一身聊復爾飄零廿載竟何如鄉心願逐秋江水流到邗溝舊草廬

落葉歌

覆墻樹影帶烟合無端苦被風威脅敗葉辭柯去不回徹夜蕭蕭任摧拉老幹争作蒼龍吟飛落九霄散鱗甲又如半空山雨來石燕羣翔勢紛雜秋聲繞屋清且悲客夢迷離破孤榻曉起苔逕乏人行滿地黃雲擁簾押

客中遣興四首

芒鞋作伴短笻扶嘯傲湖山一酒徒何事辭家

遊汗漫幾回對影笑胡盧焦琴入爨音尤烈秃
筆無花思欲枯日與麴生成莫逆而今問我亦
忘吾

縱有奇文不送窮曾非怪事豈書空搏風力怯
籬間鷃蹈雪痕留塞上鴻藴武暮年歸薊北管
寧半世寄遼東關山何用悲難越只在乾坤覆
載中

城南花信自年年株守窮廬了宿緣座上持籌

羞鬼笑門前裹飯怕人憐陳蕃未許常懸榻祖
逖何嫌早著鞭（時設帳幕府借閱邸抄見故人頗多得意者）竹屋三
間書數卷醯雞全得甕中天

强支病骨獨登樓萬里西風引客愁篳篥聲傳
秋社後（伊犁二八月城頭整日作篳篥聲）琵琶曲憶暮江頭人
生到處同蕉鹿世事無真類棘猴試向蒲團叅
小乘壯心銷盡解吳鈎

癸丑冬日爪期已及再疊前韻四首

耕犂今得手親扶好向烟波伴釣徒半世塵勞
誇御李卅身夢覺願逢盧雲間鵉墮悲難起辟
上蝸粘幸未枯除却鬓邊新白髮天涯猶是舊
時吾

乾坤安得有途窮俯仰悠然萬慮空世事豈皆
傷雀鼠鄉書不復倩鱗鴻葵依日暖常傾北松
識人歸早向東三載韶光一彈指小牕詩槖酒
杯中

紫塞螢飛不計年萍踪去住揔前緣行經伊水
難為別看到吳山應我憐垂老何心營兔窟養
生有術寄羊鞭西郊勒馬頻回首淚洒寒風感
二天

野槿編籬竹作樓故園重到轉增愁十年浪跡
誰青眼萬里遄歸已白頭掃石還招天際鶴迎
車應笑世情猴從今復踐湖山約廿四橋頭月
一鈎

偶於友人處得南来食物二種詩以誌之

醉蟹

酒熟菊花信裏螯肥橙子香時同貯一尊遠寄好憑兩手分持

青果

不識是甘是苦休言何後何先世味儘多若此天涯一笑欣然

桐城趙雨亭為葉明府賜兩度出關賦此作贈

俠士重報恩君子重取義送友赴玉關古道頹不墜既安遊子身還慰遊子親五載奔馳未停轍又逢白髮来江濵繫馬城闉問遊子傳說去年已北徙有姪羈留來與偕今春遘疾數月死聞言奮袂起且悲生者望我至死者待我歸重泉絕塞孰可負急難不知筋力疲茫茫前路白雲杳衝寒復走北山道北山道返宜早握手縱傷離別難忍抛旅櫬委荒草吁嗟貴賤見交情況復寄之以死生人心反覆誰足語毛髮倒竪肝膽傾雨瀟瀟風簌簌一紙靈旛共棲宿回首萬里未歸人車前月落聞鬼哭

書家信後

故園別後歲頻催老屋秋風幸未頹遥念倚門雙白髮終朝含淚望兒回

青氊敝盡坐猶溫課子無成又課孫寄語兒曹須努力鼎鍾為我報　深恩

櫪馬

櫪馬志千里壯懷共激越高歌擊唾壺淚洒英雄血傷哉遷客心久與世緣絕夜半聞悲鳴死灰燃復熱今古一同歎皤然雙鬢雪

生日感賦

半生飄泊總無涯自笑懸弧志太奢四十五年来似夢萬三千里外為家不鳴孰與憐烹鴈無

足令知學畫蛇獨坐憑誰沽酒祝倚闌愁對夕陽斜

徐鶴皋李漢亭過訪

一雙蠟屐一枝笻踏遍天涯伴客蹤寒暑偏侵多病骨悲歡易到遠人胷邊城歲月愁中畫故國湖山夢裏逢幸有同心三五輩叩關時聽足音跫

餘杭老人飲酒歌

冬夜醒園小集栁南先生言杭州清波門外嘗見兩老翁携鮮果入肆沽冷酒以瓦盆飲之似不食人間烟火者每歲一至至輒各盡一巨甕而去先生出山後蹤跡不可知矣因拈酒字賦五古一章以誌其異

客從何方來自結烟霞偶狀貌各清癯道左共携手連步入旗亭小憩當户牖意氣頗縱横十千沽美酒毋煩挹注勞屏却覞與瓵滿貯老瓦盆用代青蓮斗一翁出梨棗一翁進菱藕清香探袖中鮮潔絶塵垢不見賭藏鈎不聞歌擊缶飲如吸百川浪湧長鯨口玉山猶未頽甕罄已無有掀髯共一笑曳杖出門走今年酬春花明年酹秋栁一歲一番過十載未白首同作座中人識之日已久相喻兩忘言何必問誰某賣藥逢壺公談棊見橘叟天上即人間此理易分剖

但願整歸鞭遇向湖山右重訪舊酒壚醉鄉作三友

塞上草卷三 終

塞上草卷四

古延朱腹松雪濤著

詩九十六首 自甲寅春起至乙卯入關止

送李雲圃赴蘭州

我幸逢爪代君行未有期今君揮手去而我尚遲遲顛倒類若此人事焉可知海南雙翡翠巢在珠樹枝一朝罥羅網鎩羽終難辭傷哉中澤鴈哀鳴苦流離于垣百堵作飲啄得所資安居非足樂失路抑奚悲盡此一尊酒行矣君勉之平生重意氣知已遍天涯長卿爭識面應似臨卭時慷慨請就道勿效兒女為

春日感懷

塞城四度送殘春細草零花踏作塵客裏關山成故土愁中歲月老羈人不求諧俗寧存拙為怕辜恩只守貧世事茫茫誰共語長齋繡佛問前因

病坐

老作邊城客流光若逝波病常悲影獨貧復苦人多斗室蝸同寄蓬門雀可羅還鄉空有願何處乞明駝

病起

新綠空齋淌開簾草未芟夢驚怨曉角人瘦怯春衫呼酒伴花飲檢書邀鶴銜莫從江上望惹恨是歸帆

過山中友人居

境僻塵囂絕山居景自殊鶴煩清露浣花倩軟風扶晝靜門常掩春深逕半蕪隔溪漁唱晚幽興落菰蒲

雅集消長晝車停客到頻澗槃留勝蹟風月屬羈人綠印銜泥屐香浮漉酒巾願從邱壑裏結伴置閒身

懷暢樓較射

晝長人逐暖風醉手挽雕弧破春睡碧桃花底鵲孤懸鳴鏃一聲紅雨墜山中未起故將軍射石曾誰識猿臂分朋賭酒休言歸夜行且避灞陵尉

題背面美人圖

賣花聲裏雨初收曉夢驚殘下翠樓應為海棠睡未足慵舒倦眼不回頭

低垂雙鬢理春衣悄立無聲晝漏稀微向鏡臺窺半面隅簾鸚鵡報郎歸

題杏林春燕圖和韻

十分春色雨催齊樹底風吹燕羽低雙影倏飛花半落小紅樓畔夕陽西

自嘲 時攝惠遠巡檢篆

吟詩略解通蠻語供職渾疑類馬曹自是凉州無換處官齋酒熟醉蒲萄

蒓渓先生瓜期將届感咏見贈依韻答之

萬里羇棲孰可堪邊城雨露待濡涵葵心已老猶留熱蕉境重逢漸得甘春草沙堤鴻雁北秋風竹嶺鷓鴣南（先生歸期定於明春 予擬於今秋東行）從今不作天涯客拜手同賡聖澤覃

醒園小飲再疊前韻

霽色當窓晝未堪林光遠挹水虛涵狂無多飲醒同醉病有餘閒苦得甘差比管寧居郡北韋逢韋曲在城南攜樽共践尋芳約採得春風信遠覃

戍期滿後諸同人來賀作慰勉語詩以答之

由來木石說吳兒腸熱如君亦太癡流水何時歸舊浦落花無計上空枝土牛雖駕究奚及芻狗已陳安所施莫聽愁人累破甕銜盃且醉好春時

風雨有感

狂風動地來，一片雨聲急。檐際若翻盆，霎時空庭黑。摧殘花底香，折斷樹頭碧。頃見濕雲收，斜陽美新色。世事多變遷，顛倒安可測。繫日無長繩，對之三嘆息。

郊外桃花盛開欲往未果用柳南先生看花詩韻感賦二首

廿四番風次第闌，擁裘斗室怯餘寒。客愁倍較春前劇，花事都從夢裏看。自笑迷途回轍早，空勞待旦着鞭難。筆床茶灶頻經理，好把生涯付釣竿。

榮枯轉睞一無真，華髮驚看入鬢新。蝶化花間誰是我，鷗飛海上且依人。縱情酒國懷嵇阮，受學詩壇愧白申。請待來年二三月，買舟同泛武林春。

和柳南先生謝送蠶豆二絕

揮毫客自稱飛將，抱甕人甘學野翁。携酒借書鵞換帖，乞詩有術笑予工。

好句如仙入齒香，高吟拍手不知狂。荒籬尚有珠盈莢，計字相酬供飽嘗。

書齋咏懷

春晝遲遲午漏沉，小窓夢醒意難禁。曾非作客羞彈鋏，縱有知音欲碎琴。歲序漸看消月窟，文章空說重雞林。誰從病裏窺莊舄，獨倚繩床作越吟。

書味悠然溢錦函，焚香掃地靜中叅。無依偶效尋巢燕，自縛幾成作繭蠶。簟展玉花容小甜，爐烹仙掌助清談。逃禪我亦同蘇晉，不事長齋禮繡龕。

春日午間大風

豈為天心有不平，如何金鐵畫爭鳴。浮雲過眼都無跡，破浪興懷是此聲。賦就蘭臺思宋玉，歌

傳易水弔荆卿空指響寂門開處滿地殘花落
日晴

打魚歌

打魚放船蘆花洲雙槳蕩破烟雨秋有客倚櫓
披羊裘呼童撒網自垂鈎垂鈎得鯉網得鯈碧
鱗紅尾載滿舟故人家住邗江頭付以尺素能
傳不江南江北路阻修舉手一一投清流願得
相逢多舊游

秋日醒園席上見鮮蓮實數枚感賦

郎貌比蓮花妾心比蓮子相望不相見迢迢隔
秋水秋水阻且長采蓮遠寄將蓮如解人意一
半是空房

擬悵悵詞

悵悵莫笑昔人癡我笑昔人我復悲醉中呼酒
對君飲聽我重歌悵悵詞落花滿地愁無緒芳
草連天夢有思縹緲玉京人去杳凄涼荒塚鶴
歸遲樽前往事添眉皺鏡裏流光入鬢絲萬古
同為流寓客百年半是感懷時問君悵悵曾誰
免一曲未終雙淚垂

題友人入山圖

人生百年彈指度欲離塵網尋覺路牽衣稚子
呼阿翁寂寂空山住何處笑指前途多逢迎蓬
萊宮闕芙蓉城他日相思欲相見緱嶺鶴背看
吹笙

寄王觀察鎮之先生

一別流螢五度飛佳音遥聽想清輝三年曾記
隨驄馬萬里難容拜繡衣（先生守保定與予同時被放嗣薦由丞守觀察大名）矯首東山欣再出棲身西塞歎無歸吟成
七字臨風寄佇待瑯函賁竹扉

暴雨

滂沱驟雨洗塵沙飛入疎櫺亂若麻匝地風翻
墮石燕横空電走掣金蛇傾盆挹盡秋江水連

鼓催残紮塞花檐溜如繩人跡斷縮頭趺坐類
盤蝸

幕府頒餉園中哈密瓜分賦

蔓引蟠虯遍野屯畦花落盡碧留痕東華任説
紅塵軟不逐秋風入玉門

綠雲潲地雨停初一片清芬雜晚蔬應為爾人
心太熱故教留贈渴相如

寒氷作骨玉含胎笑索金刀帶露栽甘勝靈桃

清勝藕渾疑身住小蓬萊

秋望

戍樓人倚夕陽天望眼遥舒意洒然三尺帘翻
茅店雨一枝櫓破板橋烟橫江鴈落微於髮隔
嶺羊歸小似拳野色蒼茫看不盡暮鐘聲起白
雲邊

和栁南先生感懷二首

荷鍤𨌺耕叟攜竿讓釣翁孤蹤何落落妙手自
空空夢逐雲中鴈愁添井上桐天涯一回首長
嘯倚秋風

自笑猶存舌無言可決疣也知投筆好難作執
鞭求酒與公榮飲家同少伯浮鄉心何所寄江
水日西流

古寺

錫飛何日去荒城老屋残垣半已傾梵唄不聞
鐘鼓寂西風摇碎塔鈴聲

空庭葉落噪棲鴉人立蒼苔夕照斜安得相逢
般七七秋深看遍鶴林花

寄衣曲

秋蟲聲裏秋月白授衣天氣催刀尺纖手裝綿
密密縫欲寄征袍慰行役傳聞邊塞風霜苦不
識腰圍瘦幾許疑寬疑窄渾無憑停針凝想淚
如雨

醒園辟上見靈郃亭比部夢幻泡影四律

即用其韻賦之

倦眼模糊短夢新夢中占夢了無真難分蒙叟花間影畫是華胥國裏人萬事茫然何日曉百年盡處片時春此生未見黃粱熟誰與追尋物外身

大造機關本太虛游心那識物之初迷途欲借禪燈照變態難憑慧劍除石上姻緣終未了壺中歲月究何如塞翁禍福爭彈指弔賀紛紛一

塞上草 卷四 十一

敝廬

附贅懸疣揔俗論曹溪滴水蘊乾坤旋生旋滅叅三昧是色是空悟六根花片散來還復墮布毛吹去竟何存明珠觧得稱如意即此能通不二門

對影常嗤守未堅浮生碌碌笑同然無須擇地身堪寄一任依人境屢遷起坐借叅燈下謎行藏都作鏡中緣寄言罔兩休疑問悟得南華即是禪

醒園主人留飲

先生性愛客論文設尊酒爭取古人詩一一相與剖縱談意氣豪雲夢吞八九不問夜何其盡石復盡斗主客共酩酊燈殘杯在手

非絲亦非竹林末發清商幽情寄觴詠對此明月光月圓還復缺歡會孰能長酒酣不成寐攬衣起徬徨天空一鴈鳴嗷嗷獨南翔

塞上草 卷四 十二

秋聲

邊塞聽秋聲秋聲愴客情芳顏催槁木病思戰懸旌牕冷一燈暗壁空雙劍鳴銜枚如赴敵何不下愁城

夜宿鑑遠樓

老屋空巖裏宵深客轍停寒猿啼落月野犬吠疎星樹底荒燐暗江頭戰血腥淒然不成寐把酒弔山靈

鑑遠樓看山市

百尺樓頭天將曉當樓山色青未了猿鶴無聲絕飛鳥峯頂孤懸片月小俄見殿閣浮縹緲萬疊烟霞共圍繞珠宫貝闕深且窈横空擁出蓬萊島中有行人何太早往来儀仗列羽葆車馬雜沓白雲表供向晨牕作畫稿倚几指點舒清眺轉眼忽被秋風掃幻境茫茫霎時杳疑夢疑真心如擣嗟我年逐關河老舊遊勝地成茂草

雕欄傾欹粉垣倒一再過之愁渺渺江上山靈施奇巧留與人看時更少悟得繁華不長好世間省却諸煩惱

柳南先生以近作見示賦以荅之即用詩中贈息畊六首韻

啼雨鳥剛催夢斷送詩人恰叩門来烟雲裹就剡溪紙一瓣香焚盥手開

林花似繡草成窠日向湖山佳處過同坐春風圖畫裏奚囊收拾羨君多

不讓風流杜牧之詩瓢酒鉢寄幽思吟成擲地鳴金石濃墨淋漓半醉時

燭剪西牕月滿梁嘯歌聲裏興清狂壯懷自足畢餘子不作元龍上下床

秋柳蕭踈秋水平醒園留咏擬長行隔墻索和無虚日贏得愁人太瘦生

返轡有期同繫馬班荊何日共開尊吳山越水

相思處愁對征衫舊酒痕

西莊訪殷三秀才

十里沙堤路秋風古堞西荒村依峻嶺野彴跨清溪木落門猶隱花深逕不迷故人情自重一笑手同攜滌缶生爐火開尊拆甕泥閒看黃犢飲醉聽白鳩啼屋角孤烟直墻頭夕照低頗隨君共住歲月寄鋤犂

八月八日小集醒園憶及家鄉秋試與施

柳南太守謝徵亭明府同作得秋字

旅館同懷故國秋棘圍深鎖入邊愁此中况味連宵永天下文章一日收萬里外人勞遠夢廿年前我記偕遊最憐早歲雞窗伴矮屋孤燈半白頭

中秋登醒園平臺看月席上分賦

旅館逢佳節芳筵集故交我慚同鼠飲（子於醉後赴約未能暢飲）君笈作鳩巢（醒園係柳南先生手建今瓜期已滿將為代者居矣故云）

壯志緣愁盡韶華入夢拋芥舟安所適杯水寄堂坳

瓠落寧無用匏懸亦暫淹登臺風月好載酒主賓兼（是夕蒓溪先生攜酒榼而至）相與催詩鉢幾忘數漏籤凌虛乏雙翼醉欲駕銀蟾

柳南先生贈王治堂昆仲詩有莫愁風折樹且喜月臨窗之句旬日後即恩釋東歸此詩竟成佳讖矣因以此二句為韻作小詩十首送之

桐經入爨焦金忽當爐躍雪窖晝回春歡聲動廣莫

慷慨市鞍馬歸期值暮秋寒楓與哀草不似去年愁

剪燭小窗中燭花映酒紅諵諵話離緒一夜雨兼風

歲歲有歸人只聞君送別可憐楊柳枝也得為君折

浮蹤印雪泥健翮摶雲路指日見干霄記取謝家樹

諸君盡少年豈長貧賤者努力事功名及時勿苟且

欲報三春暉十年傷陟岵今日送君行為君悲復喜

書劍各飄零詩酒任消歇客夢嶺頭雲愁懷江

上月
盤谷太行下入山且莫深結茅當古道好待故
人臨予定於春初與柳南太守偕行
逢君期晉鄙伴我渡吳江預訂蓴鱸約秋風醉
竹牕治堂兄任江南有山右相待作伴南行之約

治堂臨行以莪園先生手蹟索題作此以
應
天未喪斯文誰能衍其脉先生身任之日切分

陰惜品節欽圭璋勳名耀簡策餘力為文辭復
奪古人席繩武有文孫百年存手澤咳唾皆珠
璣一一彙成冊管可窺豹斑裘如集狐腋玉板
十三行寶貴比殘碣家傳杜氏田世守薛翁石
執與擬蔵珍文貞一遺笏

尹北村刺史久病未出詩以問之
示病同維摩胡為尚未起白生虛室間應見吉
祥止世人向眼看妄言擬生死出機入於機還
以問壺子

送楊鑑亭主政歸揚州
蜀岡萬里繫相思況復離亭唱柳枝屈指君歸
春正好淡烟疏雨落花時
故人問我近何如報說秋深返敝廬只為恐君
作殷羨儘多紙筆不修書

次王息畊韻
隻身經遍風波地方寸勘通造化關從此自尋

隨處樂笑予猶得半生閒秋空寂靜雲歸岫夜
月蒼茫雪滿山試問忘機鷗去後海翁曾見幾
時還

綏定城隨圍感賦
盤馬彎弓各鬪能遥隨霜仗走寒氷窮途見獵
心猶喜奮志從戎歲已增鑿窟難安憐狡兎戀
鞲不下笑饑鷹毶廬起舞添惆悵醉把豪懷付
劍稜

余與東隣柳南先生春初期淌至歲暮未
歸賦此索和
豈是他鄉好幾成汗漫遊笑君還笑我經夏復
經秋暮醉江頭艇朝吟塞上樓欲歸歸未得雨
雪又浮浮
寄題友人英雄兒女圖
安石汾陽各豪縱美人歌舞日侍奉丈夫骯髒
多風流落落古今孰與共五陵公子思請纓讀

書萬卷期有用錕鋙劍氣干青霄驄馬躞蹀獠
奴從髩絲鞭影枯林間氷雪淌身沒裹縫將行
未行僕且催小鬟雙挽紫金鞍擎杯不忍輕别
離唯怨郎行太倥偬朔風獵獵吹大旂淚光紅
滴珊瑚凍不須披圖識君顔知君意氣迥殊衆
前身疑是白香山駿骨蛾眉兩情重嗟予五載
玉關西野火荒燐增悲痛襆被天涯空自憐裙
舄温柔隔秋夢塞上功名不可期垂垂短髮年
催送俯仰一身天地寬杜門差比醯雞甕願得
我歸君未行錦韁且為看花控花底爭醉掌中
盃請從徐郎時一中
憶梅四律和韻
荒城臘盡暖風催吹送鄉心繫早梅遷客已成
經歲别好花空負一番開夢驚玉笛春何在人
滯征鞍信未來欲伴石湖尋萼綠仙蹤遠向九
嶷回

離迷香雪小亭邊詩壁塵污孰與憐唱斷紅羅
人半老啼殘翠羽月孤圓茅廬遠寄千株外紙
帳常懷十載前羸盡髩絲歸未得故園花事自
年年
檢點春光信渺茫一庭烟雨引愁長都緣怕索
巡檐笑未許偷窺倚袖粧隔嶺寒香迷野店凌
波瘦影壓危梁當年驢背尋詩處回首天涯半
欲忘

問君是否舊時顏千里相思逐曉寒迎歲酒遲春寂寞踏花人遠路漫漫難分冷艷來杯底暫勒香魂上筆端願向華光乞畫卷水邊籬落一般看

東坡於岐下思蜀作饋歲別歲守歲詩余鄉亦有是俗而客中度歲幾及廿年今不復思之矣次韻三首强以自慰

饋歲

里黨致情好假物以為佐輾轉不索錢實則交相貸投報問所值斤斤計小大挈榼任往来常獨閉門卧釀酒復剪蔬杯盤自登座歲歲踏陳跡相因若驢磨况今貧無錐屢向客中過强欲效鄉風詩成互酬和

別歲

把盞別舊歲歲去不肯遲去者何太速来者苦相追怱怱来復去五載天之涯天涯送歲人欲歸尚無時兒童不解事較量瘦與肥誰知征客心一別一番悲從茲不為別行行任長辭尊前惜老淚聊以慰年衰

守歲

病中對歲酒心怯同杯蛇傾觴强相守前路安能遮歲不為人住人其如歲何我醉倚枕眠坐客爭諠譁寒燈自明滅戍樓鼓添撾晨鷄忽三唱旭景當窗斜傷哉歲復歲日月感蹉跎守與

不守者韶華誰足誇

乙卯春仲旋里行色匆匆諸同人未及一言留贈北郊握別蒓溪先生首索予詩因拈歸字口占二絶贈之

長安指日接清輝莫悵鱗鴻信暫稀為報闕中諸舊雨菊花開後待君歸（蒓溪先生久膺保薦四月間期滿入都）

閒居紫塞久忘機回首當年事已非同作天涯潦倒客輸君獨著錦衣歸

再用前韻贈謝徵亭徐鶴臯諸同好

二月沙堤草漸肥馬蹄爭逐落花飛故人休慮予行獨約得青春作伴歸

莫為離愁淚暗揮征塵轉眼上君衣請看今日東行者昨向江頭折柳歸

三用前韻贈靜遠書屋諸門人

短長亭子暮山圍分手河橋落照微遥憶客牕花影外倚闌人去月空歸

臨岐話別兩依依風雨青燈志莫違他日能文復能武諸君漫讓尹翁歸

過綏定城德總戎留飲

有客行還止將軍武且文看花留小住把酒慰離羣滿目春如海同心友似雲時幕中諸友俱在座踟躕

不忍別樓角已斜曛

果子溝

來時當苦寒遄行避霜霰今日又重過喜識春風面歲歲有榮枯人心逐物變花落不相看花開復爭羨閲世歎炎涼自笑何曾免沽酒謝花神車停作野奠

途次迪化城和沈存圃明府韻

經年玉塞賦閒居華髮盈頭興未除踏雪五更催去馬乘風萬里羨飛車春愁欲遣行沽酒旅夢難成起讀書漫道晴和歸路好天涯從此故人疎

山行

崎嶇何足畏策馬趁新晴路入雲根得人依樹杪行草深留虎跡風冷咽猿聲日暮思停轍憑誰問去程

道上晚成

道左鶯花落春歸又一年馬蹄芳草路鴉背夕陽天薄靄迷松逕寒濤瀉石泉長途誰共語鎮日聳吟肩

春暮入關喜作

夕陽樓下駐征輪村市重經認未真一路花飛迎宿客萬山雪擁送歸人他鄉久滯黃金盡故友驚看白髮新回首塞城雲樹杳毳廬風雨了前因

杖策東歸赴玉門征塵影裏度晨昏三年省釋寬臣罪十口團圓感
國恩鵲繞樹頭棲未定鴻飛雲外跡空存故園指日看重到笑插黃花對酒尊

塞上草卷四終

嗟乎看花有顧既志奪于爲貧覆餗貽譏復災生于登仕學魁製錦曷以庇身才愧操刀終焉傷手三面疏開湯網幸同涸鮒之甦八荒悉隸禹疆堪作蜉蝣之寄第葵心已老欲向日而徒傾驥足雖羈羈思追風而倍摯此則撫懷生司馬之悲觸目下步兵之淚者也況夫地盡龍堆天低雁塞狂飈四起土屋塵飛積雪常凝山城路斷花開則片片含愁鳥語則聲聲帶血寒雲雉堞鹿豕羣遊落日氈廬牛羊雜處荒燐遍野痛鬼哭之時聞寶珞垂身

笑人言之莫辨吹破樓頭曉夢筆策
聲凄撥殘帳底春愁琵琶曲冷而且
主賓過從半屬羈人晨夕遨遊皆爲
遷客已年有恨共歎路岐待兔何癡裝
同株守非緣佞佛來西土以皈依豈願
辭官等急流之勇退擊筑爲傭吹簫

二

作乞類次公之酒狂悲李子之金盡甚有
賦賈誼之鵩運厄長沙何堪乘李白
之鯨魂招采石于焉或即景以留題或
因人以作贈或短詠以言歡或長歌以
代哭望故鄉兮渺渺遊子無歸弔遺
蹟兮茫茫古人不見紅顏薄命假美女

緑雲紅雨山房文鈔外集

（清）仲振奎　撰

《緑雲紅雨山房文鈔外集》六卷，清仲振奎撰，據泰州圖書館藏清嘉慶十六年（一八一一）黑格鈔本影印。

仲振奎（一七四九—一八一一），字春龍，號雲澗，又號紅豆山樵。清泰州人。鶴慶長子。監生。

此書爲仲振奎文集，前三卷有賦、誥、説、檄、序、啓等各體文，後三卷有《軒渠集》、《情海傷心集》、《小傳》五篇，則爲筆記小説。

仲振奎才力過人，著作無體不有，此集亦見其才華。如五篇小傳，記連雙喜、徐采生、楊春容、許鳳、潘情五位優伶事迹，五人都色藝雙絶而又人品出衆，命運各有不同，其音容笑貌活靈活現於作者筆下，令人難忘。

（周　忠）

子

綠雲紅雨山房文鈔外集

吳州　仲振奎　雲澗

卷一

情賦

維情之起如游絲漾空如潛魚跳水欻焉而動不可以止意方斷而復連心既痒而未已又如荷盤露珠于于如如盤旋不捨宛轉相於且如柳絲拄煙纏纏綿綿纖而無力柔而可憐嗟情之來兮來無方脈脈默默摧肝腸水流花落有時盡此情渺渺何由忘與子結兮同心帶佩香詞兮繫連愛瑱彩影兮一隅傷歲月兮已過碧

雲白高青天自遙咫尺萬里魂夢爲勞夢中忽相見相見不識面空聰月落曙光分小鶯嬌囀吹笙院閒杳杳兮紅簾望門躑躅心慨慨心慨慨兮幾延佇一庭曉雨懸朱檐行復歸兮雙淚落中心茫茫兮無所着秋女春士豈無思眼底眉邊猶有託獨兹情其奈何兩闋心而已謫眄雲邊之繡閣似天末之銀河明月來兮虛堂秋風凄兮夜長張絲琴兮一絃吹瑶笙兮孤簧落葉鳴兮空庭草短翠帷寒兮背燈自捲虛房寂兮負無人愁之來兮何以遣何以遣兮此情彼佳人兮蕣英豈不念兮朝夕顧余顏兮已鶩何遴才而得才搆良緣而終異瞻缺月於疏桐兮悵幽人之何地撫余情以增憐申禮防而自制

秋影樓賦

昔芷水留玉女之房芝田有宓妃之館調綠綺之鳴琴吹紫鸞之仙管茵花貼地雲邊縹緲之宮欄草依人天上婆娑之伴若乃白下城南紅樓水上帶秦淮以通襟疊鍾阜而爲障左睨戟叢之崇墉右接逶迤之曲巷其上則辛楣桂棟藻荇繽紛其下則玉戺瑶階波雲搖蕩其外則朱闌青瑣縱橫卍字之紋其內則雕几烏屏豈折連環之樣珊瑚架畔江湖共山黛齊來翡翠簾前月

影與波光交漾堂敞而宜房幽而曲文牕静闢綺井高覆垂繡蘇而深沈撿銅簾而肅穆芙蓉帳裡光浮玳瑁之珠火齊鏡臺寶嵌玫瑰之玉筆牀硯匣羅束壁之圖書鈿篋銀箏列西樓之絲竹則有埽眉才子絕世佳人肌膚琢玉鬟髮堆雲腰圍約素眼角含春量脩短而合度較纖穠而自匀宛鳳之光瞱閃蝶驚鴻之神采紛紜卻纖縞而弗御屏珠璣而詎陳襄回乎金華之殿逍遥乎玉清之津當夫宿雨初晴微雲不翳潮逐盃來月隨人至金波灎灎共衣香鬢影而爭輝雪窖沈沈與玉骨冰肌而等媚回眸一笑嫦娥知是前身啓頰微歌法嬰

毋乃後世維時半壁江山都橫檻底六朝煙月盡在樓頭楊柳繫門前之馬沙棠環欄外之舟麴塵定而復起第譜闌而未收筵上香詞錦雲一篋座中名酒寶露千甌此勝地均誇於四序而斯樓獨擅於三秋也然而影何在而非秋秋非影而何影秋花秋草感秋夢之遥遥秋雨秋風寄秋情之耿耿鳴雞有枕幾人入洞香迷跨鳳無緣一盞閑門羹冷認流水落花之路此中即是仙源在釵光鏡影之刻相對還同畫餅恨知心之有限未免生愁豈通夢之無途惟應自省僕本恨人曾游樂國名花解語魂銷錦瑟之前芳草催詩夢結青琴之側江

雲南望何處瓊樓海月東來誰家玉笛長齋繡佛知王京猶未歸真金屋瑶臺笑杜牧何能為力輸梁間之匹燕身畔相依羨波面之文鴛天涯空憶

勅御史封姨巡視衆香國誥

春帝詔曰咨爾御史封姨惟天好生德永無疆朕祇承天之恩命備四時之元本仁敷惠以育萬方厥惟欽哉嗚呼維楨維幹起於句萌舒芳吐英資於灌植嬰若衆香國羣材之淵藪至治之根本也毋寧有雨露之偏蟲豸之蝕金摧斧傷氣鬱不達朕甚恐焉爰命爾封姨巡視乃國毋撓毋折毋樹威毋作厲煦煦徐徐鼓舞以噓咸歸於和嗚呼御史恩勝者昌威勝者亡惟爾性輕揚惴惴其慯傷一震百羣生蹙蹙非國之福凡厥衆材豈無蕪穢朕有銓衡司徒舉錯不失又何讎焉往欽哉其無辜上帝好生之心

封滌煩子為不夜侯誥

王若曰嗟予煩萬幾紛然拓予之心兀兀思賦左右以滌煩子進清風穆如憤懣若失王大悦翼日台内之作策命封諸不夜爵視侯其命曰昔者乃祖昌明居蜀蒙山蜀人重之至於羣盧功德及於衆庶爰逮爾躬瀹乃靈源廣資潤澤故與爾居者心腹腎腸蠲潔靡垢通於

神明時或失爾渴肺蓬蓬乃者予一人清夜若憤塵浮厥心憒於至道賴君之靈啓之沃之仰思待旦罔有倦情惟乃之休用爵爾為不夜侯車旂衣服禮秩如法嗚呼人飢已飢人渴己渴飢渴之害貪忮潛滋予一人藉爾清德洒濯予心爾其益潔乃脩毋靳苦口以啓朕命

封麴生為樂鄉侯誥

王曰於麴生予懸懸慽慽百憂來攻轉側終夜若亂絲之蟠胷惟在廷諸臣非容則庸無能回朕憂者爾麴生醞其醇德飫朕以甘芳自與爾游六合四宇滄滄涼涼以語以笑安於閨房予嘉乃勲俟爾於樂鄉維昔之人

用汝作誥懼於淫酗顛覆厥道我聞曰用得其宜婦怙子熙用失其宜冢畔親離惟朕用汝不沈湎於欲我康我躬汝乃餓轂嗚呼昊天上帝實式憑汝山川鬼神實來歆汝汝何辜於德惟汝是疾亦曰業業兢兢毋貪以縱情毋忿以啓爭惟予與汝從容樂胥雖無懷與葛天何以加諸汝往哉勉副朕望無導朕以淫欽哉

封延秋月為羅侯竹含風為涼侯石桃為高安侯

誥

夏六月王齋於若宮百蟲騰躍蠅蚊喧擾王不怡左右以拂驅之驅左則右至驅右則左至王徵山林泉石之

士能保安王體者得三人焉曰延秋月曰竹含風曰石桃王若曰嗟三士赫赫蒸蒸毒暑肆行百蟲繩繩予何以寧爾三士其或寧予惟三士效厥用延秋月障王之四方飛蟲不侵竹含風石桃輔翼王躬凜若冰雪煩暑頓失王乃安翼日王麻冕黼裳彤几黼筵封三士為侯曰於三士蘊隆為災蟲豸肆虐予有百爾臣工毋或有一人能分予憂爾三士懋若厥勤如逢顥秋如入淨宇輕颸爽籟肌體以和禮不可以不報秋月爾侯於羅羅疆四阻中闢門戶有邪其居優游爾宇含風爾侯於涼涼之鄉愷以康如瀟如湘於時徜徉桃爾侯高安龜茲三壺何仙可居永宅爾宅高安之都嗚呼三士士無貴惟致於用亦無賤惟不致於用惛惛懵懵何德何功朕特遴爾以厲臣工往就爾職懋戒哉

貓說

空齋燈燼黠鼠跳梁捘食齧書篠響四起卧不成寐思得貓以制之次日鄰有貓來黑白相錯毛骨潔素宛娉依人仰鳴求食憐而畜之私謂自今以往可以高枕矣於是日購魚腥以豢之掬淨水以飲之去其蚤蝨刷其痾癢晝加諸膝夜卧諸梢貓日肥而愛亦日篤也無何而貓盜籠肉碎盌十餘又無何而貓撲蝶傷苗遂斗主

人皆不問既而室鼠鳴躍蹴貓不起鼠遂橫倍於前一日羣鼠晝出過貓前貓若不見復趨貓所食貓食貓驚而避之時有客在座曰仁哉貓也佛氏所謂物有佛性者乎予笑曰非也殆所謂食其祿而不忠其主者也

馬說

沁子有馬癖廄馬數駑下不快於心乃薄游渥洼過余吾澤得一駿齒稚而毛潔精神騕裊又無踶齧之患大愛之斷蔽蒭煮明紗豆以時其飢飽除糞壤去蠅蚋以潔其皁櫪畜之者無不至馬亦若有戀主心於是以黃金為韋以錦繡為韉以白銀為鐙以彩絲為轡將游乎

怨

天台鴈宕而後升鴈門雞逢税駕乎羽琌而秣之崑崙之墟焉乃頓轡而逃絶塵而去此無他愛之而不勞之養之而不用之馬之所樂也然天下寧有是事哉

鴞鵲說

鵲聲吉鴞聲凶雖婦孺知之故好鵲而惡鴞者比比也然凶吉豈鴞鵲所能為哉鴞鵲不能為凶吉而人之好之惡之率其常者何也鵲聲善鴞聲惡鵲好報鴞好報憂故有喜者樂聞鵲聲懼患者惡聞鴞聲則非一人之私好私惡也其所素性然也然則鴞何以不變而從鵲曰不能也何為其不能也曰其性也今夫鬼蜮之人性好讒諂不分親疎不計恩怨矢口而道皆無善言亦率性而行者使之勉而從善勢必不能鴞之不能為鵲亦猶是也虎不食人而食人者虎也人能信其怨不食人乎則羣驚而逃之矣鴞不報凶而報凶者鴞也人能信其怨不報凶乎則羣駭而嗔之矣故無論鴞不能為鵲即能為鵲亦必不能取信於人也則平日之所為非也

討蚊檄

蓋聞齕肱奮祄智者笑其當車醜扇搖繩烈士怒而拔劍匪微生之不宥實衆之所歸方今天道恢台人心諧邑山牕佇月水殿延涼或疎葛披風或輕綃掩雪一枕羲皇之夢身在華胥八重翰寵之天居鄰秀樂乃有白鳥氏黍民者草中鄙瑣門下細微鳴鶪之所妖蠱孑孑之所幻化[illegible]無一尺安欲嚼人目有寸光遂思吮血使靜客不寧心視稠人皆弱肉披帷導欲隅袂針肌曳豹脚以蓬飛遭利觜而荼毒負盤等惡宿鴨成謠幕府謂性縱憸膚命懸反掌詠永叔之新詩姑寬撲滅效桓公之啟帳遂致猖狂引類招羣鳩千聚萬闐然塞路竟欲負山當晝屠而伏雨威入算市而排雷陣戈矛芒刺飛來有翅之兵蓓蕾肌膚隆起不寒之粟扇揮諸葛暫爾伏藏塵握謝安猶然嚶唱遂至貞女淪冤魄於湖濱稚子蒙塗泥於海嶠四民勤動盡廢其執持萬户嗷嗷不安其卧起厥辜罔赦顯戮宜加幕府檄調雲麾將軍服翼文光將軍丹良武德將軍蒼襴大夫各督部曲分道剿除或自天而下軍可横飛或破浪而來士皆襟甲噬人者還被噬天道不爽分毫殃人者還自殃性命爭於頃刻倘令斂鋒荒蘚避迹空山尚矜蠛蠓之微用廣天地之好若無悛心盡殲厥醜嗚呼曜宵光於松火祇取灰燼之飛泰蚚績於蛛絲豈免網羅之厄倏爾煙塵所指庶幾蛇蝎潛蹤毋使玉石俱焚竝諭鷦鵬從域如律令

討蚤檄

夫跂行而喙息脰鳴而翼飛為類不同其性亦異上之見珍於世無用於人次之箋以為詩家以為飾最下亦足備藥籠之材供花房之玩惟爾蚤者一無所長苟其潛身泥土仰喙草根無害於今可容於物而乃抃躑幺麼跳梁揮霍甘人之血嚼人之膚潛棲於枕簟之間客緣於衣袖之內其來無蹤其去無迹擒之欻遯撲之常空輕趫不馴貪噬無厭此類不翦生民不安幕府始廣天地好生之德不即加誅繼切烝黎荼毒之憂用正厥罪乃檄所司立聚如蠅之厲如蟣之大如豆之人如螺之馬大獵於屏南緣牖沿壁升堂登几按討諸逆無使噍類然後蘇香草以充幃斷桃枝以辟惡庶乎下民之魂夢胥安而醜類之陸梁斂迹如律令

綠雲紅雨山房文鈔外集

卷二　　吳州　仲振奎　雲澗

花朝後一日戲嫁海棠於梅花合歡詞序

聞之郁山香圃意蕊同心仙島羅浮情柯竝枕樹有雌雄之名果擅合歡之號荔支則夢裹迎郎菡萏則宵來負婿而況高士清標神仙妙品花緣有在離離天上花星花睡如何顛顛人間花夢於是牽絲月下張幕風前用附蔦蘿何辭翩翾集春花之才人邀詠花之名士埽苔徑啓蓬門敞蕉牖闢芸閣布錦席移藤枕鉤竹簾薆檀煙讀豆蔻之香詞酌蒲桃之綠醑蕊珠春雨三生芳草相思楚館朝雲一枕杜鵑殘夢索檐前之笑豈曰石腸霏閣下之香合藏金屋將使五大夫相禮雪夫人助粧青士獻撒帳之詞甜娘進合卺之酒雙擎金盞對照菱花擊鼓而舞虞兮吹竹而歌木蘭是蒲萬於盤盂金光耀於芳茵花冠與杏錦齊舒柳帶共榴裙交卸珊瑚掩映芍藥屏遮龍腦烟煴芙蓉帳暖春深香海錦幕花天若夫蘋蘩告廟榛栗奉笄翁則靈椿八百姑則芳萱一枝集芡藕之弟兄聚薔薇之姊妹桃奴為伴菊婢相扶艷客淡客幽客情客環列花宮雅友韻友佳友仙友

蹴交花徑禮成鬱金之堂扇却芝蘭之室終成花信寧必花朝從此妾名紅綫郎住紅羅結翠羽之新歡祇恐臞仙臞叟共破碧雞之舊夢須知命歸命非乖雖曰背相酸寒暢好憐脂匀染想來歲一百五日定應佩綰宜男於此時二十四番先卜香徵待女際茲連理共慶合卺不奏金荃請當蕉葉

火齋環傳奇自序

予與所謂虞生有同憾焉予之紅襦溫酒虞生之火齋留環皆生平憾事也嘗於瑤瀣舟次縱談及之虞生曰子好為樂府傳奇盍以此二事譜被諸管絃予諾之越

綠雲紅雨山房文鈔

五載無少暇壬子秋客都門虞生亦至示我凋仙歌四闋且申前約又以疾不果為已而秋風揖操虞生去為參國之游予肰離索百感中來不復聊賴遂乃翻排舊譜規範元賢字與愁俱淚隨聲落凡兩易稾而成成之明日予亦有任城之行遂攜之登車扣篋徐歌與郎當鈴語凄涼贈答惜虞生不同載也既稅駕研冰書之附郵以寄不知司馬青衫更增幾許新痕矣或曰火齋環成而予之紅襦溫酒遂將已乎曰與虞生同憾而不與虞生同誌其憾予何為自薄其情也行且踵成之合為一冊庶不負虞生瑤瀣之言

紅襦溫酒傳奇自序

予既成火齋環將自譜紅襦溫酒事寒燈病榻默念當時語言態度如在目前而屈指其人則已老矣因歎二十年前酒痕墨瀋意氣如虹今則白髮漸生盛年已去青衫潦倒客路飄零歲月忽其如馳酒地花天豈堪回首則所謂淪落不偶者獨玉兒也乎哉夫以玉兒之情意綿密予既為其所心許而日成而迄不免與餅妻廝養婦將豈遇合之道果有數焉否耶遂述其往事如此附諸火齋環後彼斯曲者鄙為淫哇也可目為情癡也可即以浪費楮豪以作無益亦無不可雖然知我者虞

綠雲紅雨山房文鈔

生乎

看花緣傳奇自序

閱逢攝提格之歲予客淮瀆與所謂王生者谷海雅風流文人能事無所不通又長於音律因檢篋中諸曲皆之王生感紅襦溫酒事悵肰於懷因述少日情緣亦有規醉一節而緣亦未偶也嗟乎乖離如吾兩人殆所謂同病相憐者耶予既紀之以詩矣戊秋邗上燈窻無憀遂亦譜之以見吾兩人心同命亦同

雪香樓傳奇自序

世事坎坷情劫尤深艷質妍姿終鮮佳合古今如此索

觧頤難然豈無坐花船受寶鏡者乎非情能合緣合之也故有情者不必有緣有緣者亦不必有情貴官富家不惜千萬金貲朝買一艷暮買一艷得新而棄故彼何情哉有緣焉乃易合耳若夫情之所鍾眉語目成則斷額支離飄零淹蹇者比比然矣幸而獲諧亦必以淚洗面以愁爲枕艱苦萬狀始克快其生平曾不若第有其緣者之取攜甚便故吾謂情而緣其偶也非其常也梁生乎汝勿謂情之偶諧而更溺於情乎爰因其事而譜之且書此以爲梁生戒

卍字闌傳奇自序

癸卯秋雲溪子客白門得奇遇於秦淮水閣歸述其事請爲傳奇越三年乃抽青家排紅豆譜之既成雲溪子忼慨悲歌不能自已嗟乎古今來脩蛾曼睩性溫克情婉約者不知凡幾而得所天償所願者罕矣故色愈美者命愈蹇情愈深者緣愈艱才愈高者境愈迫獨賽瓊也乎哉命之曰卍字闌誌地也實誌人也

霏香夢傳奇自序

天下無癡人人無癡心是舉天地間皆無情之物也舉天地間皆無情之物夫安用是塊然者爲夫癡人者塊然癡人者之心非塊然也銷金石格豚魚波濤逆行日月返舍充其癡無情而有情矣況草木之妖麗者乎然而癡之極未有無憾者也憂患中之離別中之顛倒狀亂求一快其癡心不可得謂癡爲之與將以癡爲戒是使天下皆迫而爲窖者縵者漠無與者而後已也謂非癡爲之與何天下之窖者縵者漠無與者皆暢然獲其心意而癡人者獨罹其劫無所諉諸諉諸夢而已矣升沈顯晦苦樂安危皆夢也情之厚薄緣之久暫離合皆夢也李生之於霏香夢中之夢也予又安知夫李生傳霏香者之爲夢爲非夢耶予又安知夫予非癡人說夢耶予又安知夫予非夢中說夢耶以癡心傳癡人者之心作夢囈觀焉可也

香囊恨傳奇自序

百千萬劫無量苦海情而已矣然而不知者陷其中知者亦陷其中是何也脩蛾曼睩悅己爲容楚艷越嬌才人所樂匪直牀笫之私亦知遇之感也故兩心相印四目交成石不奪堅丹不奪赤假令月老姻緣簿皆成如意珠豈非世間一大快事而乃回空積玉壓聚爲山賦別箋愁幽思憔萃莫可奈何至於溺至於死單鴛隻鳳賫恨千古誰實爲之耶將謂情人不偶彼兎采贈蓮紫竹受鏡無良媒以結歡仗精誠以偕老非情偶耶謂情

人偶則又魂魄成煙蓑衣化蝶者指不勝屈有情偶有情不偶賡生賡死何因何緣情天不言難索解矣且夫蜣螂轉丸蝍蛆甘帶璅蛣腹蟹水母目鰕其情耶其非情耶攻玉以石洗金以鹽濯錦以魚浣布以灰其情感耶其非情感耶膠漆相憎冰炭相愛其情緣耶其非情緣耶羔䍧蹯胎扁皮黄口青鷰秋雛冬䔩温韭飽稚大噯不啻燔龍肝烹鳳髓鼓盤几竹鳴鐸歌于入耳動心不啻登羽玲奏流徵鄞角温賡曾青居碧被體眴目不啻曳龍紗喻犲忽其知情耶其非知情耶故無能求解於情者吾諉之於命雖肰麗廉有家孟㕜無郎媚豬專房義姑獨老其憑諸命耶其不可憑諸命耶顏博文樂府云而今顛頡賞先華說着多情已怕悲哉斯言也予於唐生香囊恨有深慨焉既為作傳奇復書此以盡其說

綠雲紅雨山房文鈔

畫三青傳奇自序

予聞諸友上海祝生有奇才四十不遇貧甚妻蔣無子欲置妾無力也一日生检書得少時小照有捧茶雙鬟貌極娟麗愛而張諸壁其友方生見之訝其酷肖侍兒珊珊叩之則所畫之年乃珊珊生年也以為奇緣贈之蔣大喜遂納之珊珊食苦服勤執妾御禮甚恭四年間連舉二子嗟乎妻妒妾驕婦人之常而蔣氏為夫納妾無愠色珊珊食貧居賤無怨言斯亦奇矣若方生者殆所謂古之豪俠耶世人室有艷姝將私為己有否則亦以之居奇雖見畫能贈人哉茲則友義妻賢妾良三善備焉而因以有子祝生之幸也乃作畫三青傳奇將使諸人姓名無賢愚盡知之以厚厲風俗非徒效優孟衣冠已也或曰是鑿江汪生事

風月斷腸吟傳奇自序

太上無情其次有情其次不及情又其次多情太上之無情也非無情也空天片雲風引之來風引之去其來無蹤其去無迹故曰無情也至於有情則有迹象有迹象則有成敗既有成敗其能無沾滯之心乎然而殺乎情止乎禮義不必見諸事也不及情者中餒意怯即又不能自持戰神於懷終已莫遂卒之亦足以保名全節操不至濫焉若夫多情則愛博不專而禮防將潰夫情猶水也無以隄之則汎濫而不可止矣於是有冒危險攖禍害以博一歡者及其事諧或舍而去之即不然情亦淡矣故寄情於虛則其情與天地無極寄情於實則實至而情銷其有不銷者緣終合也若其不合生死以之矣故不能效太上無情當居乎有情不及情之間而

綠雲紅雨山房文鈔

以多情為戒庶無悔吝乎吾欲與天下論情久矣於譜秋舲之風月斷腸吟也而發之秋舲固知情者庶不河漢予言耳

憐春閣傳奇自序

嗟乎鐶解同心錦留半臂瑣枝易斷珠樹先彫塵封鏡底之鸞香冷牀頭之鴨誰能遣此烏乎不悲然而伊古紅顏從無白首天原太忍人且奈何怊悵芳緣低回薄命而已若乃愛海生波凝雲弄雨分茅斷地全占情天弱弱之花經風飄飄之絮為雪茵鋤非忘憂之種倉庚豈療妒之方鳳去臺空烏啼青瑣遺衣在挂習習塵飛長簟竟牀呱呱女哭斯即金泥報捷無解於酸辛玉帳招魂倍傷於喟歎矣於是既吟宋玉之愁未遣江淹之恨徵歌紅豆邨中點譜黃梅牕下燈挑雪夜傷不再之容光墨灑霜天費無因之眼淚五聲既定八折初成用寄憶園聊安芳魄以桃根續桃葉君本鍾情脩妒史批妒鱗客能逃罪所憾金釵破夢香山居士何以為懷受使玉笛吹愁白石先生寧惟搔首

後桃花扇傳奇自序

侯生李香君事孔東塘譜為桃花扇傳奇膾炙人口者舊矣閱百餘年而甄生李香兒事亦以桃花扇傳其人同其事同其歸禪亦同則意者李香兒即香君之後身耶審如是焉傷已文人無二世不發情人豈二世不偶耶雖然予嘗讀賈仲明金童玉女劇蓋三世始為夫婦焉吾不知甄生香兒後世更為何許人然準以金童玉女之例則緣之偶也有日矣暑晝揮汗蠅蟲撓撓不自怡悅戲為甄生譜之至歸禪一折冷然心地清涼煩熱盡失不覺拈髯微笑曰如是如是

懊情儂傳奇自序

明金陵妓齊錦雲與書生傅春相眷愛春遭誣下獄錦雲脫簪珥賣卧褥以給既遣戍錦雲餞之以詩曰一叫春醪萬里情斷腸芳草斷腸鶯願將雙淚啼為雨明日留君不出城春去錦雲閉戶不出未幾而沒傷心哉斯人何其情之篤也今榕邨未嘗下獄而若濤以三百金馳贈固無異於錦雲之簪珥卧褥然濤與生初無一夕歡情之所鍾乃亦閉戶而死較之錦雲為尤難其傷心更當何如矣丁巳予遇生於邗溝述其事請為歌詞是夕生夢濤來拈蘭枝使贈予故末折及之嗟乎生不相歡至以情死死且惜其情之不傳至欲以歌曲傳之美人名士皆有遙遙千古之心而每困阨挫抑之抑亦甚矣雖然不如此其人不傳是天之困阨挫抑之者殆天

所以愛之厚之耶然則錫雲若濤皆千古傷心人而即以傷心傳者也

年尼恨傳奇自序

蕉子具倚天拔地之才潦倒場屋四十年僅得副車又無徐卿生雛之喜數奇矣幸而夙緣有在佳麗來歸情愛所鍾桃俎可恃而天又奪之嗟乎何其甚也論者曰天不福才士故挫抑之困阨之往往已甚然則天將福不才士耶將使舉世昏昏皆以才為忌耶予少蕉子九年才不逮蕉子遠甚而秋風稍譟五十無兒又貧不能卜姓數之不偶殆有甚焉則又何也蕉子曰子不能卜姓良亦佳予至今悔之乃出年尼小傳及四悔詩示予且曰被諸管絃以鳴吾憾予讀而傷之而後知天之於才士誠已甚也乃為按拍選聲蕉子命之曰年尼恨

水底鴛鴦傳奇自序

一榻寒雲百愁如雨夜不成寐心如懸旌思一安心法無有也偶檢舊稾得金鳳小傳乃於枕上譜之嗟乎貪者嗜利害必隨之吝者惜費耗必及之天地間豈少吳老金婆輩而王郎金鳳則不可多得也王郎金鳳不可得而嗜利惜費者之害大耗多亦未嘗不與吳老金婆相埒特操管者夸然不屑道耳王郎金鳳之事固宜有收之邑乘繫之情史者而予以歌曲譜之將使雅俗爭傳賢愚共賞或亦揚扢之一道與客曰子欲安心而譜此傷心不平事心能安乎予笑曰是非君之所知也人當艱苦百出而思紛華靡麗是為妄念念妄則心不安予固傷心人也以傷心人譜傷心事蓋所謂以不安為安者知所安矣客歎而退

綠雲紅雨山房文鈔

綠雲紅雨山房文鈔外集

吳州　仲振奎　雲礀

卷

代署海門司馬觀風示

具銜為觀風事照得日月麗天以縣其象通龍出地以騰其文聖步帝趨聖作明述十華八會肇靈書王春之奇一形六聲致德雨景星之應書名既定文教斯開六經百氏之言筌蹄於衆口七略四部之藪澤遠於藝林於是昏衢揚炬昧宅延珠如椽者接踵而興論斗者駢肩而立上溯泰漢下迄元明代不乏人體經屢變至於

制義所詮者尊代聖賢以立言接漢唐之正統非通經學古氣瀹理精者縱能握槧未許問津我

國家右文典學百餘年重雅龢熙

聖天子雅化作人六十載漸仁摩義九州仰　雲漢之光　四庫璀琳瑯之采本三物以興甿合五經而取士雷動淵默川鏡日暉吐鳳騎鵬之華林立　明堂鏤金刻玉之才環居　祕府四海爭自琢磨十室必有忠信陶兖黼黻各奏其能隱鵠伏鸞並適於用而況海門者江省之版圖也大江南北為英才薈萃之鄉滄海東西皆人文淵藪之地三壺接壤定有琪花瑤草之姿百谷

歸墟豈無蘇海韓潮之手在茂才異等者自名擅乎斷輪即童年早慧者亦譽聞乎繡虎玉鵠必乘風而起金鼇可翹足而登五色珊瑚之樹何止十尋九光明月之珠非徒徑寸不由甄別何自激揚本分府幼傳詩禮望非淵嶽之儔長忝賢書詎之珪璋之美欲膺人士之目喜援學府之英向為百里郎官久操其鑒今雖五日京兆願拔其尤為此仰示闔邑生童於月日入署考試先期三日赴府報名以文戰而代瓜戰古人非無消夏之編即士風而見民風諸生各展揚春之筆特示

九日邀同人游讌荻莊啓

魚龍夜永雕鶚秋深芳蕊延年青蘂戒節刻瀴符而送喜鬭飆館以迎涼於傳有之流風未隊況乎茶陂韻客竹巷才人自有名園曾容顛飲居山林城市之間據雲水蒹葭之勝相期九日大集羣賢廣檀道鸞之陽秋說賈佩蘭之蓬餌或蒙題餻字或香擷萸房或日送飛鴻或歌傳鳴鳳或碁敲竹屋或茗鬭花瓷無取拘虛但圖適性望南雲而舒嘯指西月以言旋百事俱高九陽競長鯉魚風起落帽即是龍山鸚鵡盃分戰棋寧須馬射獅蠻搓雪羊餅團酥追往日於千秋比德星之一聚諸君學士僕亦無為藉以言歡興當不淺用邀地主同看

之惟恐其弱也一心泰然四體從令養之如春制之如秋順逆不繫中懷生死置之度外萬慮可消百病可卻不亦怡然自得乎且心為吾心由少而壯而老未嘗予以一刻閒今者大事既過 此大令文稾業已付梓詩集現亦料理會此無暇勝前又寥寥無人僕僕録録將欲何為徒增愁耳度可行則行度可止則止無游移心是上乘法不必行既行不必止既止無懊惱心是上乘法無喜無怒無怨無恚無恩無怨渾渾沌沌無是非心是上乘法與世浮沈隨時俯仰是大智慧是大神通歲月幾何憂患何益如此行之縱不身在雲霄亦得心同木石所謂占便宜之上策也米臨蹟甫付阿鑾司之可再後信從刪即寄

綠雲紅雨山房文鈔外集

吳州 仲振奎 雲礀

卷

軒渠集

鄭人謂玉未琢者為璞周人謂鼠未腊者為璞周人謂鄭賈人曰欲璞乎鄭賈曰欲之出璞視之則鼠也

黃公好謙其女國色也謙以為陋至不能嫁有鰥夫盲娶之則國色也然後知黃公之果謙

何敬容性多謬誤問吉姓士人曰君與丙吉遠近士曰如明公之於蕭何

宋營道侯劉義綦不學其父始興王戲之曰陸士衡詩云營道無烈心何意苦阿父如此義綦曰士衡初不相識不如何以見苦

李純甫希顏張伯玉宴游交好李嗜酒雷善啗張好伎樂因相戲言曰純甫愛酒如蠅希顏見肉如鷹伯玉好色如僧相與大笑

昨夜陰山吼賊風帳中驚起紫髯翁平明不待全師出連把金鞭打鐵驄不知何人之詩邊人頗傳誦之有張師雄者好以甘言悅人人目為蜜翁翁官於塞上一夕傳邊警師雄倉皇衣皮裘兩重避土穴秦人呼土穴為

土空有人改前詩曰昨夜陰山吼賊風帳中驚起紫髯翁
翁平明不待全師出連着皮裘入土空
海鹽沈某誦楚騷衍二句曰叢蘭芳芷滿東皋閒步春
風讀楚騷下韻不接行將隊崖下人方驚扶乃曰好也
好也遂歌曰忽憶靈均發憂憤隊崖幾折沈郎腰
晉汝南盛暑時重裘累茵使人扇之患不清涼斬扇者
宋黨進大雪擁爐酌酒醉飽汗出捫腹徐行曰天氣不
正有兵士侍帳外曰小人此處頗正
同州澂城縣有九龍廟然只一妃土人馮瀛王之女也
夏縣司馬才仲戲題句云身既事十主女亦妃九龍過

客讀之無不笑
宋高宗時饔人瀹餛飩不熟下大理寺優人扮兩士人
各問其年一曰甲子生一曰丙子生優人告曰此二人
皆合下大理高宗問故優人曰餅子餅子皆生宜與餛
飩者同罪帝大笑赦饔人
福州陳烈動循古禮蔡君謨居喪烈往弔語門人曰詩
不云乎凡民有喪匍匐救之將與二三子行此禮於是
烏巾緇衫與二十餘生望門以手踞地膝行號慟而入
孝堂婦女望之皆走君謨匿笑受弔時李遘畫而副圖
劉貢父為中書一日朝會幙次與三衙相鄰時諸帥兩

人出軍伍有一水晶茶盂傳玩良久一帥曰不知何物
所成瑩潔如此貢父隔幕語之曰諸公豈不識此此乃
多年老冰
秦嗆當國軍人施全持斬馬刀邀於望仙橋下砍之斷
轎柱而不能傷乃斬全於市衆中有人朗言曰此不了
事漢不斬何為
宋開寶中神泉令張某一日自榜其門曰某月某日是
本縣生日告示給事諸色人等不得輒有獻送吏與衆
議曰宰君明言生辰意令我輩知也至日各持縑獻之
命曰續壽衣宰一無所拒復告之曰後月某日是縣君

生日更莫將來
王溥五代狀元父祚為周觀察使致仕祚居富貴久所
不足者未知年壽一日邀瞽者推命僕示以意瞽者推
命佯驚曰此大壽命也至少亦須活一百三四十歲祚
大喜曰其間莫有疾病否曰無之惟一百二十歲時春
夏間臟腑微苦尋便愈祚顧子孫在後者曰孩兒輩切
記之是年莫教我喫冷湯水
揚州士人陳君佐善滑稽明太祖愛之日給米一升上
一日令君佐說一字笑話對曰俟臣一日上諾之君佐
詐傳上命集諸瞽人善詞話者十數輩皆背負琵琶至

金水河見上君佐大喝曰拜請贊倉皇下拜多隨水首上不覺大笑

王完虛中丞好詼諧初仕為鄒平令與章邱接壤一日章令某相見令問足下以何年生曰乙亥問章令曰亦乙亥王笑曰某是鄒平一害兄便是章邱一害

太祖嘗戲押君佐投江君佐濡其衣以歸上曰何以不溺對曰臣下見屈原其言有理上曰屈原何言曰屈原曰我逢暗主投江死汝遇明君莫下來上笑釋之

宋元祐樞密王巖叟彥齡字齊叟任俠有聲官太原作詞數十曲嘲同僚並及府帥帥怒因群吏入謁而折之

曰若特溺兄謂吾不能制爾耶彥齡頓首謝且請其故帥告之彥齡復趨進微聲吟曰居下位卽恐被人讒誹日但吟青玉案幾時曾唱望江南下句不備回頭適見兵官乃曰請問馬都監帥不覺失笑衆亦匿笑而退時都監倉皇失措伺其出詰之曰素不相識何故以我作證王笑曰不過借公叶韻耳

明福清林初文嘗有送人詩云不待東風不待潮渡江十里九停橈不知今夜秦淮水送到揚州第幾橋以示梅禹金禹金激賞之宣城老儒亦以詩質禹金但為分句讀而已大恚曰林詩二十八字正得二十八圈吾詩字數倍之乃不得一圈耶

景泰間脩續綱目期迫翰林名薦外臣入纂時丁參議理與宋尚寶懷因爭一事忿詈於館中時有詩曰參議丁公性太剛宋卿凌慢亦難當亂將毒手抛青史故殺俗言汙玉堂同輩有情難解勸外郎無禮便得揚不知班馬韓歐輩曾為脩書鬧幾場

沈也子聽打談者說楊文廣圍困柳州城蹙然踊歎不已歸而悒鬱成疾家人勸之出游郊外見負竹人入市又念曰竹末甚銳必有受其戕者歸益病家人不得已請巫巫曰稍寛數若來世當為女人身適同族哈麻子貌甚陋也子憂病轉劇親友皆以甚自寛為慰沈曰若欲我寛須楊文廣解圍負竹人到家哈麻子作休書見付也

有富室池館芙蓉盛開招倪元鎮飲庖人出饌元鎮拂衣竟起群座大駭固留不可叩其故曰吾聞髯多者不潔令庖人多髯吾何留焉

昔有德音按訪懷才抱器不求聞達者有人逢一書生奔馳入京問求何事曰將應不求聞達科

衛官趙某運糧北上晨起問船何以不開曰風逆而大曰風逆而大何不張帆

明袁景文善書嘗教授一富家未幾辭歸其家別延師景文疎放後師懲之待弟子甚嚴一日景文過舊館後師適出乃大書其案云去年先生圖談彼若無幾箇始制文如何教得猶子比

有書生隨學使衡文座請歸學使不從一日題詩於案曰抛却刑于寡來看未喪斯只因三日不慈起七年之半脫捘之以全停詰問其過有常他往學使來見之乃提筆續曰且過于游于棄中叟兵而

王丹麓年逾四十益復困頓婦戲語曰同學少年多不賤奈何夫子猶長貧王曰若廣少原有言貧者上天所

設以待學者之清修今天將錫清修義難獨享願與卿共之婦哂曰君意良厚但不知何日俸滿耳

丹麓婦鄒文學公遊女年十六歸王布衣操作客至供饌惟謹一日王欲留客入謀諸婦婦故難之曰身所有祇髮耳惟君所裁王曰卿未嘗倩筆畫眉顧乃假手截髮耶婦笑拔簪付之

宋孫之翰人與一硯直三十千孫曰硯何異而價若此曰石潤呵之水流孫曰一日呵得一擔水才值三錢買此何用

方盦山晚學白樂天好作俚淺語以己壬子生命畫師作四壬子圖中為陶淵明次杜子美次白樂天皆高坐而己傴僂於前呈其詩卷王漁洋題罷語座客曰陶杜率白令老嫗可解皆不足慮所患杜陵老子文峻網密恐盦山不免喫攧棒耳

順治時禁士人投刺不得稱社盟二十年來京師通謁無不用年家眷三字即醫卜星相亦然有無名子戲為口號曰也不論醫官道官也不論兩廣四川但稱名一帖年家眷

有張禮部者面黔而好傅粉澤順治庚子典試廣南桂林人為之歌曰本是箇畫眉張敞倒做了傅粉何郎

吳園次游廣州有僧大汕日伺候督撫將軍監司之門一日向吳述酬應之苦吳笑曰其苦如此何不出家

兗州陽穀縣西北有家俗呼西門家有大族潘吳二姓自言是西門嫡室吳氏妾潘氏之族一日社會演劇吳族命演水滸記潘族謂其辱祖姑聚衆大鬨互控於縣令大笑各扑一二人荷校通衢硃書曰無耻犯人某某示衆然二姓卒不悟

中州有老父子不孝操杖逐之過市誤碎人鍋鍋人扭至縣值令升堂鞫之老父曰子不孝操杖逐之適碎其鍋令乃杖責鍋者鍋人曰若碎我鍋我何罪曰汝不孝

俗

不碎汝鍋何待遠適為笑

某縣令某不識字有控雞頭人勾其子賭博者令持牒問幕中友友曰觀其牒雞頭人誘賭屬實宜杖之令出命喚雞頭人門役以為令將雞頭乃喚當為令雞頭者至令杖之詰其罪曰勾賭雞頭人曰此某人事與某何干令乃知其誤也賄之

雅集詩勢友消歌談事效席裝官樣文會撤酒娛看法書名畫瞎贊食方物請益賞名花焚香此類頗多皆可捧腹一大噱也

綠雲紅雨山房文鈔 外集

吳州 仲振奎 雲㵎

卷

情海傷心集

樂陵王百年孝昭子孝昭傳位武成屬無傷百年河清三年五月赤星見帝以盆水蒸星影一夜盆自破欲殺百年厭之會博陵賈德胄教百年書百年嘗書數敕字德胄上之帝怒召百年百年知不免割帶玦留與妃斛律氏乃入見帝元都苑涼風堂使百年書敕字驗與所奏同遣左右亂捶擊之又令人曳百年且走且打所過處血皆徧地氣將盡曰乞命願與阿叔作奴遂斬之棄諸池池水盡赤妃把玦哀號不肯食月餘亦死玦猶在手拳不可開時年十四父光自擘之乃開

汴人申純字厚卿隨父寓成都適郡邸謁母舅王通判舅妗喜其來使侍女飛紅呼女嬌娘出拜以未粧辭妗怒曰三哥家人也出見何害頃之嬌出雙鬟綰綠色奪圖畫中人米粉未施而天然殊瑩生熟視目搖心蕩妗乃坐生於堂東雖常晤嬌不敢妄語一夕嬌晚繡紅窗下倚牀視荼蘼花久不移目浩然長歎生輕步踵其後徐曰何歎也嬌不荅既而曰春寒逼人兄覺之乎生曰

春寒固也嬌正色逡巡引去嗣後益容或疎生以嬌年幼不諳情事亦不介意一日舅有他拐至開宴姈起行酒至生生辭嬌曰三哥不任酒力矣姑止姈乃輟觴嬌視姈退促步至生前彈燭因流目語生曰非我則醉甚矣生曰此恩當銘肺腑嬌微笑曰此乃恩乎生復感之嬌常在惜花軒中凭闌無語生以詩挑之嬌展誦未畢聞姈語藏之裏中趨歸生悵恨題詩綠窻上嬌窺生他出直入臥室見西窻題句濡筆和之有春愁壓夢苦難醒之句生歸得詩顧得之心益堅然乍既乍違莫測其意一日酒散生獨危坐堂中嬌忽至抽鈿釵匀博山生

曰夜分人寂矣安用此嬌曰香貴長存安可夜深棄之生曰篆灰有心足矣嬌不荅開簾看月呼侍兒小慧並月以記潮生曰月至此夜幾許生起下階仰天曰織女將斜夜深矣因曰月白風清如此良夜何嬌曰東坡鍾情何厚也生曰情有甚於此者嬌曰我何無之生曰誠然則壓夢果何物而苦難醒乎嬌下階驟近生曰所謂織女銀河何在也生恍惚自失未及對聞姈問嬌寢未嬌避去次日晨入見嬌於堂西小閣中對鏡畫眉未終生迎就之曰蘭煤耶燈燼耶曰燈花耳妾用意積之生曰願以半函我書家信嬌令生分其半生曰子宜分贈何重勞答嬌曰既許君矣寧惜此乃以指決其半以贈因牽生衣拭指汙曰緣兄得此可作無事人耶生笑曰敢不留以為質嬌忽變色曰妾無他意君何戲我生見嬌色變恐姈知急趨出藏煤於枕心搖蕩不能少置思履危道以實嬌心而未敢越數日當春小寒嬌擁爐獨坐生自外折梨花一枝入嬌顧生而不起生乃擲花於地嬌驚視徐起拾花曰兄何棄擲此花也生曰花淚盈暈知其意何在故棄之嬌曰東皇固自有主夜屏一枝以供玩好足矣兄何索之深也生曰已荷重諾無悔嬌曰將何諾生曰試思之嬌不荅既而曰可坐此共火生

即席去嬌尺許嬌撫生背曰兄衣厚否恐寒威相逼也生曰能念我寒不念我斷腸耶嬌笑曰何事斷腸當為兄謀之生乃得通其款曲且曰孱繆之質不足以當雅意一言之後予將西騎矣嬌乃慨然良久曰兄疑我矣敢無言妾知兄心久矣非敢故自鄭重以要君第恐不能終始如後患何妾亦數月來寢夢不安飲食俱廢君所不得知也因長吁曰君既疑妾異日之事君任之不濟則以死謝君耳生曰子果有心何以策我嬌未荅男自外來生出迎嬌反室不可再語越兩日生晨起攬衣西堂誦東坡詩曰為報鄰雞莫驚覺更容殘夢到江南

婚時在牕内理粧呼生曰兄有歸思乎生乃嗚咽與語曰衷腸斷盡惟有歸耳婚曰若既無意於妾何前委罪之深也生曰然則將若何婚乃期諸熙春堂及期暴雨大作不能往生悵恨不已次日邀婚於中堂以玉樓春詞示之婚低聲笑曰好事多磨固也然妾既許君矣當別附之是夕生侍舅飲鄰家醉歸睡熟婚潛步牕外呼生者數次不應婚恨而回疑生誕己欲要以盟乃各剪髮書盟詞互質之然終無便可乘而生以父命取歸思婚不已遂病因託求醫復至舅家而無間與婚共語既小愈強步外廳婚猝至生駭然婚曰左右偶他往特來

綠雲紅雨山房文鈔

問兄疾生顧無人前牽婚衣欲與語婚曰此廳庭也宜即兄室甫及門雙燕爭泥隕於前婚舍生往視而湘娥突至婚大駭生乃引去翌會中堂婚曰非燕阻則湘娥見妾在君室矣豈非天乎後數日婚約生夜達寢所生慮其危婚曰事至此君何畏人生如白駒過隙天下有鍾情如吾兩人者乎事敗當以死繼之生曰能若是復何恨夜半生趨入婚倚牕玩月若重有憂者生扶牕而入婚且驚且喜生與婚並坐須臾攜手入帷兩情既合婚啼而悲不勝血漬生衷婚翦而收之曰留此為他日驗自後生夜必潛入婚室凡月餘無知者既而舅之侍

女猥紅湘娥皆有所覺婚亦厚禮紅等使緘口紅輩亦未敢發既生又以父命促歸乃微言於父母遣女媒求婚為姊生附書於婚媒往通殷勤舅以内兄弟成婚於法有礙不許妗置酒款媒婚侍坐知親議不諧心懷悒怏酒散媒私以生書付婚婚淚涔涔收之患聞次日婚私語媒曰離合緣契天為之也三兄無事宜來妾年且長歲月有限無以姻事不諧為念因出手書令媒持歸生知舅不允聲婚書淚下初生與成都角妓丁憐憐善憐憐屢招生不往後友人強邀之往生但面壁憐怪之委曲詢問生終不言醉後枕邊洩之憐曰豈非小字瑩

綠雲紅雨山房文鈔

卿者乎生曰然何以知之曰帥府幼子好殊色常命畫工於十郡圖佳麗以獻得九人此其一也色瑩肌白眼媚而長好作合蟬鬢時有憂怨不足之狀生曰子如親見其人矣憐曰宜乎之視我若土壤也今後至彼願以舊識叩我生諾之越數日生病父母命巫禳之生密使人賂巫言祟物所憑當遠避可安父母大驚議令往舅家先期寄足取覆舅妗許之婚聞生有來期喜動顏色生至遇婚於[illegible]時舅妗外出生與婚並坐亭上道款曲相歡移時同步入室至晚舅妗歸生拜謁甚恭舅妗慰問往數月情益厚生偶憶丁憐憐言求舊數不與

值嬌晝寢，生竊鞵出，飛紅尾生後，見生遺鞵，疑嬌所與，因收付嬌。生歸索鞵不得，怏怏於懷。及詐嬌索鞵於生，生曰：「此誠我盜去，然隨失之，諒子得之矣。」嬌乃止，然以此疑生私於紅。一日，見紅與生撲蝶牕外，因大怒詬紅，紅懟之，欲發拾鞵事。過望日，衆賀舅妗，飛紅揚言謂生曰：「此即子前日所遺之鞵也。」嬌變色，亟以他語亂之，舅妗不聞。嬌因大疑，生使紅發其私，乃大怨望，自後非中堂相遇，不復見生。一日，生於後園得青玉案詞箋，疑嬌作，而字迹不類，置之案上，將問嬌，而嬌過其居，招嬌不至，怒之。方來，見案上花箋，取視之，目生良久，不語。生曰：「子何時作也？」嬌不荅。問何故不言，亦不應。力究之，乃曰：「此飛紅詞也，若自彼得之，何必詐我？」翠回長吁，拂衣竟去。嗣後相會愈疎。生一夕徑造嬌室，見牕上絕句，知其為己，乃乘間言曰：「再會以來，荷子厚愛有加，邇日形似之間，不能不為子所棄，何今昔異志乎？」嬌初不言，再詰之，流涕曰：「妾自遇君，惟日不足，今君棄妾，妾敢棄君？」生曰：「苟有二心，有如日。」嬌曰：「君偶遺鞵，飛紅得之；紅偶遺詞，君得之。天下事何偶然之多乎？妾不敢怨，幸愛新人，毋以妾為念。」生仰天太息曰：「有是哉，子之疑也！子若不信，前盟當翦髮大誓於神明之前。」嬌乃喜，約生次早游

後園，臨東池，遥望明靈大王之祠，拜祈設誓，詞畢千百。誓畢，攜手而歸，情益篤。生自是不復與飛紅一語，紅大憾。他日，生縱步後園，適嬌先在，擁抱求歡，嬌却之，乃攜手過別圃。飛紅潛至，見生嬌竝行，促步請妗看花。及至，見生嬌竝立亭畔，左右無人，妗大疑，呵嬌。生狼狽反室，知為飛紅所賣，自覺無顏，乃告歸，舅妗亦不留。嬌伺出別生曰：「天乎，得非命與！兄歸善自消遣，求便再來，勿以疑間遂成永棄，使他人得計也。」因泣下沾襟，生亦掩泣而別。俄而舅眉州倅滿，經由生之門，留宿生家累日，生無間與嬌言。居三日，舅戒行，生乘馬相送，伺便搴簾與嬌語。舊嬌淚下如雨，不能荅，徐曰：「一日之別，且不能堪，況今動是三年，遠及千里，安保再能見君乎？但恐妾垂首瞑目，骨化形銷，君將棄舊憐新，妾枕邊恩愛，他人有之矣。」生曰：「明靈大王在彼，誓不為也。」嬌曰：「若然，妾荷君恩，死且不朽。」囊中出香佩一枚，上有銷金圖鳳，以真珠百粒約為同心結，贈生曰：「睹物思人可也，得暇可一來，毋以道遠為詞。」言未竟，軒車催動，朧月半沉，生別舅妗而回。是秋，與兄綸俱高選，明年皆及第，綸授滁山縣主簿，生授洋州司户，歸家需次。舅得登科記，知生兄弟皆及第，大喜，以書召生兄弟。生曰：「舅有命，兄宜往。」綸曰：「不

若弟往生乃治行詣舅舅見之且賀且謝俄而姈嬌畢至問勞盡禮姈終以前疑館生外舍去堂甚遠生亦遠嫌非呼不入或一遇嬌未嘗款狎彼此佇視不出一言生殊無聊住十餘日欲告歸念未與嬌殷勤輒復回悶悶不適一日晨起謁姈遇嬌堂側嬌亟前語生曰別兄久矣喜兄取高第但薄命之人不能執箕帚以覲富貴為大恨耳妾與飛紅有隙若所知也今姈年尊多病而飛紅方用事無所求使兄至此十日不能與兄一敘嚮昔妾見兄晨省入謁凡七日早起俟兄而兄入皆晚今非兄早至安能一語哉生歎曰事變如此終日兀坐

孤苦之態不能備言將圖歸計緣未與子一語故未忍去今若此雖留無益矣嬌曰妾以君故歷事飛紅尚未得其歡心今益當宛意事之萬一得其回心則可與兄復如前日兄能少留一月否因出黃金二十兩與生曰恐兄到此或有用度生曰若果可謀雖僻處鬼室千日何害生遂留自秋及冬無以自遣每夜明燭獨坐夜半方寢所居室東有妖生不知其詳一夕方掩關坐聞叩牕聲出視見嬌獨立牕下生與之入款昵倍至將旦告去囑曰妾此後每夜必至兄無事不必入中堂或相遇毋通言即妾與若言君亦引去不必對庶可釋人之疑

也生唯唯自後妖必夜至凡月餘無知者嬌益歷事飛紅凡玩好珍物紅一啓口即舉贈錦繡珠玉惟紅所欲呼之為紅娘子紅見嬌待己厚漸釋前憾與嬌密嬌結之愈至紅感其情喟然曰娘子近日顛頓特甚若重有憂何不與紅言紅受娘子厚矣苟有効力當以死報嬌流涕不言紅固叩之乃曰我之遇中生爾所知也他何言紅曰此易事果有所圖敢不惟命嬌鄭重謝之生自遇妖以為真嬌累十餘日不入中堂間遇嬌則遠避且精神昏倦終日思睡嬌疑之至晚使小慧及紅侍女蘭蘭夜出伺生起處慧等穴牕窺之見生與一女對坐顛

倒之態及與嬌無異駭怪而歸則嬌方與紅並坐於室乃言所見嬌紅大駭欲出窺之以夜深而止明晨嬌嬌姈命召生入再四方來見嬌匆皇欲去嬌前挽生衣曰若且勿去有事語君生不得已乃坐嬌曰君近日何相棄也生不荅嬌又曰兄每夕所遇者何人生曰無之嬌苦詰之生謂詐已乃左右顧切切曰子令我勿言何窘我也嬌曰妾自兄來何便得與兄款密何嘗囑兄勿言生述所遇嬌曰兄所居窮僻多怪必鬼物化妾之形惑君耳妾自歷事飛紅已得其歡心日夕召兄不至與兄言又不荅不知所謂夜使侍兒窺兄起處乃見一女子形

狀如妾與兄對坐此非鬼物而何故名兄實之耳兄不信召紅證之乃潛使人呼紅紅至具道昨夕之事生駭汗浹背因知所出乃謝曰非子則我死於鬼祟手矣大恐不敢出至莽猶在中堂紅乃以生為鬼所惑告妗妗疑之至更許紅令生且出生懼不敢紅曰第往妾有為也生勉強從之二更初鬼果來生雖對坐心驚股栗飛紅與妗至窗前果見一婦人妗欲細視紅恐見其類嬌生疑因大撫窗入鬼果不見生初且信且疑及是方大悟妗詢為何人生愧謝曰不知其鬼也願妗救我於是始與紅謀移生入中堂生臥病累日尋亦安生與嬌歡

好如初或在生室連夕妗不知又兩月妗死嬌哀毀殊甚生乘間告歸嬌謂生曰幸得再會不虞罹此禍變哀毀之中不暇與兄款曲暫歸宜再來因長吁曰數年之間送兄屢矣知此後當復何如生掩淚而別父母聞妗之亡皆嗟泣明年舅滿任回再過生門留數日自妗之死飛紅專寵因宛轉為嬌謀語舅曰夫人不幸先逝子少家事無人主持何不拉三哥同歸經理舅欣然拉生生父不欲舅再三拉之乃令生行既至舅家以家事相託生諾之舅遂往謁大吏為調任計生厚賂舅之左右因得與嬌無間隔玉枕相挨朱闌共倚犁盞飛觴談笑

親密曲盡人間之樂半載舅調利州倅以歸左右無敢言者惟為生延譽舅見生經理家事有倫知生才幹又妙年高第前程未可量悔向日不從親議使紅委曲問生生方與嬌閒坐紅趨至賀曰郎君娘子夙願諧矣乃述舅意嬌頷手曰天果不違人願耶大喜忘寐紅反命遂遣媒生父母亦允行聘有日矣丁憐憐偶入帥府見畫上美人猶在壁帥子坐其旁曰天下果有如是婦人乎憐曰有之因指嬌像曰此畫尚未盡之足極小眉極脩詞章翰墨無出其右以此女實之想其他皆然帥子曰我將求婚此女憐曰無用也聞此女久有外遇帥子

曰得婦如此幸甚此不足問憐悔失言力解不獲帥子遂求婚於王王初拒之再四帥逼以威勢賂以貨財不得已許之嬌夜持帥書至生室曰姻約復敗矣帥子求婚家君迫於權要許之矣兄何以為計生皇然莫知所為嬌自是避生愈密然一相見則慘慘不樂平生善歌每作哀怨之聲聞者流涕雖與生至相得未嘗啓齒生或潛聽嬌覺之則中輟至是請自歌一詞曲未終淚眼泣瀾生生平嗜好不能致者嬌廣用金玉售以遺生一夕家宴罷生被酒未能臥嬌秉燭侍側生從容問曰爾來春我何為厚也嬌曰始者妾謂可託終身於君今既

不如所願事兄蓋有日矣雖盡此身何足以謝生大恩慟數日嬌臥病生竊男出厚賂左右欲一見嬌左右扶嬌至生室生迎與相見嗚咽不已良久嬌乃曰樂極生悲俗語不妄生願不諧死亦從兄語竟倚生之懷似無所主左右驚扶而入久之方醒生亦自此顛倒日前所為旋踵而忘男怪之八月帥子納幣訂婚期男許之嬌病少瘳以他事怒小鬟綠英英以嬌事告男男怒甚責於紅紅紿曰小娘子讀書知禮豈不知失身為辱且厚重少言守身如玉相公所知況申生功名到手舉動不妄堂廡之間不命之入不敢入未嘗與嬌一語戲狎倘

有是事妾豈不知細人之言不可深信且親期甚近亦不宜自為此不美也男信紅言不復問止加防閑申生度勢不可留乃告嬌曰今者男知之矣行計不可以緩勉事新君吾與子從此訣矣嬌大怒曰兄丈夫也堂堂六尺之軀不能謀一婦人事已至此更委之他人獨何心乎妾身不可再辱既以事君則君之身也掩面大慟生乃留俄而得家書報父病遣僕馬取生歸生不得已謁男告別嬌閒出立男後四目相視不能出半語男曰子歸府君無恙宜再來嬌娘親禮在即需人部署也生辭曰令愛親期已近紀歸侍亦須歲月又恐期將及重會未可知也男宜善自愛因再拜男曰嬌娘出室在即子來期未定可呼出別兄嬌聞之灑淚不止懼父見之背面避去再四呼之不至生遂歸嬌自生去日夜悲泣肌肉盡銷病將不起紅潛書促生來訣生不敢告父母夜遁至嬌門艤舟岸下兩日男不知也次日男出郊送客紅與嬌私上生舟嬌執生手大慟曰郎不來矣不幸迫於父命不得相從兄青雲萬里好擇佳配妾不敢望也向與兄擁爐謂事不濟當以死報妾敢背此言耶兄質弱多病善攝養毋以妾為念乃以斷釵還生曰謝兄厚愛此景可再得乎哭愈慟紅懼紿以男至乃含淚去

遂託疾佯狂蓬頭垢面以求退親父迫之引刀自截左右救之得不死絕粒數日不能起紅百端開諭又詐為生書封還香佩並破環隻釵言已結他姻之意嬌泣下曰相從數年申生心事我豈不知彼開我有他故為此以開釋我耳因取香佩細認覺其虛曰我固知申生不爾也又因帥子貌以獻曰美則美矣非我所及我始以不正遇申生又背而之他則我淫亂甚矣既不克其始又不有其終人謂我何紅娘子愛我厚矣幸勿多言我固不惜一身以謝申生也男聞而亦憐之然無可奈何百計開釋終不悟竟以憂卒生聞訃茫然自失乃取嬌

綠雲紅雨山房文鈔

所贈香羅帕縊於窗間家人救免兄綸勸慰生色變氣
逆不能即對徐曰佳人難再得因顧父母曰二哥才學
甚優瓜期已及大吾門戶一變足矣惟大人割不忍之
愛又謂兄曰父母年高純不孝不能報罔極之恩惟兄
念之不數日而死父母大慟馳書告男男得書飛紅華
知之舉家號泣男悔兩違親議之非謂紅曰生願已違
予死後姻緣可也乃覆書舉婚柩歸於中道紅往吊營
辦喪務合葬於淞錦江邊紅告歸抵舍之次日與小慧
過婚寢所恍惚見生與婚在室相對笑語紅倉皇告男
男往視之無有矣壁留一詞字迹半濃半淡男見之不
悴蔣亦滅去紅葉皆斷與嗟歎

王瓊奴字潤貞常山人幼喪父其母童攜適富人沈必
貴貴無子愛過己生年十四雅善歌詞兼通音律言德
工容四者悉備遠近爭求聘焉同里徐從道劉均玉請
婚尤切徐子苕郎劉子漢老皆韶秀與瓊奴同年徐華
胄清貧劉基富白屋猶豫未定族人教以治具召二生
面試乃於花朝開宴指壁間畫使二生賦之徐從容而
就劉一字不成父子逸去四座稱美苕郎婚議遂定沈
愛壻招真館中讀書游泮偶童小恙瓊奴侍湯藥苕入
問疾避弗及相見於母榻前苕見瓊姿容絕世喜不自

綠雲紅雨山房文鈔

持乃書詩以寄誤封紅箋使婢達瓊瓊折視空函也因
笑成一絕書於箋上答苕曰茜色霞箋鏡面平王郎相
寄太多情風流不是無佳句兩字相思寫不成苕持歸
誇於漢老漢老益恨以白均玉誣以陰事徐戍遼陽沈
戍嶺表自是南北各不相聞已而必貴下世童母賣酒
路剝瓊奴無復昔時容態然青年粉質終異常人吳指
揮者悅之欲娶為妾以既聘辭吳遣媒謂曰徐郎遠戍
遼陽死生未卜縱無恙亦豈能來成姻瓊不聽吳凌以
勢童懼與瓊謀曰苕去五載音問杳然汝之身世終恐
荒落矧他鄉孤寡安能敵彪悍乎瓊泣曰徐本為兒遭
禍背之不仁兒有死耳是夜自縊母覺而救之指揮怒
使虐下碎其釀甕逐之老驛使杜君亦常山人與必貴
善憐其孤苦假以驛廨一間一日戍服三四人投驛杜
問從來曰遼海某衛總小旗差往海南取軍童偶出簾
下見一少年不類武卒往遂視童悽慘之色可掬童心
動詢之曰常山徐苕幼聘沈必貴女未婚兩家生事謫
戍久不相聞適入驛見媽媽酷類苕外母不覺感愴非
有他也童問沈家何在其女何名曰女名瓊奴聯姻時
年十四今十九矣戍海南忘其州郡童語瓊奴瓊奴曰
若然天也乃名入室細問之果苕郎也尚未娶童哭曰

吾郎汝丈母汝丈人已死吾母女流落於此不圖今日再得相見遂白杜及苕同伴衆皆嗟歎聚錢備禮與苕畢姻合巹之夕喜不塞悲瓊奴訴其哀懷乃誦少陵夜闌更秉燭相對如夢寐之句苕撫之曰毋傷來年挈爾歸遼東也既而苕同伴丁總旗曰君方燕爾且留勾軍之事我輩任之乃去吳指揮緝知愈怒以逃軍爲名捕苕於獄杖殺之藏尸窰內謂童曰苕已死如敢距違即加毒手瓊奴使母諾之將俟夜引決母亦無如何花晚忽監察御史傅公到驛瓊奴乃具狀鳴夫寃傅公上聞得旨鞫問求尸不得正訊問羊角風起公祝曰逝魄有

綠雲紅雨山房文鈔

知導吾以往風旋轉引馬徑奔窰前吹炭灰而尸見驗視傷痕宛然吳乃伏辜公命官葬苕於郊外瓊奴哭送自沈於冢側池中遂合葬焉公言於朝下禮部旌其冢曰賢義婦之墓童給官廩終焉

高娃京師娼美姿容昌平侯楊俊狎之猶處子也昌平去備北邊者數載娃閉門謝客天順中俊與范都督廣爲石亨所搆以正統十四年從駕陷土木俊等坐視不救爲不忠論死二人赴市英氣不挫楊尤挺頸但云陷駕者誰今何在吾提軍救駕殺之固宜親戚故吏無一往者俄有婦人縞而來則娃也楊曰汝來何爲曰來視公死因大呼曰忠良死矣觀者駭然楊止之曰已矣無益於我徒累汝耳娃曰我已辦矣公先往妾隨至楊既戮娃痛哭吮其頸血以針線紐接著於項顧楊氏家人曰好葬之即自取練縊於旁

幽妍小字勝兒生母劉在南院負艷聲早歲落籍去嗣陳氏陳之姨董四娘挈往金閶習吳語遂善吳歈董笑曰是兒甫八歲如小燕雛鶯不知誰家郎有福得死此手陳歿撫於楊媼媼奇嚴課書課繡課彈棊妙有夙解不督而能女兄弟多方狡獪嘲弄不能得其一槩也庚申勸媪避難吳越載與俱年破瓜矣薄倖難嫁有心未

綠雲紅雨山房文鈔

逢衡首叩府形於詠歎一日過張聖清於秀林山之屺雲館私禱曰儂得偶此生死可矣聖清才高筆雋骨采神恬造次將迎綢繆慰貼人莫覺爲康祭使子也舟中載圖史絃索迭付小青衣排當小青衣能射主人意中事萬工竹肉聖清曰此西方迦陵鳥也以迦陵呼之每攜入竹嶼花溪遍作新弄而最不喜平康狹邪之游謂此輩正堪與蓬頭奴長鬚賈檻藏逐豈容邪魔入我心腑至是與幽妍目成者久之明日遂合鏡於舟次馬於時溽暑晝則布席長林夜則移橈別浦疎簾清簟縈繞茶煙翠管朱絃淋漓酒氣幽妍自謂十五歲以前未嘗

魂

經此韻人韻事即聖清亦曰世豈有閨中秀林下風如勝兒者乎兩人交相憐亦交相重未嘗有勁語媟詞也妍嘗曰曩過秀州聞老尼經聲躍然抱出世之想自慚絆縛不能掣韁奮飛今遇君等同心如蘭願言倚玉十年不死請事空王宿羽流螢實聞此語聖清飲涕謝之七月應試白下妍送別注盼捷音屈指歸期竝爾杳然及重九言旋而妍渡江去矣自此低迷憔悴瘵疾轉深腰減帶圍骨見衣表王脩微謂人曰吾生平不解相思病何許狀亦不識張郎何許人今見楊家兒大可憐始知歎郎能使人病病者又能願為張郎死郎若不顧立枯為魚腊矣聖清聞之遣急足往視妍悶械流涕嫗忍閉絕魚雁妍典簪珥賂侍兒得閱老作字以達意局鑰斗室不見一人即王孫貴游剝啄者指刀繩自矢而已嫗愈怒撾詈無人理取死數四救而復甦不得已復載之東來聖清偵狀義不負心有俠客徐內史為彈壓悍嫗無得故懸高價殺此鐵石兒嫗唯唯聖清乃迎為小婦稽首廉察公前逡巡如女謁悉其事亦重之比入室病甚猶強起熏香澣衣擘箋滌硯聖清手書唐人百絕句授之讀皆上口又能通大義每環回離腸斷之句掩抑不自勝病中解脫了無怖心佛號喃喃手口相續

綠雲紅雨山房文鈔

為

忽索鏡自照拍几慟哭曰勝兒薄命遂止於斯又好言謂聖清曰君自愛切勿過為情癡旁招詞笑妾如有知當轉男子身以報若耳又曰妾命在呼吸泥大人新宅不祥盍移就郡醫療聖清從之遂遄除夕聖清歸侍椒觴別去幽妍喘益促侍兒問有何語傳寄郎君但瞪目搥胸不復成聲矣蓋壬戌臘月二十七日也聖清奔入城且號且斂延僧脩懺撤董血者兼旬選地龍華里葬之結茅庵祀如來償其始願刻紫檀主置座隅或懷之出入衣東衾裯間食飲必祝祝必啼未幾亦病死

羅愛愛嘉興妓色藝冠絕通敏工詩詞同郡趙氏子行六禮而聘焉愛愛克脩婦道事趙母孝未幾趙父執官太宰者以書召生許授江南一官生猶豫愛愛勸之行瀕行愛愛治具請趙子捧觴為太夫人壽自製齊天樂詞歌之座中皆泣下生既去京師太宰殂矣遷延不得歸太夫人憶子感病愛愛竭力調護半載竟不起愛愛哀毀如禮營葬白苧邨而張士誠陷平江江浙參政楊完率苗兵拒於嘉興大掠趙廬劉萬戶所得見愛愛姿色逼納之愛愛紿以甘言入房沐浴以羅巾自縊死萬戶裹以錦褥葬之後園銀杏樹下未幾楊參政死部下星散趙子始間關海道而歸則城郭人民皆非故矣所

綠雲紅雨山房文鈔

居惟中堂獨存乃暫憩焉明日出東門遇舊使蒼頭始得其詳引至白亭邨葬母處指松楸曰此六娘子所植也指塋隴曰此六娘子所經理也趙大傷感乃往銀杏樹下發視之顏色如生趙撫之大慟沐以香湯斂以華服附葬母塋之側哭曰娘子聰慧豈可混同凡人便絕音響九原有知願賜一見是夕其靈見焉淡妝素服一如生平惟以羅巾擁頸趙子延之入室謝其奉母之孝營葬之勞殺身之烈感愧不已問太夫人曰已受生矣問子何以尚滯鬼籙曰冥司以妾貞烈令往無錫宋氏託生為男緣與君情重欲得一見故遲至今日來日當往生矣約訪之以笑為驗與趙子入室歡會如生時雞鳴起別回頭拭淚曰趙郎珍重從此永訣矣哽咽良久天漸明瞥然而逝但空室悄然寒燈半滅而已趙詣宋氏宋生男妊二十月矣自生哭不絕聲趙子請見之一笑而止因述其事名之曰羅生

綠雲紅雨山房文鈔外集

卷

吳州　仲振奎　雲磵

雙喜小傳

雙喜姓迮氏懷之清化人年十三與麐生同樂部演劇安昌麐色旦喜色生喜雖出樂籍不工娬媚神迴色都肢輕體便好跳擲不受人撫弄或持之必脫衷去故名出麐生下至於流徵忽發輕雲在霄如貫珠如鏗玉如春燕囀林如龍鸞夜嘯又未嘗不歎喜技之妙雖麐生不得與年語矣於是賓徒咸甲麐乙喜使竝司觴政麐生謝[illegible]氣起機趣環生桃花作酬秋波送媚衆賓趨之挽東引衣歡聲若雷動以使喜喜若弗聞或偶酌一觴未嘗再竹芸子奇之引與語落落數言而已然若與竹芸親竹芸亦獨好之既游梁園麐生為有力者所據竝及喜喜力辭不奉命而其部以失麐生無旦命喜代之不可部遂散喜入他部他部咸錄錄喜不能去與之轉徙淳衛間鬱鬱不得志經年有復至安昌頗見竹芸悽然欲泣竹芸叩其故乃歷道飄零之苦聲淚相斷續竹芸憐之使日來幕中侍筆墨或倚新歌或鬭茗或擊鐵為戲暇即以彩箋索詩歌若八分篆籀書或以箑紈

哉　別

乞作楷竹芸子不能却也一日浮大白於竹芸前曰喜不幸身為優伶以聲色事人焉敢皦皦自好顧性不能媚或目我為淫哇者流心必痛恨之雖然徵歌侑酒喜之分也茍愛我而不猥不褻喜亦何所惜今君實知喜此觴為知己勸耳相與諧笑移時復曰不足為外人道也留十日將去與竹芸無一語但卧枕上泣然留痕會容至喜起據案大書麐生麐生數十紙亂擲之客曰汝思麐生耶喜大笑

花史氏曰怪哉喜生以垂髫賤工而却貴人之聘不屑作巾幗粧其氣骨不在良家子弟下然卒以是坎坷潦

倒以亂麐生之鮮衣怒馬照耀親族者何其相遠也竹芸子曰此喜之所以為喜也榮悴不常曷足為生嘅哉

采生小傳

晥伶采生年十四徐氏子骨纖體柔神遠氣定飄飄然有離塵絕俗之致性婉約如飛鳥依人吐屬多情雲慧無匹嘗奏伎安昌廉使署中會客憾晥部長采雖娟好無當客意恆擠之采舉止自若無媚世態辟若幽蘭自芳空谷而已龍邱先生雅好之春波汪觴紫豪分座聽鶯簧於別墅問花夢於幽棲采生恆侍左右交腕駢肩深談淺笑情意繾綣發於真誠不經旬為勢所廹去而之他先生聞其去也若喜若怒若醉若醒長歌未終幽恨旋集相顧諧謔忽焉張舞已而離筵既開西日將頹先生滿浮數白奮袂起舞乃執采生手欷歔流涕幾不自勝遂歎曰江州琵琶大似今夕能令吾青衫不溼耶既別先生未或有歡容雖他伶中素所愛惜者亦卒無款語獨念采生不置常逍遥須公互通殷勤焉後旬日采常一來未能見先生僅達一椷先生睹之愈益感憤作詩數十篇載半芥山房稾中

花史氏曰采生端雅無俗態又不輕露丰韻故知己甚尠雖楙得如先生亦惟嘉其婉孌解人意善嗢噱作情

話耳余嘗從先生游故調笑之嫣然破顏媚致百出先生大喜曰采生得紅豆邨樵遂乃盡情極致異哉邨樵其東方受倩之流耶

春容小傳

春容楊姓吳人年十一從其師入商雒以善歌稱及年十五客懷州丰姿娟秀肌理潔瑩雙眸含光巧笑生媚登場演打番兒一折四座盡驚得未曾有既復演驚夢藏舟斷橋諸劇阿堵傳神通於微妙雖老於曲者皆嘖嘖稱歎不休海西江四多情士也一見心動至於銷魂蕩魄不可奈何春容亦最與之篤行坐相依嘗讌大令

㕑中江四不善飲春起酌酒他客皆溢出盃外至江四不逾二分或讓之笑曰董有大小又口剥瓜犀數十聚掌中暗授之江四大喜一日以丹筆書江四餘草詩後曰江郎江郎又書他紙作江四五車蓋吳人謔語而書之譌也江四喜極遂自號五車居士客有以綃帕贈春者春惡其人不受客怒春不勝憤卒棄之客去江四尤春春曰苟非愛我者雖萬金吾不顧也江四益喜然春實驕蹇嗜利自矜盛名不可一世又妒同輩多不相能江四固貧士不惜傾貲結之故得其歡心無何而春容病江四憂甚命巫覡來禳以錦衾汰以餳糜投以藥餌

綠雲紅雨山房文鈔

凡所求無不立致之既舁歸病益甚江四日就榻所問視百計治之得稍間遂與其部暫去甯毋江四思之寢食盡廢固嘗失血至是復作及春容來病良已不詣謝召之不來江四心疑力疾往就之意殊落落江四怒然情不能斷與其同心乃因友人再召始至舍闢雜六博外無一款語叩其故詭曰病洎登筵乃稍稍親江四以為尚有轉機也復聲索予之越日廉使速客召春容當是時江四亦在座春至徧謁座上客或密或疏皆通款曲尤於向所惡者厚綢繆倍至獨竟日不與江四一言江四怒極後數日江四復因友召之則挾盛氣而來諸友咸怒江四猶眷眷不已嗣是多反覆不常大抵乍至則瞋目若讎臨去則背人款款作温語江四喜怒以之故卒受其惑或問其疏故春容曰同輩譏余以避嫌也或曰非也蓋向客間之云

花史氏曰以江四之情足以泣鬼神銷金石格豚魚而不能終始一春容可為痛哭可為長太息矣春容真千古負心人哉顧其色藝有不可沒者鍾情若江四世亦無由知故略具顛末如此且以為情場之炯鑑焉

鳳生小傳

許鳳藻之石畔人暇城先生之愛伶也先生鬢髮皓白

綠雲紅雨山房文鈔

豪於花酒足迹所至良遇極多及客安昌於鳳最暱常稱其秀外慧中蘭芳竟體恆令侍左右為觴壽錄事諧謔婉孌盡如人意先生以為得鳳晚鳳亦以為得先生晚也鳳本良家子貧薄為優豐頤白質體貌偉麗而性和柔發語溫文善治觴政遭者無不醉客有獨不好皖伶者偶在座鳳行酒至客客不飲鳳哀之客遽怒鳳踉蹡去先生亦怒語侵客客銜之遂擠皖伶鳳自傷卑賤又遭讒搆念去先生無以為歡鬱鬱不樂不幾日病且劇先生往視鳳撫牀呻吟哀鳴辭訣淚與聲下菌席盡沾先生芻皇湔洒莫可如何乃廣延方術密中祈禱一

痕飛花矛飄霜繡弓並玉將軍紅粉劍俠荆娘已而絳雪回春香檀度玉泥河作起幽忍輕生芳誓未終頳顏已霽並蒂送波前塵十變又或感別摧懷聽更茹歎情何能已郎卧方酣結幽恨於跡燈付芳情於流水壺笙愁笛觸夢縈腸他若接木移花殭桃代李雌雄一辨蝶蛇相憐指山海以要盟背燈花而解佩玲瓏歡欲彎環鳳紉採神蠡心不開磨欲且如仙子多情負兒慕當花開錢樹酒瀉玻璃舞袖回風歌聲飄雪清如戛玉翩若驚鴻因物賦形通乎微渺然而性如蘭佽口似河懸受侮既多知音亦少西岩子一笑目成浹旬心醉燈前執

手花外駢肩眉語忽斜情共瞎綴銀船淺泥玉笛低吹容愛濃歡婚婉巧笑於今為烈其樂無窮矣乃藉寶絹於九華通靈犀之一點紅詞譜就綠字書成豈料珠樹忽彫瑶臺太脆一朝歌露八日成煙銀篆銷往事虛存祭盆繚盆蟻難再永訣之詞在耳未了之緣奈何美人歸黃土壯士彫朱顏千古傷心莫此為甚西岩子將碑立斷腸文徵同志余因書此以誌其憾

花史氏曰無根之草沒骨之花遇風則離經霜而萎事勢之常物之情也若生者雖非松柏擬諸椒蘭甫得知心遽傷薄命委骨靡野飛燐沁流明月小墳殘陽空館

日顔鳳謂予曰設不測當為小墳邊立斷腸碑一統煩陽冰篆額也而鳳竟賴先生得全病猶未起擠者益力其部不可留行有日矣先生歎曰嗟乎始憂死别今復生離予與鳳何緣之慳也雖然予若以鳳故與若輩鬭生平伎倆彼且將口實我矣姑任其去哉第新愈不可以風可奈何於是命酒獨飲飲極醉至漏三下步臨鳳欄執手為别鳳泣曰鳳生十六年多所知遇毋若君情者今鳳垂死君實起白骨而肉之方謂報恩有日又不料為溝水東西君自珍重幸毋以鳳為念語畢長慟幾不能支先生悽然撫慰期以後歡更假襜車送之自是

先生不復與他伶顧盼矣後鳳再來感先生恩相依兩月情好彌篤至先生南歸前十日始别去猶戀戀不忍舍也

花史氏曰情場顛倒憎愛百幻朝為掌上珠暮作水中萍雖累千金其欲不厭其心不易得也而鳳獨能重義善始終如是允哉憶園之言曰畯城不負生惟生不負畯城也

情生小傳

潘情世居懷寧芳齡三五脩眉纖曲風致蕭疎歌壓下飄流韻滿座當夫新聲北館院本南唐名香夜爇寶馬

寄園詩存

（清）夏震撰

《寄園詩存》一卷，清夏震撰，據南京圖書館藏清道光九年(一八二九)辟蠹山房刻本影印。

夏震(一七四四—一八一四)，字東啓，號春舟，清泰州人。幼孤，事孀母。乾隆六十年(一七九五)重修明倫堂以及浴沂亭，震董其事，經劃盡善。嘉慶十九年(一八一四)旱災，倡捐助賑。家不豐於財，然見親族中貧乏必周助之。好爲詩，與邑中能詩者結芸香社。晚年尤嗜學，年七十終，著《寄園詩存》二卷、《膾炙集》十五卷。

是集由夏震季子夏蓉於其父逝世十年後裒集遺稿而成。名爲《寄園詩存》，乃因其家有一園爲寄園。前有夏震姻弟姜鳳喈所作之序，後附葉古軒挽及夏震七律四章。集後亦附夏震婿費履堅所作之跋。姜鳳喈之序云其『生平有不及者三』：一、事母至孝，『年六十如兒時，有古萊子之風』；二、『篤行，終身不登孌之床，不入季女之室』；三、『性嗜學，尤好蓄書』，『迄今邑中藏書家以夏氏爲稱首』。觀其生平交遊，多一時賢達。是時，舍人胡西垞往來海陵(今泰州市區)，夏震亦多與之唱和。後，與吴椒堂、葉古軒、鄒耳山、羅夏園諸人及長子夏荃『辟芸香社，招致後進』，海陵詩風爲之一振。是集僅一卷，收入詩歌綜計七十又九篇。或爲記遊之作，吟詠花草風物，如《柳絮》《楊花》《新燕》等；或爲羈旅之作，抒發憂愁鄉思，感歎韶華易逝，如《春日思家》《秋夜不寐柬舟晴溪》《夜泊聞鄰舟琵琶感賦》等；或亦爲酬唱贈送之作，表達友朋故舊雅集之樂，如《九日同人小集寓齋用工部韻》《贈王荔塘》等。讀是集之詩，但覺『冲和澹易，不事雕琢』，『無噍殺靡曼之音，蓋知其爲孝子正士學人之詩』。

(張文豔)

道光己丑秋鐫

寄園詩存

辟蠹山房藏板

余交春舟垂五十年知春舟莫如余其生平有不可及者三春舟少孤事母謝太君最孝每晨起太君方睡熟問嫗媪輩太君安否始就外舍春舟嗜飲好客匪春舟飲客卽客飲春舟抵暮歸甫及寢門輒呼阿孃不絕口繼至太君寢室向太君索棗栗太君亦時蓄棗栗待之閒拊掌談稗官野史及耳目近事博太君歡太君吃吃笑不休俟太君就寢方退年六十如兒時有古萊子之風其不可及

者一春舟幼秉母訓嚴氣正性不邇聲色嘗與同人寓郡城僧舍客方劇談頗涉猗旎一座靡然傾聽春舟獨默然兀坐卒起爇神前香朗聲跪祝曰某有三子讀書白頤無他善行竊願自誓嗣後口不談閨閫事設渝誓神降之禍衆悚聽面相覷土色爲之罷談古篤行終身不登變童之牀不入季女之室春舟有焉其不可及者二春舟性嗜學尤好蓄書遇善本傾貲購之唯恐後雖舟車傳舍必

挾書自隨嘗語余曰今之爲子孫計者輒多置良田美宅然子孫稍不檢豪强駔儈得而奪之若插架纍纍物乃豪强駔儈所過之而不顧顧之而不睨者人棄我取理或可久余時笑其言之迂迄今邑中藏書家以夏氏爲稱首而向之以良田美宅雄視一邑者則已數易姓矣余益服春舟之言理精而旨遠也其不可及者三春舟有三不可及而詩不與焉今讀其詩沖和純粹無噍殺靡曼之音知其爲孝子正士學人之詩也春舟没十年其季子退庵裒集遺稾請序于余余行年八十旦暮且死昔之與春舟遊如理堂善夫輩喪亡畧盡余幾爲碩果焉矧知春舟又莫如余者安知非彼蒼留此衰朽須臾毋死之身爲序春舟之詩乎哉余故樂得而爲之序

道光甲申浴佛日姻愚弟姜鳳喈拜譔時年七十有九

寄園詩存目録

老境

冬夜偕蓉荃兩兒登岳阜眺月

補遺

燈下翻書口占

金陵劉文奎局鋟字

寄園詩存

海陵夏震春舟甫著

柳絮

點點亂難定撲撲輕還飛誰將離別意粘上遊子衣日暮相思空暗結無那東風滿簾雪滿簾雪春已非爲問行人歸不歸

秋草

何處寫秋色六朝蔓草荒凝霜連塞白落日極天黃遠道歸期杳清池舊夢長寸心含冷綠留取待春芳

野寺

野寺闔黃葉疎鐘時一聞扣門山犬吠繞樹暮雅紛曲徑生荒草枯僧坐夕曛回頭驚過客危墖倚秋雲

冬日舟行卽事

停橈覓村醪村店知何處寒雅噪林皋雪霽村南

路忽見蓑笠翁攜瓶入林去

寒食日展　先大人墓賦此以誌哀感

節序江鄉欲禁煙離離宿草劇堪憐紙錢麥飯孤兒淚野水棠棃古墓田八月承歡眞夢夢一生展拜自年年（余生甫八月　先嚴見背繈褓即上先人邱壠）春山回首腸應斷落日松門叫杜鵑

佛舍垂楊

如絲新雨釀鵝黃一樹依依古佛場不用臨風多

作態空門無處繫離腸

新燕

又報烏衣至相逢感歲華茅檐尋舊主畫閣換誰家泥滑沾春雨巢香補落花旅情渾未定來去受風斜

楊花

垂垂一樹已如煙纔點飛花便可憐舞向妝臺抛賸粉飄來玉檻碎吳緜江南蕩子身無主樓上佳人恨正牽莫怨閒愁吹不去東風流落自年年

題西津晚渡圖送林西苑先生返廣陵

荒城夕照酒帘青春老鶯聲不忍聽潭水深情誰畫出鄰鄰綠到短長亭

白蓮

玉闌九曲繞蓮塘太液風來水殿香豔比六郎輕傅粉閒如越女淡勻妝蘭舟夢醒翻疑月銀浦秋歸薄有霜一抹冰姿嬌欲語浪花雲影泛鴛鴦

望秋

招涼且放溪邊艇避暑還歸竹裏門憶煞高梧明月夜金風翦碎海棠魂

秋日山居懷單蘋江

誰家動砧杵明月滿空林芳草年年夢疏燈夜夜心縱開籬下菊翻憶客中琴珍重南來鴈蘆花秋水深

天竹

祇許寒梅伴此身丰裁偏藉竹爲名明知不是相思種紅豆離離便有情

春日思家

春風吹羅幕春夢全無著幾日不歸來山花開應落

春漲

積雨生春漲波光似鏡匳落花千片杳香水一篙添去去輕浮鴨溶溶綠到簾浣紗江上女素手出纖纖

桃花

錦障遥遮隔水村仙源何處問靈根香生漁艇溪邊岸春在兒家竹裏門明月到來還獨笑麗人相對竟無言生成一種紅顏命惆悵東風欲斷魂

暮春雨中無花軒小集

落花飛絮總悠悠綠酒紅燈起暮愁一半春消風復雨關心景色似殘秋

崔吟香落花詩題辭

一卷新詩感最深惜花怪爾太關心情知此恨年年慣每到春殘不忍吟

新綠

避紅讓紫一春心嫩葉俄看綠滿林隔水人家陰羃羃落花門巷晝沈沈樹邊雨過行來暗畫裏煙濃望去深幾曲朱闌低掩映攜柑正好聽鳴禽

秋夜不寐柬周晴溪

不寐空彈劍雄心感白頭雨收半庭月蟲響一階秋可奈十年事偏生今夜愁伊人夢何處應在浪西樓

眞州客舍喜晤葉古軒因留夜話

我問悲秋客胡爲澤畔行懷才同一哭痛飲竟三更羞溜黃金盡蹉跎白髮生壯心經百折詩思尚縱橫

客夜聞雞

鐙殘被冷愁難遣野店雞聲已及晨何用隔垣頻喚曉思家猶有不眠人

夜泊聞鄰舟琵琶感賦

孤舟夜泊酒初醒到耳哀絃不可聽商婦琵琶司馬淚秋風各自感飄零

歲暮客吳門作

孤劍久天涯鄉心逼歲華吾今猶作客人已盡還家冰雪音書杳關河歸夢賒故園小兒女夜夜卜

鐙花

再泊楓橋

明月江行憶去年江行又值月明天只因夜半鐘聲句每到楓橋愛泊船

過楊將軍墓

獨弔南山墓山空劍氣沈豊功留斷碣抔土沒雄心射虎霜風勁橫戈秋雨深英靈渺何處白日下松陰

俞玉懸選夢詞題辭

新聲簇簇豔紅牙夢選揚州第幾家多恐前生是蝴蝶不離芳草不離花

榆錢

看到榆錢春已過飛來飛去意如何東風似覺揶揄甚偏向貧家撒最多

詠荷

亭亭清影隔横塘脈脈含情傍夕陽弄水侍兒皆

綠鬢凌波仙子盡紅妝未花已覺香生葉墜粉纔知露冷房畫槳莫從深處過讓他翠蓋護鴛鴦

夏日同霜橋先生過香雨樓訪西林上人

消盡鑪煙百八鐘清涼世界梵王宮一春抱甕閒烹雨四面開窗坐受風詩思忽生塵墻外禪機多寓笑談中山花零落無人問六月殘英滿徑紅（時種菊婢落遍紅滿地）

聞西垞舍人歿于雉皋葬仲氏梅花園感賦

半生作客江南老到死難明姓字眞不種梅花千
百樹海濱無地葬詩人

邗上同費塉㷋夫傍花村探秋

去年花裏逢君處石徑行來我舊諳未免被他籬
菊笑年年秋在客中探

秋夜宿醉石山房

寂寂軒窗短短檠匡牀底事睡難成怪他幾片蕭
疎竹纔有金風便作聲

偶成

開到西風菊幾叢閒吟人在畫闌東瓦痕昨夜霜
初白牆角誰家樹半紅下酒物惟書有味醫愁方
竟藥無功扶笻欲訪溪南叟先把瑶琴付短童

贈王荔塘

一從北郭班荆後幾度春風感歲華詞客漫塡㑹
縷曲美人多葬玉鉤斜（荔塘姬人歿于揚州）曾無晚境甘于
蔗腊有新詩豔似花寂寞鷗盟邗上水年年芳草
隔天涯

淮海飄零去復來一鐙清話共銜杯青鸞善舞成
孤影鸚鵡能言是禍胎（荔塘嘗客某公蓮幕直言賈禍）賦到淩雲
空自惜窮當歧路有誰哀莫因坎壈還傷志樹老
何妨風雨摧

腕底烟雲妙入神廿年槖筆向風塵旗亭賭酒春
鐙炧客舍分襟柳色新市上有簫空乞食人間無
藥可醫貧薜蘿此日成高隱御望徵車到海濱

畫眉詞

花裏春檽上春日畫眉獨立春臺側閒匳握管寫
春山鏡裏紅顏自相惜相宜只在淺深閒一寸春
情難著筆瀠瀠容得幾多愁問郎何事輕相別

美人風箏

命如紙薄劇堪憐忽訝乘鸞上九天嫁與東風疑
不返關心猶有一絲牽

暮春雨中喜王魯石過訪因留夜話

開軒呼酒至春老百愁幷千里關山客一鐙鷗鷺
盟疎簾芳草夢夜雨故人情話到黃金盡牀頭古
劒鳴

漫興

一任蒼苔滿徑鋪不容俗屐到階除秫因釀酒須
多種草不妨花懶盡鋤炊黍難忘貧裏婦課兒每
憶幼時書卻嫌詩思年來減笑比村謳總不如

夏日同人集周晴溪瑣香書屋分韻得秋字

朱櫻綠豆年年會小雨疎鐙夜夜愁往事難平將
去水離心易感未來秋楝花風裏八千里丹鳳城
中月一鉤借問梁園詞賦客清樽還憶舊吟儔時晴
溪著懷人詩索和

舟宿石梁

半江秋水碧粼粼鐙暗篷窗獨愴神兩岸蘆花一
行鴈天涯何處不愁人

漁榔

晚煙湖上幾漁家軋軋鳴榔靜不譁日暮餘音流
野浦月明弄響入蘆花敲回古渡潮三尺聽徹西
風水一涯鐙火夜深歸路杳驚飛鷗鷺數行斜

銀河

銀河耿耿望遙天似有微波碧落懸若果乘槎浮
得到女牛何事隔年年

秋夜秦郵客舍

更殘酒醒月窺幃作客方知百計非脫木無聲雅

自宿明河有影鴈初飛愁中霜鬢星星出夢裏家
山夜夜歸底事蕭騷偏到耳吾盧修竹久相違

荔塘將有遠行寄詩留別即和原韻

問君何事嶺南遊見說聊爲八口謀萬里雲山空
有夢五更風雨獨驚秋乾坤磊落誰青眼湖海飄
零易白頭從此相思渺天末數聲征鴈下西樓

雨中送春

曾記垂楊綠未勻那堪作絮點芳塵一年好景常

愁雨幾片飛花又送春華髮難畱將去日癡心如對欲歸人韶光未許荷錢買枉自田田出水新

柳絮和魯石韻

何處紛紛玉屑霏靈和殿裏是耶非章臺風起春迷檻白下人來雪滿衣浪迹慣隨流水去癡情猶趁落花飛年年此際傷飄泊青眼何曾盼得歸

己酉夏日邗上同葉古軒過梵覺禪寺雙樹軒小憩

闘茗同尋梵院僧禪房幽處覺涼生都忘塵慮花閒坐時有清風竹裏行簾捲層樓雙燕入庭畱老樹一蟬鳴浣紗江上青衫客相對綢繆話舊情時古軒僑寓眞州偶值邗上

題張左亭別駕漁隱小照

笑將烏帽換漁蓑紅蓼花中好放歌不是一竿抛不得清閒只有釣溪多

豆腐

製本淮南入饌新玉膏爲質水爲神但能清白何嫌腐因愛端方自食貧蔬笋須君同淡泊鹽梅愧爾絕酸辛莫教持筯輕微物應念雞鳴早起人

人日立春

年去年來白髮新又聞街鼓賽芒神江鄉風景還占歲兒女閒情學貼人爆竹聲中聊復爾梅花香裏自成春東風更綠溪南草好買青鞵踏輭塵

花朝雨中同人過浣香軒小集

挈伴衝泥到草堂笑他蠟屐阮生狂一春晴好無多日百歲歡歌得幾場高會翻成湖海別謂霜橋先生暨魯石古軒故人其奈鬢毛蒼鐙前莫管簷花落難得芳時共舉觴

送王魯石返武林

棹首江雲去去遲夭桃初放柳初絲暮潮到郭傷春後細雨沾衣送別時尺幅未能傳遠恨時繪春江送別圖雙魚還許寄相思歸裝應被山妻笑檢點空囊

幾卷詩

女孫于歸口占一絕

喜聽朝來噪華門，向平心事與誰論。白頭已被青山笑，婚嫁何堪子又孫。

秋夜小酌，喜模姪適至

爲愛秋宵月一痕，湘簾高捲對清樽。阿咸生小耽吟詠，夜半詩成尚敂門。

上巳焱夫招集春暉草堂

十年蓮幕客，佳節每相逢。招我花開集，欣君海上歸。壺觴脩禊日，菽水老萊衣。焱夫事母最孝。最愛清談罷，冰紋手自揮。

漫興，再疊前韻

清流繞屋水平鋪，門外囂塵盡埽除。簾爲畱香呼婢放，筍因凝屐喚兒鋤。論心喜得高談友，豁眼常求未見書。欲與鄰翁閒學圃，閉門種菜意何如。

題眞州寓樓壁

小樓寂寂枕江流，江上清宵值暮秋。正是客心愁絕處，一聲征雁月如鉤。

歸雁

別緒離情正不堪，歸雁傍晚過江潭。斜陽幾點翻金屑，潑墨無端灑蔚藍。昏似鷗羣秋七八，小于鷹陣月西南。孤舟有客推篷看，繞樹依依帀再三。

秋日同王魯石孫南莊蜀岡閒步

江城如畫趁斜陽，與客扶筇過蜀岡。晚景漸催雙鬢白，秋光纔見一花黃。題襟邗水新詩侶，畫壁旗亭舊酒場。今日重尋歌板地，不勝煙樹感蒼茫。

九日廣陵客舍，喜葛三黼阡至

白蘋江冷雁聲哀，江上孤舟客又來。垂老悲秋驚落葉，他鄉無伴獨登臺。那堪佳節悤悤過，孤負黃花寂寂開。舊雨忽逢江館夜，且憑萸酒共銜杯。

十六夜月，和汪潁川韻

冰輪依舊出雲端，見說微虧仔細看。猶記一鉤新

柳外倚欄幾度望團欒
從此秋容暗裏消湘簾畫檻漸無聊不知今夜清
光下多少離人說昨宵

蘆葉

參差蘆荻點汀洲捲盡殘花禿盡頭綠記成行遮
蟹舍白曾飛絮上漁舟一鉤月映蕭蕭影幾片風
鳴瑟瑟秋多恐征夫吹作管不勝清怨使人愁

詠菊

西風未許蝡淹留開到黃花景便幽處士衡門三
徑晚野人籬落十分秋煙中冷豔纔盈把霜後寒
香插滿頭欲折疏枝供几案鐙前相對影颼颼

秋夜白詠

幾點螢光伴寂寥石闌干外竹蕭蕭新愁待遣難
謀醉舊橐重繙欲盡燒蟋蟀響沈秋已暮琵琶聲
歇月無聊時鄰謳初罷摩抄老眼閒開卷卻把銀鐙數
數挑

六十自嘲

江鄉容我扶鳩杖身世悠悠夕照前對酒只知此
中樂與書惟結再生緣山林埋迹難爲用草莽談
詩不易傳且喜小窗天氣暖嶺梅香裏拂吟箋

馬塁初戲畫牡丹尺幅旁植秋菊數叢索題

一絶

一片天香爛漫開忽添秋色傍瑤臺笑他籬下稱
高隱也羨春風富貴來

移居

幽棲卜得水之涯路入城西一道斜聽鳥有人先
種樹買園容我好栽花情如刷羽鶯遷木笑比銜
泥燕作家且喜兒曹能應客閒憑林壑老煙霞

新夏許筠園葉古軒羅夏園鄒耳山謝學夫

過養和軒小集分韻

園林消夏卻相宜爲愛幽棲寄一枝籬外花飛童
未埽竹間客到鶴先知婦因高會多儲酒兒戀圍

棊懶賦詩此日何欣聯舊雨醉吟明月莫教遲

逢場

棊枰酒琖但逢場卻老何須服玉方芳草依然生北郭夕陽容易下西牆衰顏兒輩都訣少故態旁人卻笑狂莫道此翁閒適甚杖藜竟日爲花忙

銅雀臺

高臺何處霸圖空想像娛遊在此中鄴下笙歌惟逝水西陵松柏又秋風分香終笑遺言詐有子還

寄園詩存　十八

誇作賦工今日我來問疑冢荒城一片夕陽紅

九日同人小集寓齋用工部韻

老去情懷不易寬招攜且盡故人歡青山可陟憑鳩杖白髮能遮藉箨冠詩罷應嫌銀燭短秋深漸覺酒杯寒年年佳節他鄉度難得黃花此共看

喜東南波康瑞伯過寄園

犬吠竹籬外門停問字車呼童翦春韭留客看梅花兒捷詩先就鄰賢酒易賒把杯談往事新月一

鉤斜

荃兒將之嶺南詩以示之

生子懸弧矢相期本四方奈予年已老送爾路偏長但看衣縫綫應思鬢滿霜此情何以慰只有早還鄉

送宮校波之南粤興寧官署

每笑書生輩平居憚遠行乘風當弱冠于子見豪情胸對名山豁詩多客路成片帆天際去不覺別

寄園詩存　十九

愁生

春日園居

郭裏春流繞石橋柴門僻靜樹迴遭窗留修竹風添韻庭有梨花月亦驕少日星霜詩卷在暮年心事酒杯消甌香每喜山僧過且與談禪破寂寥

老境

老境隤唐祇自知看花漸覺步行遲朵頤不快頻嫌齒數典常忘每問兒但得陶情終日酒何妨率

意晚年詩鐙前猶把當年卷錯認雙眸是少時

冬夜偕蓉荃兩兒登岳阜眺月

笑倩兒扶石磴斜登臨豪興尙無涯危巢風動樹無葉小院香生梅欲花天際雲山煙幾點水邊城郭月千家老僧也愛狂吟客卻爲敲冰夜煑茶

補遺

鐙下翻書口占

蕭蕭華髮已盈顚猶自芸窗手一篇翻笑朝來渾

忘卻空將老眼拭鐙前

男　蓉　元齡　延齡
　　蘭　孫　松齡　校字
　　荃　彭齡　祥齡

附葉古軒先生輓　春舟公七律四章

丈夫豈屑事雕蟲赤手能收搦樹功遍歷艱危歸練達不貪聲色是英雄坊移通德營居定臺築懷清報母終（前歲公爲太夫人請旌建坊事載郡乘）孝友一門家範好口碑久載士林中

才略優餘蘊釀深嘗原座上客成林五官竝用如游戲百事親裁自誦吟老未杜門名士習閒猶運甓古人心白頭豪與何曾減酒壘

臺場日日臨

我忝葭莩誼倍親卅年杖履奉清塵交深終始非傾蓋名藉吹噓勝指囷每事關心如有約除公知己竟無人入城擬破芒鞵例來祝先生降嶽辰（今年十月乃公七十誕辰）

神明七十未衰時一病緣何竟不支聞訃尙疑如夢幻撫棺始悔報恩遲謚尊芸社開山祖（公首創芸香社提倡風雅於今數十年矣）澤衍書香跨竈兒兩

字千秋交後死買絲親繡寄園詩

外舅春舟公生八月而孤奉母　謝太君至孝因家貧廢學非其志也及壯從宮霜橋先生遊好爲詩時胡西垞舍人往來海陵公備致款洽倡和極盛繆君善夫贈公詩有半紅樓上弔詩人西垞歸山宿草新記得冰天飛凍雨溫鑪輭榼夜留賓之句蓋紀實也及舍人没於雉皋霜橋先生又旅食四方海陵風雅幾墜公乃倡首與吳椒堂葉古軒鄒耳山羅夏園諸同人曁紅舫内弟闢芸香社招致後進月有程課每課輒集公浣香軒數十人據案分韻攢眉捉鼻苦吟若因詩成糊名易書復延霜橋先生主課政司月旦焉夕則罷課高會庭内然樺燭列長筵廚中具數十人餐尊酒常滿酒酣客有哦者笑者譚虎說鬼者擊唾壺而歌呼烏烏者漏三下始散去公亦陶然醉矣是時海陵風雅丕振唯公實主持之迄今數十年瓣香不絕古軒哭公詩曰謚尊芸社開山祖公無忝焉時堅負米

遠郡門歸詣公問起居公詢堅近狀外卽招入社爲詩庚午堅倦遊不出會紅舫與古軒耳山疊主齊盟堅亦勉執鞭弭從事公年已七十皤然如退院僧然猶日坐寄園手一編丹黃並下咿唔不輟鐙下作蠅頭細書鈔綴名人警句爲膾炙集數易槀積尺許蓋公天性好學耄而不衰數十年如一日云公三子長紅舫次仲瀟季退庵皆能詩不墜家學公沒十餘年退庵裒公遺詩若干首敬授諸

梓屬堅與校讐之役讀公詩恍憶疇昔侍公吟席公與堅論詩至夜分掀髯雄辯聲若洪鐘娓娓不少倦曾幾何時而堅亦頭童齒豁老病交加頹然成一衰翁駒光電影可勝悼歎至公詩沖和澹易不事雕飾其品在樂天放翁閒讀者自能辨之玆不復贅云道光七年仲冬月子壻費履堅謹跋

余棲書屋詩草

（清）儲夢熊 撰

《余棲書屋詩草》不分卷，清儲夢熊撰，據南京圖書館藏稿本影印。

儲夢熊，字漁溪，江蘇泰州人，附貢生。性慷慨好施，阮元未遇時，嘗主其家，夢熊知其爲人，與之訂交。後官浙江鹽運司副使，有政聲。兼工詩詞。

《余棲書屋詩草》不分卷，卷前有序作於辛未年（一八一一年），又有順德何太青、屬吏袁斯熊讀斯書於西湖工次。是書録夢熊乾隆四十九年（一七八四）到嘉慶十四年（一八〇九）二十六年間詩作，以甲辰、乙巳、丙午、丁未、己巳等天干地支紀年爲序，逐年録之。卷末附《前泣夢吟》《後泣夢吟》爲甲辰以前作品，當爲作者早年習作。其詠物之作，如《菊》詩『西風吹老百花莊』，《菊影》詩『誰移暉藻玉階横』，起句高妙，如信口拈來而又頗有韻味，《牡丹》詩、《梅花》詩又别具一寫生妙手。其抒一己情懷之作，如《哭母》詩『朝來伏床前』，《哭父》詩『十月悲何怙』皆感情真摯，又低回宛轉，深情綿邈，而贈友詩句如『重契已成真姓名，相交不僅在文章』，既頗含哲理又對仗工整，可爲警句。其詠史之作，沉鬱蒼凉，於此之中又有以地名爲詩題者，如《寶應》《高郵》《淮安》《邳州》《寧波》，可見作者每至一地，輒有所吟嘆，且不限於一地之名勝盛景，對於整個城市的歷史文化都有宏觀的把握，古人詠史遊記之作，不乏歷史典故的運用，名人美景的歌詠，至若以縣府地名爲題，加以詠歎且數量可觀者，夢熊可爲是類詩題之典範，於詠史懷古之作中又增一詩料。人言夢熊詩如『松風水月，清華烟霞，明珠朗潤，雅堪贈佩』，信哉斯言。

（宗　偉）

述古之作沉鬱蒼涼言情之詞低細宛轉至於賦景賦物則又別具一寫生妙手松風水月清華仙露明珠朗潤雅堪持贈佩服佩服

辛未十一月廿一日讀於石門舟次　長洲瞿庭語

順德何太青恭讀於西湖工次

屬吏袁斯態恭讀於西湖工次

余棲書屋詩艸

元日　甲辰

元日光動明新和陶盡年，屠蘇杯酒四花勝綵争妍。一夜韶光換千門萬家歸生意。太平世歲歲戴堯天。

立春

紅影窗梢日一斜，呵融凍墨寫宜春。思量正沒驅寒計，料理先為買困人。試壺酒擣花子罪偎寄鬢邊綵。

泣○，綫○一慈親更為嬌兒如○一龐黄柑佐五氣○

哭母

朝來伏床前○不足蒙被母○上有滿年文○哭聲君去口○
閒筍足衣服○掩泣莫釋手○咻哉一笑中○依依膝前久○
辟踊長哀號○惘○皆○後○悶○有○憐○、○融○慰○烏○返○哺○意○記○厚○

哭葛姊

自分餘生莫問○丁亭幼女哀床前○最傷攜手○吞聲○
目○闊○及○麻○衣○[redacted]○桐○枚○手○悵晚鞋書思往事○呼嗟造物感

先賢他時若遂銘瀧碣也合新詞表墓阡

初夏過山莊

小憩晴郊駐車眠芳陌香是生涯中天日蔭翳林藹平地風搖細麥花耿耿次田夫猶奮鍾松逢野老話桑麻何需買宅依山麓茅屋疏籬認我家

擬汨羅江弔古

湘雲面面開深谷汨羅水翠濃艷石來赴此清流死我今莫永黍似雁寬說離子蘭未誅靳尚在[redacted]

處[redacted]蓋[redacted]逕死何邳懷呼嗟君王役寨何

舶[redacted]

夜雲家嚴命作

瀅南秋吹開匼匝雲山腰斜出石水面倒瀉後

枝蔓簷以壓樓臺更以綴滿天不歸去如蓋竄斜曛

哭父

正月悲無情十月悲何怕雨夜羅鞠凶[redacted]辟踴莫自記

猶來伏床前開闔導吾父杖履猶在旁音容不復勸

當年老萊子七十猶兒戲嗟我獨何人愿與少孫若

書淮陰侯傳後　乙巳

東坐無高鳥英雄試劍彈權國士謀隙的做王封
羞與絳灌伍豈為兒女安寄言范亞父牖下主恩隆

書元李彥直張麗容心堅金石傳後

千里奔波未是癡个中生死兩情知思深入火堅心
日快絕崩通雪恨時人借權門諂宦[illegible]天教獄吏說
和思使將金石双、塵不忍垂為連理枝

對月

有花莫惜種千株至語莫教依前錢終古一輪明月
在人生存何處回圈

菊

西風吹老百花莊勝同籬邊武逕菊有最愛如陶靖
節何時栽定豈寒陽金鈴碎剪三三秋露玉鈿攢成九
日霜郤忍戒寒搖放後惟留醜陋泥餘香

菊影

誰移畔藻玉階横印出花光太瘦生移是捲簾人去

後蒙錮菇嬉朋無聊

先嚴諱日

自啟嫏嬛浥產扇，手持執卷至庭前。忽驚閃眼風光急，摧折靈椿已一年。

江舟阻雨有懷李蒙施　丙午

江上蒲帆早泊遲，雨聲遙背動相思。知君[redacted]一[redacted]室懷人意，亦是儂杯不得時。

瓜洲夜泊

放舟附舵艇初三過淮陰南來第武鐘晚汐牛便臨水

戍鼓樓陽多惡隔江山邗中隄柳綠吳下烟树影高向

隨舫何人試吹笛小城剛掛月彎彎

渡揚子江

初從揚子聽鳴櫓橫截颶頭十里過隱隱風來[redacted]後

角范、派之浪金焦和南向如鬼隔就角兩年年

山鎖四海為家全盛日莫將陰陀説苦辛

凌江閣

滕王高閣俯江開，此閣凌江亦壯哉。閣敞三山雲繞棟，江横一面浪摶堦。海門斜日帆前影，吹起風塵上客來。千古奇文流不息，登臨愧乏子安才。

受業柳春亭夫子志喜

河東李學道，章句列師門。經義匡劉輩，文名江漢尊。市和山下雨，風覺座間溫。小叩層排將，淵源細討論。

蘋州

經傳祠前多白雲，女墳湖上水生紋。風光三月全如

識從前帶露處迴闌

蘿庵曲

朝上姑蘿庵去坐五湖水不必錦帆懸畫舫排禊

暮上姑蘇臺去坐東山船出月照城中看佳麗未歸

七夕

天街涼淨火西流入夜涼風已報秋弦月照來同一

曲雲多處鵲千踪回心瞻設穿針室吉慶夜祝記

記樹但願經年年性別羨他今夕諧牽牛

閏七夕

纖月仍升度鵲橋，何又河东回雕陵。瑞鵲塞填
驂驚駁久鸞再渡難。鍼絲樓外針露冷，花瓜席上咬
風寒。何當更乞天孫巧，百和香燒坐夜闌。

閨砧

月落霜高玉漏沉[illegible]衣聲遠女郎砧加憐別院箏琶
韵未識空閨札札心

久雨　丁未

雨雨風風正滿城忽如亂散忽盈傾烟底別院充耳
聲簷影些些亦不明時見繁華盡園暖色軟驚高樹搖
濤聲天工若有催秋意先向愁人兩鬢生

雨中憶客

一枕蘆波暗霏霏雨聲淋蘚墻浮螢火花砌咽蛩吟

山知愁人輕離别旅客心詩成無計遣閣曲寫桐陰

初晴

曉來碎雨爲暑過午[redacted]流雲去不停雨腳倒啣殘日

白雲那收作晚山青使多杏花邊拂翠有餘音竹

禍福晨麥水窗涵菁色娛涼人倚那偏醒

飲劉芝士山房

仙人不我棄曾遣鶴來招得附雲霄入散發岩壑色

往辭能破傀丹府足逃羈吏患未素何談元逸真饒

春暮憶柳春亭夫子　戊申

夫子天涯隔，離愁更又深。詩文曾[redacted]座右，[redacted]蒙葭寄江南。趁雨紅英墮，和烟若絮飛。當年同學輩，程策小窗談。

月夜聞笛

閒干成獨倚，風月助人愁。何處柳氣竹，一聲天地秋。

渡江

江風獵、送秋來，況是蒼茫夕照催。雲捲西津連樹萬，天低北固擁樓臺。波聲殷地離愁動，山色撩人倦眼前。十幅布帆斜排霧。破曉好趁落潮迴。

江亭客舍

躡屩纔經一度過。他鄉歲月近中秋。涼風忽起離人思。十里秦淮斜月樓。

贈歌者

水閣風初捲。璃庭月已窺。朱[redacted]唇歌法曲。皓腕搭檀槽。着字齊紈扇。熏香蜀錦袍。芳名勞問訊。莫是鄭櫻桃。

偶成

似慕如敉三載丟元龍意華蓋一銷麝衣稱點思初
後不敢秋紅一半多

贈張六寔坤丈

十載前頭丟訪問論文不愁同來邂逅咸君近日梅苗
歎嗟我苦身是賈遭附驥心知奉顧桐門心好嬌都
（山賈字 師扩）

枇杷花

（清才況尔推三影吾對書寔一）
移來西地種一枝吐奇花着霜方成果迎冬看作花
擁英霏徑曲香雪照橋剩屋指金丸飯逝笑寒閨歲華

寒月

披裘坐月耐清寒，七寶圓光耿夜闌。倚咽霜花匀五
滑倒飄雲篆濛晶九陌，虛光梅陰中見泛入瑤梅徑
程丟若海去天心，更若霓裳依約響哀弦

濛

春雨過篆塘同令弟雲梅小飲　己酉

風翦撐竹傘，雨際整藤鞋。殢踏蘼蕪甚，徑來五前落翳。
對床憐友誼，具黍及朋儕。一啓梅花龕，深心破積霾。

擬宮詞

鬬蘐鴛央暎屏間孔雀新室歡嗟不相憐以長起

鳳輦司花女椒房比玉人細腰偏楚舞廣袖拂香塵

聽說畢樓居對月述哀

嗟〻一輪月萬里空波流波後波〻以照我宅畔樓

淒〻後淒〻以照我荒坡坡上樓上觀光身今何處上所

坡內後觀身照風松與樹御月盛歲便後難將零雨收

送于雨亭姊丈赴和州幕

紅雨霏〻綠雨稠有人將赴水雲舟歸期莫問當時

日千里書回風已稀
歷陽山上雲煙起，煙印辰旁湘水流。旋至蜀花蜀不
住江天梅雨客秋州。

荷池

荷簪剛出水，池水已流芳。細雨翻萍沫，斜風蹴浪紋。
漆光穿外散，嬰童座前分。更接湘篇韻，溪一片雲。

咏雪中桂

紛飛冷紫小山叢，幸性迎之氣益增。樓上仙孫齊袂

起◯層層芳荏疊堆冰◯堂東了客園爐生◯閑曲何人捉
遲憑◯多恐儒豐重見◯江梅雖好不能勝◯

春暮登舟別六宜　庚戌

欲發仍停艤◯依依蒔四舒◯徑向昔離別◯百里忽天涯◯
客路同晨月◯家園獨看花◯明朝錢去後◯端好紀年華◯

[redacted]

题李雲梅與友對局小照

雲梅於我爲肩隨，一局每共花間棲。欲邀雲臘處西角，楚競闘香繞搔奇。丹青敎拾寫睹壁，幻出一客對弈殊垂垂。吾不向橋中之叟稱雄而稱雌，愛山松下棋動，況無人知。從工疑，闘花子響，冷玉敲，收徐風吹。

题山水截釣圖

烟外湖光雲外山，有人磐石坐間間。季鷹無限江南思，歸去笑看秋市間。

荷亭雜雨

冰簟銀床午夢醒。雨聲點滴鬧湖邊。不知萬柳堂前
敲。翻向荷盤濁亂積。

晚涼荷亭與客坐分韻得七律七陽

林陰引入碧亭壇。白羽[redacted]紅衣羅錦繡。荏日湖光歸去
晚。閒風花氣襲羅裳。田田影裡荷香氣少。慧ㄟ聲中味
語燃。同掃莓苔生新。勝船前[redacted]芳露動心詩。腸。

[redacted]

揚州湖上

平山危檻倚晴空帶水盈〻一脈彩虹夢覺十年湖上
跡垂楊垂柳又西風

平遠樓 在平山堂左

平遠樓前面曉曦振衣直上倚雲梯江樓一綫浮天
白山氣千層枝地青淵〻高湖金塔隱森〻高樹綠

陰也。於隋倚闌歐公句。還許風[redacted]流韻若論。

其山新雨後

殘虹影裏雨初收。隱〻孤峰遥石流添白。十分蒼翠。

是水邊山郭一時秋。

秋窗耿青燈

羅衣涼〻落冷收。灣度隙西風畏栗鈴。杠穗。初秋。空影。

瘦蘭枝重和[redacted]香。細光生一豆香於紫花別建珠簇。

益增破好清吟翻舊衍。寒窗走任目如冰。

偶成

秋老淮南落木凋，零風斜雨下庭階。自憐學種東園菊，盡日閑門成隱居。

虞美人 辛亥

垓心四面楚歌起，擁大王年老妻已無英氣，劍掣含淚袖一腔血，灑原野。紫原頭花發鴉臺同[redacted]忍抱貞情逝陈水。君不見蔣城成醉屆死，漢宮春有姬幽。

海棠

錦綉堆邊散作茵，紅紅小雨潤無塵。人藏金屋深深裡，
惱花慵揭帳，恨煞燕歸時，眠稍惱多添約，未闌茫已着。
嬌神不似是英香，霏閣兩頰嬌紅特地勻。

牡丹

金粉墙邊繡幄排，雲圍霞擁百花王。芳心雅稱甜春
雨，一子名儒房，御陽試展，翠屏換品種，誰開並合散
濃香照牡十二闌干外，有常植庶開晚粧

如東皋寓主人席上賭歌妓 伎為主人意好

主人髮髻已如儀星別銀河出座龍花開劇憐心高
賦香隄前憶和歌圓玲瓏一曲高低樣往索三保錯
新涼乞卻手耳膓斷尋卿杯行傳綺庭院

七夕

百寶釘繞鵲駕填錦裳雲軟蔚藍天和筵莫惜纖手
別回首人間可憐

哭 朱蘿抑丈子

無哲印侍律帷幕一樣春風獨不憐師誼到今剛廿

載心喪歡我只三年吟鏡於記事惱花驚鴉後惱君

前天此日大招款楚些候葩傳淚滴零徭

梅花

風信終經第一枝圓冰搓玉嵌空條斷魂已惹襄陽

後寂寞何人過小橋

春亭丈子設飲花前媒此以紀　壬子

先生以獅言為眼讀書為檻論史直取接漢聖談經

柳立石樓柏小鳴大嘯氣宵發口吟手披芋子得窮

年研北環琳琅，多花勤置錦鷄一錯為忘百日嘗
色霽言但傳不荒，座上尤能教勸人，寅負轉瞬鳥工
幕。某人席帽須離身，某人當得還丹藥。大抵風雲燒
尾。客先有文光氣，邪角。侍生聞言色更喜，先生四欣
重歡囑再向花天覆一觴，西風聲損搏雕鶚。

同六意之江亭留別蔓塘

共船西風去石城，呼哩柔櫓帶離聲，知此三載同遊
地，孔字闌干做一行。

新河道中

小艇拖溪碧，晨鳧出此間。橋聲江上起，市語柳陰聞。

一水勸花翠，山罨翠微間。梅霞旌左壁，西境樹重氛。

梅霞山中雜詠

一逕白雲深，山後出[redacted]。陌和陰間雪，溪段響桐聲。

岩樹濟秋色，天風入隱處。還思陶穀答，有客予知音。

攔山曉嵐

曉雲散作陶山髻，鞦影忽忽背曉暾。田水流喧其間

鄉稻花香第早粥，鹿眠夜酒仲宜安。他鄉福衛串又

一村，牧童白門煙樹逃，武林煙柳鎖平原。

江寧道中示六兒

荀爽同友過園間，羅裡香生水石幽。四十里中雲外

幕府，人云程學金山。

過鍾阜

龍蟠金陵是其元，金陵此御闕，漢代戰秣陵府署。

面海地千載成宋殿，又有昭明書臺，在東上臺下心。

功德水流潺。我私陟陸訪遺踪，盤旋磋琢，莫雅清華。但見歡喜巖叢，列肩摩肩，三年與與間雜鐘聲前。至碑松影，刪之跡，相縈繞，懷古雲匝，翠岩峭然作天。半之澗，涉印以交，卽鷺避，雕江天，領界閒人閒安隱。孫苐之如梅山，借來掃一山，起草披襟遊。

秦淮雜興

臺淮河水繞金陵，上樓臺照影齊，一扮蘭舟腸一。讓水流，九曲影斜深。

二十の航讀未圓當年金粉秀出麗一波桃葉渡江
水綠沁隔江遊子揮人
春信春樓長信春倚入樹門闌春老陽ゝ上陳風至
東羌孫湖出知宮墻
鼓吹竹船和送迎河房接入玉簫聲ゝ亂吹過ゝ雲
倚丁字簾前月白時

北極閣

高閣何年構[redacted]遷山峻莫隋下臨湖水濶一瞰冶城低

海日當杠牖，江雲擁石梯。懷留更士意，佑久羈迷。

後之鎮江別蕪城

李向西風[redacted]爰客棲。衣塵衫影，雨還家。一秋衰柳炊君投，冷落東籬黃菊花。

揭曉後鎮江道中作

四近傾山光接水光。百端交集此回徨，返入愁鄉。

[redacted]秋。鋤。漾。小窗。停。遊。夕陽。寂。尺。半。生。多。嘆。月明。蘭舟。之。

夜。又。星。零。若非載有如泉淚，那得西風不斷腸。

丹陽

秦代通渠處，傳聞是此鄉。雲藏吳札廟，風繞曲阿湖。
傍
林色侵城晴，潮痕繞郭綠。回頭京峴路，烟水已模糊。

呂城

輕至練塘去，川川數家村。秋風花底棹，落日呂蒙城。小市千家聚，虹橋一水橫。我來尋壘處，寂寞半榛荊。

阻風呂城謁郭汾陽王廟

巷里留斷碣，尚父在知名。再造唐家業，猶王敵國營。

卯今晴康熙行右御精誠明日延陵望既望又遊仙

奔牛鎮

脊代矜高臺相沿汗漫遊蘇帆至春下何處下金牛

常州

郡古名傳晉風高爭似吳天光酒馬蹄雲影暮陽湖

驛路無紅葉河橋偃蓼蒲有棄琴臺

戚墅堰

求李紅林卯三星戚墅堰中浦晴湖回[redacted]水之塋小隸

日暮至無錫城

車中城外柳楊船泊岸工人家戶半扃傍水遠分泉水
白惠山高對錫山青蔥綠樹閣樓樹亞街事風流想
起幾家實頁蒲帆句不似破風吹送夢花门

無錫道中

五湖烟影樓吳陵、水連、拍岸隄一葉孤帆風送
湖斜陽閑立九峰西

蘇州道中

不是蓬壺即水邊，人家同住畫中天。秋風抹雨吳江

櫂，記得曾遊已七年。

虎邱

虎山巖，向雲冷；劍池沉，露山影。千人座上愁少

時，直牧樵不作塔頂。塔頂一生香葉迷，殘葉更工小

吳楫。好呼秦櫓人來向，此景洞霞成同天。

山塘竹枝詞

武邱山前雲葉低，相橋雨意楊柳齊。但是橋邊多傷

杪春花扇影如陽

花神妙相便風流，花于吳中去後稀，待得花爲和成

露研鸚鵡之仰花梅

寂寂芳魂冷花蹟，誰君双玉併卿宛，可憐香塚無人

識，卻到真娘墓上來。香塚在虎邱鉄花巖畔

可中亭畔石參差，五十三參列步遲，遊遍雲岩歸去

晚，後艤舲喧嘩相思

冶坊濱口水如烟，柔櫓推開水底天，吳娃日暮斜粧

之帶同衣香足別船
山塘來去年塘橋寶馬青年七星艇一帶垂楊兩岸
雨後芳池飯相喚留

過楓橋至寒山寺

詩人夜泊去橋下橋為詩人橋乃名（本名封橋因張繼詩改名楓）故向
橋西爲楚寺又信寺祇祇鐘聲千古楓橋中住雙
槳如夏花鏡上[redacted]明他日江南湖風景江楓漁火此心情

雨中過天平山

冒雨攀躋去，言尋萬仞林。登高出雲外，基古倚山阿。
楓樹流明火，杉松滿綠陰。何年琴筑韻，飛瀑有清音。

寒山

寺山亭樹水青中，一綫泉流石是通。海到頭巖迎花香，水晶簾掛夕陽紅。

雲岩

摳衣努力步層巔，石壁苔皴滿目斑。縹靡琴臺人境外，洞庭湖水畫圖間。松々香竹想荒徑，自古離宮占峨嵋何日互雲巖，深處學龍人跡窮邃。

望穹窿山　上有朱[redacted]宅

穹窿山高手且寬，誰家樓近赤松壇。一言為贈儀書帆，如如如知那難。

梅州客舍

晚花城高日未曛，樓頭眺遠感自縈。氤氳秋柳垂新碧，色雨空山照崖。北望青霧斷處，南來蹤跡感。飄岸憑闌又近黃昏，倏然作他鄉不可耐。

桃花塢

客久閶門城散步桃花塢傳聞趙宗和極密堂别墅
時勢一變易韶華蕭疏圃有客何風流結廬依此地
廬成無可名文綠桃花林中間多墨客才子吟毫磨
旅內經金聲詩成信風雨況於怪中仙又歸文中麾
而我亦來遲冷落後何許徑斜任蕪荒屋破牆蕭補
吾依然看處寂寞僅竹木荒荒度日傳聞荒其語此

阻風金山

一鳥浮沉來知江、雖遮運帶帆腰雪仰鷗底森岩
梅風撼俗樹鶯綫窗玉帶橋邊溆邊琴子中陰衣畔水
横檣何處邊指瓜洲渡安穩揚帆下急流
納許娃詩娃花人詳詞艸
儂佳那滿世卿佳香水倒香水不和聞移明復鶯梅
卿佳香水新儂佳那滿也那滿明月中明日雙鶯宿

梨花詞　癸丑

隨郎一枝雪、息侵人袖東風忽吹花化作蝴蝶飛

珊瑚飛散處，樓閣倚金鈿，鳳池桃源、踏破清東風。

字許姬曰小凌

高叙作贊拓支對支墻，詞場應有名，嘆傳紅樹呼小。字荷知，莫是許和聲。

張柳堂自通州回不訪

水天疊疊、古崇州，憶從臨數遠眸。一島葉行連海，鎮玉山蒼翠倚樓。羨囊裹裹、詩人句[redacted]烟樓聲聲突。子舟遙與乙元，歸思切，不得回首倩問愁。

綠滿亭子梅雪閣，我亦曾經在此經。卻外秋風湖地
白鷺汀莎日，海天黃山多。鰲峯金鼇屏，水帶濤濤鏡
騎箋。定嬈新詩消小箇，歸來重與說風光。

燈花聞笛

花欠吉竹吐暈。[redacted]西風急送殘聲疊陽關後了闋、
又安茄竟。

秋日村居

借得田家竹樹航。綠楊無際到山莊。欠伸不作漁樵、

偶償未年來冰炭，腸兩啼哭，風慧影冷，下畦，釣兩福

花顏兮時葬月斜川外。布衣書韓題右記。

納桂姬詩

姬無錫人，本名阿品。十歲時，本余家侍之婢，以后婦度其慧敏且恬其無母也，視之如己生女。余命隨其孝女嫺同學於家塾師，名以桂儇。習以品秩二年，能學為五七字詩，頗能成詠。稍長更學針黹之餘，聰穎，以故凡指於

室人壬子冬余仰許姬玉卿今冬以姬言於

室人亦仰之。

可是相逢杜牧之，看春、色尚遲。只今新綠添萍

驚、憶雲、蝶半、來時。

嬌、嬌小尚依人。我歸毛好意信，假歲花憔瘦，帰新。

肘夢將蓮瓣裊倚雲。

未試雕奩學款攏，嗟陀謝如到書燈，玉環穿耳金條

脫。一例梳頭弟子偸。

十五不足十三餘，拈毫畫花試手初。能否學成司記室，傷英御半斜陽書。

鶴簃行慢閣春眠，向去人兒學女紅。一種芳心分兩樣，綠芸窗下繡櫳中。

鏤剪分來裁出得，金鍼細也刺紅綃。但愁繡遍新花樣，一尺迴文未易描。

所情同心乃從悰，慣揚又是小春天。生平一事思荏老，後作秋風扇便捐。

细骨轻躯上紫茸◎蓼魁分飐两鬓松◎翔宫屏里兰枝暖◎睡鸭鑪函屏霭澈◎

一围浓雪镜中生◎料峭鬓风掠鬓成◎却怯偎傍和画畏◎含羞不肯骖卿◎

为你归多绕江南◎七载苏州别恨深◎为语安心莫惆怅◎妆◎楼◎双◎哭◎怎◎甜◎

十月

十月炉边暖◎乏手冷披违◎清风和戒设◎添两叔来时◎

上登依梅蕊砌，飄秋菊、梅移作李穠，無不負詩人娛。

　十月生[redacted]對月

枇杷花發掩將寒，寂、清陰獨倚闌。卻憶去年今夜月，泛舟人在石湖秋。

　飲惠泉酒

第二泉中水，釀成酒數瓶。席間斟獨飲，風味遍蘭陵。

　飲鬱金酒

玉盤盛來酒，花城我產嘗。從來能醉客，只有鬱金香。

席上贈歌者董小崴嗇

一曲倚廷秋、聲妙入神曲飄亦遠揚聲滿畫梁塵

籁細細嬝紅穴比此時西山霞影流高舍自無倫

座有忘憂樂倦倚愁思秋前年歡意地一度可憐想

萬以斷腸作中郎顧曲楓成名今為知莫夢不如人

山茶花

芳慌開殘梅擎苞耐守高有武夕花無識雪損瘡如

火頰觉寒冷呵照霜紫、碧屋横簇甲枝、江事柒

丹砂雀名重，與樓芳譜錯，使人疑飲法茶。

雪意

凍雲如林滃成團，疊[redacted]天光送臘歸。將雨為近再又融，固風有影是還非。梅報曉風香入孕，柳偷寒塊□□□。將飛已稱騎驢披鶴氅，小橋殘踏玉花肥。

雪

風力尖時怪力添，仙麼歷亂入林侵衣初，存[redacted]霰庵安野。集忽攪天花樹柳飛[redacted]碎玉，橋邊詩索[redacted]，倘銀[redacted]

人亦行從滕六開圍合，那得坡仙健筆揮。

憶梅花

吕許垂和近，花和憶併彩，檀心經雪淡，金蕊倩風圍。

惜小塗成錢，蜂穴釀作衣，最憐半月好，背立鏡清暉。

尋梅

十里五里分路，萬枝此枝作花，雪下園前僧舍，水邊

籬落人家。

有友贈水仙花以小叠冬杪盛開因賦

雲屋曾經放艇遊，歸來還我小蓬壺。製成銅洗愿人
識，鑄出冰心托化工。矣不須憂於雨，掃塵何必待
春風。湘居特地留遺範，一種輕盈北步中。

送梅　甲寅

碎隱根穩竹籬邊，自向花前錢一籃。作別羅浮空有
夢，倚歸時不成悲。東風再踐來春信，小閣揚幾時
楊香此日穠華開，桃李隨頭誰与寄姻芳。

花朝

柔風吹暖百花穠清愛宜春處一新柴美尚幽楊柳

恍試紅綠見海棠嬌枝朽剪綠拖金綫插上裁雲帖

暮越不遣南園游興晚來新雨又當

杏花

一夜濛濛雨枝頭綽雪添粉輕寫階前香淺受蜂黏

沽色推君最態情詠我難活底滌常青款倚上層樓

揚州舟次答劉李蔡同原韵

隋隄[redacted]長柳艤扁舟又向鶯春事治遊歌與他年同載

起二〇卯〇月話揚州

春雨客揚州李書至又蔡寄詩以答之示

菉垞六憲

李得清才自不凡，紅牋小疊附魚緘。綠衣別恨生春

雨，老又依陰陪送祿（來函云記曰去年春社 近遠隋隂雨客揚州）客花武經肥稿

顏（菉垞與予赴 鄉試多次）歸途兩駐邗江帆（六憲舊第僑住江 寧種州晤出旨題此）如何分袂離

合，何不寄和思李一篇。

康山草堂

绝代風流数山名同古今吾謀適不用此地寄閒心
樯楙傳馀韵江天横岱岑晚風響林木如将の弦音

冶春詩社

彷彿香清桂通时事殘分校冶春词風流庭社人能
记柳拂虹橋水绕阶

瑞香花

簇簇繁枝麝一叢艳分浓香異揚紅天葩上瑞移花
出人识珠来亙背中日午風來飄袂破春寒雪通覆

重。籠。移綠萼，羅浮山下。換得芳名轉不同。

玉蘭花

何來琪生綽約姿。爭開剛及豔春時。以蘭名樹香應似。琢玉為花態亦奇。擷萼只須雲是色。種成未許蝶先知。昨宵仙子瑤池降。手解霓裳倚樹枝。

贈玉僕

來時記她髮垂肩。形影相依五十年。歲花武經明月花。白門西度早秋天。此日已悵空寂寞。好了無須別淚痕。只我逢定難忘處。層層認撿雲箋。

貴家之用余韻作憶舊僕詩疊韻做之

記得宦囊荷一扇。我從前題過幽暫年。多隨書史本然

拋。一別當花賦兩天。再見面時人姓。不忘懷處淚

漣。引余敲推成前韻。又觸離愁賦此箋。

[redacted]

櫻桃花

丰姿婷娉自軼群，枝頭葉底綴紛紛。料量花事惟吾
紫，紅粉風流屬此君。必眼一番開兩度，閒心幾度
陽春，世只階前取，人如詛媚態，和霜雨不分。

繡毬花

團雲碾玉太玲瓏，微微光潔小花中。巧機百花成一
朵，力排萬紫與千紅。店前春律裝難就，多恐金鍼刺
和工，莫是女夷貪蹴踘，迎儀手似東風。

新綠

東風吹展綠波開，浣是湖波淺是苔。迎知舒公風

迎草、後、歲、艇、江城三月橫望晴補一片春雲起

雨來茗蜀何人新鶯碎零星鋪上百花臺。

春陰

風光今小渶掛遮，新聞鶯慵畫了，酒歉簾孤流晴樹

柳態紅杏迎簾氣，花霏霏、露簌簌香痕重，冉冉雲生晚

色空翁香樓臺皆罨畫，好春畢[redacted]看誰家。

書壽閣鶯

自[redacted]撫軒窗倚嫩晴。茶烟浮颺午風輕。墻東疏地畫橋樹。雨後鶯來啼數聲。

和朱枕玉靖海樓詩用原韵

東城儷麦一蹊荒。縹緲參樓壓蒼蒼。問君至今供眺望。何雕除却白鷗仙。雲連雉堞青光白。日照鮮波海氣凉。手携鞋芳双古樹。山僧为说转來難。

小西湖四时竹枝詞

花[redacted]迎底日柳迎風。寶騎雕鞍一徑中。春雨樓前同禊

佛如郎重會碧雲窗
採蓮芳[redacted]往雜蔬簫桂櫓　無日暫行到一橋西路
鬟搖雲淑雨小西湖
岳王墳上夕陽斜有客於亭比立嘉載臨城西歸去
晚來。。籬花有異香
漫也雪壓山影低山下人家背菜畦賣菜歸來還晚
臨瑤踏磚小橋西
朱松年坐雨詩用竹枝體追逢以雨微作二首

志喜

從前坐雨或心知，三時水泡渾未知。小詩天晴好割麥，友至陰天好栽禾。

一寸黃梅一寸金，交節得雨更安心。咋有冬農秋吾季，大旱河水半隄你。

田字行 憫農苦也

四更田婦坭鉏肥流炊烟，五更田去起露草禾淌天。

麦作令甫畢，如將來田間。草蒲日戴肩，襁褓日被肩。

梅雨若未足。水車子得閑。力費一車水。終濯救疏田。
勞苦要足惜。水費須愛惜。蒔雨一旦至。插秧要爭先。
耖土犁為功。破塊耙用便。一耖更一耪。壅本助苗全。
中間用耨耨。除去雜草。當此種蓑勤。圍敵忙勝脈。
此時人苦少。人工日有錢。要能毋旅業。要烟筋力殘。
勤作方移秧。鋤歸去也隨。一日歸三到。衣汗無時乾。
田家尔太足。計求惟逢年。不足城中人。日高擁被眠。
飲食一日美。起居一日安。到日如風日。同此豈和歡。

蟻陣
魚麗儀，抑列出和脚土，心旋花，惡作罍砌，戕古墻陰。

觀吴女舞劍

俏立紅氍，浮襪塵，窄衣剛稱，可憐身，星鐔散作霜花
影翻綃，步盡遍座人。

書吴晓帆詩後

縫雲裁霧是生涯，煉就仙才古大家，讀罷一團新月
上柳梢頭，似撫蓮花。

詩人自小飲香茗。絮錦零珠消絳紅。我亦憐灰吞下
嚥。俄教腸胃一時紅。

書贈亭之送友詩後

素之吾爱似。有句惜離羣。一葦隨霜風。孤飄入海雲。
亭之長城推五言。十年管掃千軍。自別揚州後。新詩久不
聞。

雨中荷亭小集

小小[redacted]亭池上路。水寬閒似水雲船。半隄作暝能消

至。一雨迎涼忽夜秋，殘入荷盤時墜珠，來波面罷成圓。客芳活製空同趣，帶隱花殊花不收。

孝湘隱之招飲荷亭客某先曾集此

翠盤三百面，跳雨出花荷，荷葉翻風綠，亂搖藕葉紅，荷華開。去年方夏日，曾此宴湖上，曾吳問舊遊，而今經未醒。

蟬

椅花化去昔新聲，高處無求只自清。十載雨催枝影歌。一陣斜陽散柳陰，涼天數雲聲飛，終秋思咽寒注栖不眠。人三薹風傾耳。薜蘿襟上軟涼生。

[redacted]

贈二女伶

蓁蓁誰家雙粉奴。眼如點漆口塗朱。搊箏按阮聲都
曼。語逈啼鶯質為雛。勸我頻傾金鑿巵。傳人同罰玉
擕蘿。吏書唱七銷魂曲。懷作[redacted]書逰一串珠。

漁家

習慣風波險。生涯肯自抛。鳴榔紅蓼岸。晒網綠楊梢。
酒用松柴熱。魚憑箬葉包。是漁逍遥隱。一任故相嘲。

戊饑余一雁畜之數月失水死命僮瘞之繫以
詩

雙[redacted]臨池出自濠。天邊生影實心苦。杞梓莫兮南
北。已是回頭決死期。藏網今雖寬塞翁兩朋恨捐頭。
勝靜為伊姓出招魂。向汾水當年一樣情。

先嚴諱日　時已十載

我生孩抱時。父兮母兮倘宗師。豈知數年內。數月之間喪父母。人生欲哥能幾年。開風劫雨何其頻。終天恨事重回首。松。柏。殘。陰。踏。墓。田。

夜夢先嚴臥病余伏床側聽時呻吟之聲於左耳也哭而拓此

兮明風撼大桂柯。一霎驚心痛楚何。驀地夢回重記起。故廬相隔十年多。

題寒江獨釣圖

江水寒無際，江雲黑世界。江船垂釣翁，生涯只江冷。

梅花

手種梅花三兩株，花中最許伴狂奴。知他時若解丹青筆，自寫梅花隱士圖。

海棠欲開未開詩以催之 乙卯

暗風碎剪芳菲夢，深淺晴霞護花墻。檢點胭脂和睡態，安排金屋貯嬌容。須爭濯錦江頭艷，不有昌州閬

上香日侍以花果如雨已日鳴嘵悲已試啼哭日

有說鼓詞者二自邗來卯只年各六十有三自

云俱聲於六歲十四月師此以未一日謝也

拈此以贈

吾鄉君子小人交有日君子爲能去異志不免文雖

厚且深必至中途相搆棄日改詞演說伊何人日同構奇

庶如天生日記以少時結昆弟日一隻白髮猶如我日中間

相聚五十載日屈指許多交態改日世上翻雲覆雨日兩

心畢竟無砭礪我感其義特作此為入座為我陳盲
詞三弦小鼓聲嘈雜改我良朋歡對時

題美人横琴坐月圖

何年巧製秋塘玉以人曲譜雜宫商此琴此曲聲斷
腸惟有嫦娥最愛金夜永勤彈暗七弦未梳先
有情天邊若個憐人意只向湖山和雪時

新蟬

說露談風品品奇一聲和唱綠楊枝分明比做琴弦

上。
依水高山作擬時。

夏日讀書樂

溪雲噀雨飛簾織。雨霽北窗涼意添。窗梧交陰絲垂
檐。攤書小坐垂湘簾。知俗款。楓到星。雅一聲。夏鳥鳴。
花。尖。覺來有興是手戴書窗蔡原信手拈。

悼女

壯歲驚逢設悅時。慰情何必定男兒。誰知一[redacted]顆珠仍
碎。淚為金臺墮後塵。

哭子西河竟喪明，由來我輩最鍾情。呱呱亦是吾家
女，猶說前生了此生。
爺說何年得抱孫，那知何日婦臨盆。翻因惜女添悲
惘，淚灑西風到墓門。
短劫拋離掌上珍，一番說甚倍傷神。（聞胡竹園話上女子）原知此恨
人人有，痛在從無子女人。
將之江寧留別雲栖
驪歌一曲感離羣，書與羊欣白練裙。我亦殷勤最應念

亞如園謝瘦鶴惜居。慈中[redacted]建業移ㄥ柳半種南塘業
榮雲。安得蒼江同泛艇。將成秋色許平分。

哭蔣曉珊柳文

又說春風感病身。豈知噩夢竟成真。書移偃蹇[redacted]
[redacted]。玉樹生埋痛此人。
竹程紅丁碁武局。花時祿蹬向分配。叢菽倚玉勞回
前。千頃波涵二十年。
正好文窗鎮日隨。罷風一夜程如吹。維摩榻上垂楨

手自是柯條壓毀時。

先師筆意幸能蹤，究竟於盤或一逢。於煩一語分明寄，弱弟新揮淚滿胸。

其六　定約之江亭，省試皆以病未果

秋雲疊疊金陵山，此際風光變化人。帆化人西向金陵東，流大水聲淙淙。六定語我共攜手，攜手一舟至京，當年立雪程門前，今日春風座間有（謂柳堂子師）學音，帝軌鳴於同，便向龍潭小市過，最高峰頂西居曲，扶

節歷、登山阿，明日登輿四十，山中和雲搜山頭，
子字鞋紅邊綠絲履，龍脚御柳御水，垂柳香楊心下
門，邊營樹花衙庭，下宮家隣江邊宅，君王便上游，
安城武亭椏伊邀遊，武院桃葉輕舟，雨花岡阪
鳴雲飛，再見壽年，滿城聽，路改好長途齊著鞍，距今疾
危衍科經，今日時正有小忠，稱葉暑水孔德，竟稍有
一言，報知己同勿，御人深世耶，君知知甚，池新地通
錦，屋，世，間，自有相親留好。

病中閑望

夜半冥冥霜半滿，州雲來向枕邊鳴。通宵不寐聽兵氣，能敘寧階許報。

書劉誠意伯[redacted]全集後

自來受命君，有佐命道。東漢有子房，在蜀有孔明。鄴侯丞和服，能使唐中興。天生高皇帝，特生劉先生。烏尚知擇木，況乃人中英。騰書子見聽，青田方眷與。一朝左帝側，謀畫規太平。譬彼霜和雪，及施之以陽春。

宰相國論相材小修只修害之篤是所可知能安人
評論汪胡葉祝及有若神劣騎病衛桶子乞科子精
而竟未大用爰聲修只船大用為往淹細乃及諸文
詩文左一代行能所知聲掩卷為太息風雨空懷哉

春日登舟留別同好　丙辰

永和佳辰及春三月黃柳返入蘆碧潭幸蘇溪畔離[redacted]
蕭木蘭舟放我情懷海天有多君難免雲水生涯我
在誰此去杏花開正好便從何雨坐江乾

春分過社是日花朝舟中作

春色中分明輕寒萍未滿柔不送新雨花多軟今朝
紛鬧低金緗蘭劃簃像綺獨憐吳舟泊對梁水說錦

如皋道中

一䬃社雨曉冥濛隱隱高城入望中武書連珠垂淚
君何年附雜夕陽紅翻花亭榭細江左水瀰風湖路
海東五載蒼涼遷帚數不忧孫指太息心

阻雨白蒲鎮

东风吹宿雨料到白蒲御寒駐春三月舟停水一方
人家連野戍樹影雜樓嵐光（鎮有迎嵐樓）小立逢春處双隄淄
正長

通州

江色日明沙迴舟黃雲海上城鮮船斜趕市獵騎和鳴笛
江勢依山轉天光壓樹平當年候潮鼓重話石誰聲

登狼山

羅立諸峰暖蒙連狼頭高出衆山巔下江南北真成

暫移至滄溟別有天雲要碧生沙島樹明鋪翠樹海
門側徘徊栖遲歎原地懷古猿終思惘然

琅山感舊

陰、、嶺壁千仞岡中有仄徑盤行迴延緣陟磴升崖
窺記是十五年從後一林先子書年[redacted]命余隨
拜香雲庵拜羅指點說遺跡技節小憩和流徊金塔
如雲珊翳屬彌泉噴專聲隨廻葡堂天塹自西下山
色陶江東武城東眺大海洲招旭銀濤萬里黃雲催

乃至越王軍秦皇劍未與昨歲同嘆院呼嗟我今述

遇此昔日音容[redacted]烏在氣洒淚滿山川之寂

雨止

雨止鳥林間群雀噪林陰一程間行可再於煩惱侵

樹以後惜一錯離愁人心呼僮驅之去靜聆松風音

悼庭前金橘花萎

甘香佳種自南來皆是先人手自栽圓顆小球霜枝

甜小花如雪暑天開金衣為憶供華燭霖慕儀在堂

茗艼。太息荣枯将卅载。追思色笑重低徊。

春日同人泛舟之那先庵看桃花

衔波一鹢溯长阳。旋款禅扉日未西。宿雨尚含苔井
树。春风只醉武陵迷。榛花竹径烟偏远。诗向花间兴
客题。左拗房前不归。乱拗坤相踏香泥。

是日又木瓜紫荆梨花并开各赋一律

千株烂漫及芳辰。不作寻常也问津。碎锦翻霞三月
雨。妖红又占一年春。若教此地偏怜影。便引随陌去

賦人南國名姝多豔麗，生應是此花身。右杜花

鉄脚枝頭淺淡紅，丰姿合共海棠叢。花舒昨夜長廊

背人裏寄香小苑東，數點胭脂作雨千般婀娜不

禁風罷、他日丟愁寄品板宜州宜清門右木瓜花

荆林花開猿緯緋倚枕楼李[redacted]共争媚風栽種嵓紛臨

櫻雨洗霏紅綴滴餘芳點最宜垂不晚精神全在霧

初消迴雲宅上為仙種栽向簡庭伴寂寥右紫荆花

一株晴雪亞朱闌屋了[redacted]盈孱不熟玉骨渾疑鉞

化穉庭錯認蝶成團風吹庭院香終遠月到秋千影
乙寂十二捲簾畫思寂有人高捲綉簾香右梨花

嘉慶丙辰余年三十室人年二十有九許姬年
二十一陳姬年二十合之得年百歲畫杉寫
百歲圖成詩以爲謔

我生真如王椽庭[redacted]行年三十無人知營書勝有耽吟
癖一軸瑤籤樓討時瑤籤樓討文窓楊盈、侍立城
眉嫵紅鏡添火煮新茶花亂半題情襲舊戲語細君

拔少年齊眉十載伴余頭書識寫喚不肯花石郎花
知叫咿邊阿儂不以郑風花更有枇杷最鳴相信手
拈來娣妹花同心恰讓鴛鴦虎頭迎救世佛神
傳阿姊工描摹和煩綵筆寫新樣一幅屏風百寶屏
圓成信朵憑紅蒙郁托詩情入畫意年年但願倩堂
前蓮子並頭花並蒂

題畫

一院桐陰覆綠天雛襄侍三晨婿姻阿娘無限傷心

意譜立秋風第貳編

無錫放生池

園亭水一渠，中隱放生魚。禄小恩偏厚，于淵樂有餘。
躍鱗聲潑刺，掉尾影紆徐。銜餌終投網，波光淨自如。

飲惠泉

昔聞惠泉水，今上惠泉山。小舟泊山麓，已諳聲潺潺。
葉舟上隱亭，石龍噴泉間。深澤穢瀆色，山僧恤回環。
攝衣進山寺，寺之右偏攬勝地。入門一方水瀏漸淺

淺說寫海酥戲。從是安亭後閣記。上有先皇御
書。上有聖祖仁皇帝御書品字。方龍綠澄圖龍騰之號名永福寺。
也年既寧石是周錦龍高傍往銘事。我聞庄人善品至。
水劉小為伯牲。叔又議論。何從此中冷紅庭竟不得心此王。
花元間誰手定訪來亦借名園勝波漆漫向紅館道。
鳩院萃[redacted]京望那佛一甌雪瓦山窗安和煙若無羽。
嵩直秀延兩花後三花清聲和經衍天風振響梅。
巔自題我今地上仙。

秦園

輕帆夜問徑昔役一任齋依山成曲榭引水作去陔

罨夏恩林影留春住燕啼房廊佳處地勉前五雲佳

滄浪亭

誰家別圃歸滄浪。些翠浮佳半畝塘。磴道自懸山作樣。亭憑石借水為鄉。影涵碧篠窗三面。痕印蒼苔徑一方。遙想當年消夏日。幅巾來處送輕舫。

冶坊浜即口占

吳娃十五令搖船。上語聲雜夜絃。弱女妖童渾不辨。一般粧束鬥嬋娟。

題王魯石指豆圖 魯石杭州人

生綃半幅繪圖畫，儒服飄[redacted]疑徉老家。比似山林處士，還多一鶴一梅花。

先生明聖湖西住，柳塢花汀第幾灣。不看天然好風景，殘徽字來近有山。

哭李雲樵

憶君羈北好年華，小友。橫經共絳帳廿載，病多須藥物，半生骨瘦比梅花。學騷未肯降詩敵，做畫應知是作家。片羽零紈煩檢點，謫仙才調本無加。

如何天意不憐相古錦囊成遠白災外病痊安梅雨

死吹笙煖上綺雲來（殁在七夕前一日）難見顧影腸先斷螺婦吞

聲哭更寂我進一言坼破滿徵蘭有夢到來的

題王秋卿摹楊圖小影

燦、安楊花丹蘂四照金元氣的、安榴如星房百

粒紅珠小天生穠英子不死硃砂可斛橫飾窟當聲

垂柳丰姿窕蚌珠藍玉終須得

芭蕉

酬素移向砌邊栽，短菜携也未上欄，等到些時旗樣
大，四樓秋雨不勝寒。
劉東蓉用予緑影窓中改庭詩向寫照卻贈
君信長康寫我詩，鳥九象質佐紅妝。若吟一樣狂惡
態，緑影窓中改庭詩。
簡柳鳳伯　凤伯　主亭先生子
倚庭情話太息時，那江聲送短篷。作別一時樓子
雨懷人，幾地鯉魚風。生鴻去悵遲雲外，覓跡難烟到

写中更有辭香忘不 師門春往忒愚
奏淮水樹旌[流]徑籬窺來年已他日奏咸蘭
廬只今燃荒照書窗晚君書那長和倘我鄉心恰
一雙三十六鮮新晃來櫥安易送秋

三弦子歌 有序

畫長無事戲譯三弦雲梅段詩有云天籟已
從詩得句何須此外問宮商今吾吳且再操
忠告鮮聞不勝良朋地唐之感矣

三弦切音何纖，啁啾亂於鳴春禽。四弦本是散叛撥

又翻新樣為三弦。左和，和，撫，揄，右和，和，攏，藏，索，病，促，緻，閒。

先妙手昔推能勝甫。我傳只恃勤攏撚，聲平雲梅卻走

未知語。文寫鳥瓜聲轟聞。勸我莫學三弦竟聲之樂

諒知否。三弦切音所纖。

三弦子音。何悲漂，嘈、膝忽雷，冷工數調悲歡樂。

悲人事之增慘悽[illegible]弦一聲唯以悲。中弦清哨老弦

哀和行細溢，從如訴，嗚咽忽抑，風雨飛雲。梅一語記

子

和○蹈◎你○感○良○友○陳○感○叔◎季○今○後○理○三○往○孙◎張○棠○初○動○
凄○凉○彭◎三○代○孙◎前○何○超◎

于丙亭座上女伶以歌勸酒戲贈

録舊詞鮮紅燭高◎彈人双眼忒風騷◎平肢穩嘴彩編
曲◎座上唇倚鳳尾槽◎

贈說平話曾生

曾生挾册[redacted]（滌平宜◎）滾〻平詞[redacted]（說稗官）◎另◎備◎打◎心◎為◎徒◎
構◎全◎憑◎應◎舌◎親◎收◎閱◎英○雄○事○業○供○談○柄◎山○水○途○程○高○

起和一自眄貽人入座何妨吾輩共盤桓

贈女伶周朱桃玉額

奩識鵾顏傍和宴客一筵絃生翻調囉謳細向人溫

鳳鳥分蓮印花冠壓粉痕輕拋紅豆子一曲已銷魂

宅右屋二楹余讀書地也丙辰春節向余何子

樓碧山向中丞顏其額曰余樓書屋詩以為識

蓋得盤帽屋兩間林茶香埽地破陳窗囊中詩比裁新

月架上書同列畫山苔幕綠圍庭欄淨蘚花紬繡如

情。枝。一枝猶寄鷦栖穩。任我優游但閑問。

與朱枕王過葛曉柵庭園有感

同是當年仁弟兄。泉臺經歲繫離情。知人爲說要師德。石友難忘范巨卿。每數知交增契洽。也曾感若平生。荒園多少親栽樹。日落何堪此地經。

奠李雲栖墓 有序

余自甲辰後往々夢而哭々而醒々而後哭

在一歲不知凡幾。大都爲父母在十之八

九係列非至戚且去矣不一作此態也自雲梅死至瑩凡百日入寺在處之無寺不哭雲梅埋骨之地逼近先塋歲殘省墓因感寺至伊瑩秀白錢黃紙奠罷歸來燈影幢幢念不自知涕淚之何從也嗚呼紙閑人散千古傷心月缺花殘終身長恨實生年少驚座上之鵬死子歸人亡悲床頭之棄[redacted]我同瘦骨斷腸冤銷先烈鄉本奇才兩淚風流恨埋黃壤此

白楊風裡些情聲，為孤墳前倚徬斜負人
生到此天荒亭論，僕本恨人，有不怜姑淚下
在哉
[redacted]生[redacted]平一以漆校勝劫，[redacted]模[redacted]紅[redacted]羊墓雨拋帕，把，還，還，回，首，
下，今，秋，詩，串，存，伊，就，手握潤泥淚，泉塊，紙化殘灰詢
踪地，最苦書騷人去後，風流遺韻，在楊姻，
冬杪鈔西原以前詩甚成
窮年小枝學雕鏤，一冊編記[redacted]壹案頭，歲，士，似，能，知，否，

惱康成婢六朝風流將花句作閨中課借臣來捷筆
塵勉正是禁詩時候逼長恩急尔十三秋

雪中示内及姬人　丁巳

玉蕊飛入畫檐香尚尔圍鏡以盛冬風味後猶殊覺
鬲神仙未敢説玉茶鐺馳冰水榛香醽甕啟椒花酒
味滿將日暖金宴會辛盤撿趁莫惹儂

人日立春

入年逾七明後是本年春雪新飛三寸晴暉試半輪

誰家要練趣直似錐金人不得條風韻深沈一寄新

哭女

昔日多兒死寄會遊弓或應爾今日多兒生覺哭

歸長已矣誤兒立代親聆游通消息問訊高年從無

確豈知百病由之生初病緣寄風經時間一作徒從

防此成漫遊又之病勢由急張從冥兒生整七月延

醫移藥每時距阿母多天來脫衣阿姨連宵未親廉

客將病已深入年四日頸回頭下他家如意高魁高

堂上回頭一別天涯日，瑤鄉鶴珠點點乎。呼嗟哉一
姊呻吟病態良堪憐，呼嗟哉一如迴歡膝下至歡膝。
念之淚淚沾衣裳。

過駱賓王墓 在通州狼山下

知名從此帝京來，一檄初成竟名罪。自是妻封多燕
啟明開宴相不倦，不知何年埋碣埋山麓，終古荒坟寄
艸萊。定有詩魂消未得，寒風吹上白雲堆。

過水繪園 有序

丁巳春于役雉皋訪水繪園某老過至新安
會館以小閣供大士像請予額之此間與東
偏隙地皆業民園如址左一池猶是當年洗
鉢地也求所謂影梅庵雕欄畫樓百無一存
棋花柳竹之零落殆盡惟蒼狗斜日中菜黄
麥秀而已低回久之不勝風雅銷磨之慨云
百年人過悅雲煙粗題遺蹟物孑稀池水瀾迴仍存
雨壽花零落自春風廊廟契付疏青祖篇夏都歸集

嘆曲如聞明珠花迴曲傷心無復舊伶工

雨窗偶成

下歌[redacted]浪、檐滴聲風檐雨絲不成眠闌花書帶時

旅小鳥隨枝相對鳴詩至壽處驅不得腸非淺淺

殘燈呼倩到天泉水好煮雲耽於腳鈴

有譽某女伶之美在於蓬次鬘某友席上而乞

之戲贈二截

又說佳人歸比紅屋腰窄、新鬟弓細細東至雲元降

端為有儂香到下風

倦語玉雪梅紅和手把琵琶臉半遮顏色不因消瘦

減於〻顏面有桃花

和陸篠梅贈女伶〻什用原韵伶如皋人

粉底香裙擁素手句引當年入洛相如到甜冷棋香

和一鉤新月百花春

菁鵲恰〻菁作醒懶自園雲與戲雲樹小鄭花誤睡

佳衣裕不用厭乘至

沈郎清瘦詠非嫌，咫尺天台路不遙。我願吹雲嫁雲
龍。鈿河夜夜結成橋。
花天一棹太匆匆，日射雉山落楊柳風。六年前曾放艇津亭品花記曲 今日
鄉榆劉刺史，新詩譜入管弦中。

送袁和楊蹤堂明府詞

甘苦成陰畫滿船，閑風收拾河園芳。山杜宇老
那關水檻夜話，太悄閑有苦吟追覓，島不將才調讓
思王。樗材亦教驊騮嫉，莖尾親斟錢一觴。

牡丹花前即事

太湖山影晴巖嵯十二瑶台壓月嶋蒸日色香天程

生洒痕花露滴動裾

古叙

誰鍊陰山雪冬炎直到今蓄痕新點綴管影半幽

恩悲蕭條雨滴濁老將心花來藏匣裡還解作龍吟

綠陰

花流飄天捲褪紅林頭重暝隱溪濛濃雲秋遥連春

雨如聲剛到一夜風何爾□鳥啼院前葭將亂蕊鈕
簾櫳疎便可招涼意待看陰森障若虹

帶橋鎮

一市東西隔喧闐集大橋長隄屯遠樹曲巷走回潮
通運青苔代安橋到此宵白雲江上路暮色生迢迢

生圖山

海門山下濤如雪奔流到此成曲折圖山屏峙高出
雲層峰嶺瞰迴瀾咽還環十野苑烟燦斜陽迴翻嵐

逝多峯衣走上大隄立東南一角任嵯峨嵯峨隔江
恰當面翁同東震杳難及但見參差峯亢瀰漫湖鄉
鄉翔底抽白練是時雨至郊原秋稻畦綠映垂楊汀
我刂一片一迴前偃戲鉅陳人話

魯陽公麾日

日行按周天度數些不失況此顛也鬭明天所樹
仰射千巳高奔逐亡匪窮其何淮南子造石好奇樹
一說虞公劍指小小西圖矣說魯陽以金戈揮白日

朏明立於東，垂景在西域。先知曜靈虧，亭昧升沉殊。
乱烏可任意，以定作息。忌又不語怪，常亦戒用觚。

楊隱之咏月

謫仙沖幼時，以盤呼明月。圓為銀光鏡，居然像瑤宮。
但少金波流，庭室何由照。不了七寶光，玲瓏似九也。
奇哉秀士女，一視化蒙微。移、涇寛榻，流、泥几席。
生平[redacted]悵觸，圓月有时缺。若借此女法，花、滿橋壁。
亦必隨新人，亦燈燭飲樂。樹雲雨真，月寒至娃俊韻。

李藥師行雨

太宗掃隋氛，青帝降下土，二三佐命勳，風雲奉叱咤。
當時李藥師，年少遇艱阻，家貧粹毛[illegible]，雖與里[illegible]伍。
一朝典重兵，川石成大舉，如斗軟木與，左右轟雷鼓。
寬仁對乘麾，一回善出梅，如雨成歡喜，四野咸放舞。
後人工附會，幻出龍宮隱，此隱何所有，用此行雨雨。

薛瓞延 剛霹靂

阿香推雷車，和轉已極，忽、破山來，駭聽馳霹靂。

符律已可驚。研句又如逾。竹之青失色，況敵与之商。
孤延將何人。携箭奈鷹擊。阿雷鼓不鳴。以大旗旋息。
壯武座下騎。亦未稍駐蹄。序圖抽身回。神武為動色。
直將豐隆威。祝作嬰兒啼。邊被倚桂人。未施角神功。

袁安卧雪

長共擬天花。下土筆鋒烈。是時羗陲徒。筆簇炙手熱。
名士耽吟哦。無錢禁寸鐵。傳聞自不同。若棠未昼別。
何為閉門臥。偃卧其山雪。既無難婦陳。亦志戒干謁。

潯陽只今來重雲棧傳題不遇李心人非從竟誰得
但先自怡悅胡定任偃蹇乃知玉龍載原以劘高節

書齋小坐憶末蒲郎夫子

手把名香薰佳將蒼莽宣庸言梅筆梅脈生走書梅
忽憶當年白堪移此日情西風人不見孤夢相空孫

聲

是夜六姪明月松間照圖

圖松影低影如畫千股金釵下滿湘有時偏出燈餘

定〻浮波面晶盂如岩边老月常和韵軋轩嶋林结
比腐以將阿买風作意来傲匡林説易人
影飾江烟浣硯圖
端溪〻水多數級下有子石涵水聲端州石匠遅奇
如劃取蒼龍之尾達寶雲其色馬肝胭脂雕琢不雨天
流附〻出一经位置珊瑚築金壺光射芸窓無有時
墨處為海别亭育藻〻推傲她魚吞吐咒嚇腹成貴
翻無論買墨與明夏我付昔人以硯為四寶和守直

如何只解鋒芒名立人所用不於徒被三灾礙又有
洗研之池水常墨海之千載留作墨不於河水灑一
石難將筆磨滅之清我而論硯敵而當如硯銘銘曰
銅江若有玉蔥而研意會須日對勤研磨

秋夜聞隣家琵琶

聲聲錯落漏春衣遲遲樓中手自傳此夜西風寸情
抱河人殊兩撥鴉後來移源淫玲珠戰鐵至泥銅機
得道非是弦腸離不同索徐且竹立中年

答柳风伯

屑雲板〻孔空知，寄到江南錦字牋。座雨难来秋易

老，向来教人情波也屯邅。

莫更逢人问不相，十年荒废生莓苔。秋趣俯与色滩

相偏迎两涧涧回相。

孙汉斋以画见遗，诗以谢之

古画〻花倚花相图形似，在今非慕，於画品更名

能〻画史孔男人，汉斋孙子东州商，读书映雪为

生謂筆花文賦手譬花。[redacted]作詩知個畫中意。乃知造物
多玩弄。都付才人狀妍媸。孫子種梅不偶志。文將母
粉為係事。蘭山蜀脈根東發。鬱葱卓立抜質氣。穠以
靡仙尤精絕。一樹古月窮生趣。必描間是寫生趣。逾
非啻常畫寫韻。非在元鴻天際來。遺金六幅意言厭。
座中之友同推許。一枝一葉人皆驚。世間富貴豈肥
遠。絕無半點塵端生。妙乎畫意不畫形。此意可以作
畫經。

喜得柳鳳伯書却寄　戊午

有客昨從南國回，烟暖春江放艅來，手持一緘來叔
度。云是故人所寄之素書。我捧素書且不讀，為向師
門近日多安否。客言精神倍曠前，瑰雯日夜舞華旒。
証之書言果不謬。伯通自述中庭趨，長跪讀書意居
情人所無。去歲詩筒尺牘奉，嵩下何為香之年
春光美好娟。況是鶯花三月候，登泰山，躡松杪，瀧
瀧綠漪生菰蒲。也當屢履於臨畫，便成一幅輞川圖。

雨我逸情隨江水多流花、飛到了雲居略知心事
定此上長安稍稽老春色路多歸不[illegible]翻翔細如

盆荷

碧甃圓、潺潺盤圓渦權當小池兩但教對鏡勻粧
易若學凌波緩步難枕畔雨聲來在耳生中露影覆
閒斷他時移豆西窗下衣袂疑風分外涼

哭黃瑞人先生

玉樓詔下海天秋淚灑秋花恨不細一領青衫終負

悄文章何處哭西風
歎傳殘些集蹟看我之間詩如新腸斷句細細細吟何
遺墓門衰草秋霜（先生為杜六寓業師紋与先落部所以加及）

哭修靜軒先生

又見虞山祖鳴謝升堂長憶雪霜姿老親廬記三生
契重子賀來一字詩師記手珠留他日讀（先生纂叢書名記手珠手錄贈）
手等身作詩成人模範重如鑄先生像業書寫詩
溪風

答陳理堂雪花宴集蒲快亭姜桐軒吳曉嵐又

懷之什用原韻

下梢和招逗最親凝霜無點襯無塵爭知一花能寄

樂卻憶間同模糊被人霽雪初堆定如影隨花任遊屠

中數帰來遍謹同心呐迴首江天旅思新

題蒲快亭孝廉羽三圖

玉骨珊珊絕點塵勞人世界最閒身獨鍾幽賞和香

題詩句好欲縱山川

靜看孔閣百慮息書廚立地本儒風仙姿指日芙蓉
鏡一莖宮花便不同
蘸震堂昨夜屋上雖廣平故曲
畫鼓雙鐶玉臂如鐶聲索、放聲隨司也屋上雖新
曲君是書年壽柘枝

出門行　己未

遊子東行嶺上苦拜阿娘兩姊牽衣袂淚墮不能止
男兒志四方常聚唯鹿豕情知兒女態本為搖搖所

嚴甚如左壁。摩挲膝前衵。縫完身上衣。臨岐書何惜。
嗟余宋勝事。依姊因悵情。一旦生别離。零落烏衣巷。
漸衍燈以詩。林須破涙拭。[redacted]心性孝篤性。謹撫感知己。
大。婦。啼。狂。苦。小。婦。淚。眼。衣。隨。拭。狂。征。鄉。急。入。奔。大。宅。

台伯鎮

江左風流放。何年守此鄉。至今爲大壤。遺愛說甘棠。

露筋祠

祠字蕭、畫不肩。路人遥吊此。孤靈江南不少知名

地珍重邑詩王阮亭

高郵

曲〻郵亭路芒〻甓社湖長堤楊柳潮濶過蒲蘆
天光如鏡城秋小霞盡久由蘆畔至惆悵似家塲

寶應

自入安宜道人將得寶題實樹題柳嘯一聲如墻倚
魚艇圍成陣萬條楊柳佳後隔明路西石照見東斜陽西

淮安

淮南好景早春佳，芳郁花城畫不如，倚人樓殘照
福院湖晚市上，修禊土郊氣占，開兩舞鈍，風和鹿宗説
荷鋤，猶已堰舟冬箭，蘭年、長责芳鲊魚

邳州

征途指點下邳城，又聞黄河第幾程，路庭喧相鬧起
想嘆此程，到想惱懷，標天化出嵐光，問對我分成壁
影曉，安穩側橋東上，起耳边来，酣鍾聲

京都旅館

自渡桑乾水，人如踏雪鴻。秾李榆莢雨，作花芰荷風。
適騎從鞍北，儒冠在海東。西山犁松翠，吳粵小寒中。

豐臺看芍藥

一騎塵尾貴，驚時彤雲分。刻光千枝和，人口紅樹卅。
稚不信芳知是可憐。

珠明寺和徐直生主政韻

綠蔭困於水，鹿向往一方。風翻吹送是，雨漉積生陰。
戒律何須設，蓮心此地忘。草花爭吐艷，書沿[redacted]工描。

七日立秋

天如潑洗此停梅恰好蘭秋甚乍涼都節朝謝泪依
挽恐懶讀甚遲吟終水荇動香鐵浮紗楸葉簪來誓
挽隱還殘西風思如野妝底[redacted]帶相知河

是日得寄青疊安函

長繩不繫日如梭今呆語兒日半遙逆旅初乙為裁
欠字高腳兇爽姻多秋先此地兩月鴻秀挹西山擁
要懷料為新年離別花晚雲閃雨隱明湖

雨後懷松里詩同好

涼飔吹透簟如冰，小拭烏皮稍自凭。松動120南[illegible][illegible]書僮

趣荷邊蓋摘個逼惱

中秋憶内

原知非驟驟不分，老别懷井臼卿应任，長安我学居

婷盤千里影雁足寄封書北地無霜到底愁雨離

憶雨姬

又憶江南好良宵事，說百花新樣髻雙鳳合歡鞋

天上團圓節人間慶物懷右當酣滿節連袂坐雲階

酣月琶

何人子花摘園樹採抑淒清響玉樹節調似涇秦地

紺宮商自[redacted]傳阮字樂翻聲曲韻長風朗一曲曲金觴節開

服節況是他鄉醉不眠素何頻喚首頻樓

迦[redacted]何道中江歸

車馳馬馱傍[redacted]迦阿魚貫高桅一瞬過寄語舟中人莫

羨風塵勞頓救君知

抵李小琳赴湘

亭秋度李天閑霖北風催馬文南翔程艇行、下清
浦余亦案舟歸松江卿紫荆垂柳烟露點李人和又皆
欲寄歲首閑閑華屋回萬足平生來往幽白頭相似
伴山佳梅疏又梅之陰詩展屋韵成新墓人懷遊梅
過李松梅記朋輩别后新詩衣絲慈竹亦青青門前
一曲離卿水明月當頭是去時

題顧介石自寫將至圖小影

写真不及湖山美，卯盤胸中有十分。我是湖山最深處，
事消閒兩字不如君。

初遊西湖　庚申

廿載西湖只卧遊今朝真个買扁舟天將一鏡開生
面人借双篙縱意遊油壁花驄山下路栗丘脆最水
邊樓雲根勒遍蘇髯句莫更題名在上頭

得柳風伯書知春亭夫子捐俸哭賦四律
尺書慘説潤州來坐斷師門提淚開大節在三原貴
恨深恩無二倍卿衰叩鐘莫酧先儒訓辨誰甄以

逢才白澤居袁頸北山侯邑居尔哲毛推
道因出處一身兼師合經人兩字僉本志說詩惟尚
厚加年學易首信誦嘉禾瑞駐珠江誦除怪恩闇粵
海需定有華公碑左堂屋民侵此淚廉纖夫子宰廣東和平縣
徒多有政
正心正軍庭箴規家學淵源房我師把酒事修論史
日整襟緯帳說經時求珠大師無意見采玉壽年恨
已遲慚愧飲何粗飽腹重恩善誘不勝悲

瓣香何日達遥天千里徒傷悌泗漣未已服衰絰一日豈能築室又三年高你難忘生前蘊藻紛爭向海内傳想到程門同立雪同時拜候講堂筵

初渡錢唐江

倩聞羅刹是江名到眼洪流十折成吴越霸圖分太息東西人境劃分明衛塘沙漱粘天遠隔岸山巒壓浪迎遥指海門[redacted]頭番舟師為説暮潮生

自西興之蕭山

西興驛程趁晨鷄北轉山前鳴午雞驛路花隨收意
近山形城異狀高低蘭橈杳杳系垂水石版重重蘸
詹陛踰異蔔藤超曠去窮年長此結函栖

紹興

度春灰垣柳垂城放艀通山雄神禹廟地迴越王宫
菁麥連郊外桃花入鏡中東東紅榴掌終古說鵝籠

渡曹娥江

繞訪名賢里還過孝女江呼停先伐騎人待去時艘

山影横奇嶀潮聲回怒瀧得閒聽廟鼓雲峯擁情懷

過嵊縣

訪古行來跡不迷墨池東接艇湖西崖顛今眺來蓮向爲愛名山入剡溪

過清溪鎮以未至天台爲憾

清溪來比洞庭秋廿景才能借一籌瀑布倒迴翻石壁石梁飛跨枕中流平沙柳暖難逢處柏浦雲深只聚鷗盟悵紅崖催古騎台山未許紀金遊

台州贈王漁莊太守

瓊臺雙闕未能登，車馬勞勞日復仍。巾巘看當雲蓊鬱，靈江流作雪奔騰。妻城四面花千片，候館連宵月半稜。最喜黃堂叨庇雨，他年入幕記吾曾。

寧波

蜃市鮫宮瀚海區，鄞城堪入十洲圖。東流香篆行花嶼，舫載濤聲下月湖。四面吟懷隱宦，一肩行李感征夫。何當乞與梅真地，便向烟波作釣徒。

懷友十一章

旗亭回首望迢迢，楊柳還青折幾條。閑說平生傷別苦，一春瘦損沈郎腰。沈匋山

白戰騷壇筆有神，硯雲多半案頭春。劉郎此日題糕興，東箭放來少一人。劉青藜

詩人老去法時稿，坐擁匡床篝軸書。孫古高才天亦忌，近來消瘦又何如。吳曉嵐

我輩清癯最讓君，驢詩聲裡特相聞。枕上送行詩截詩句閑如相憶

只有梅花　豈知一作風塵吏猶比梅花瘦幾分　朱枕
以加人　至
雨花岡頂記同遊指點江天落樹秋灔灔明湖上
跳一襟猶放水仙舟　胡竹囝
輕雲淅雨春花天拈出新詩字字妍為向成都跋蹇
士懷人消得幾通牋　費泰之
往事回頭劇可傷惠連象跡已茫茫　梅渭雲　而今我更
天涯去惟憐東風李蒙塘　李華豐
何嘗一日不相思何況鶯啼花發時寄語兵山如見

憶安排好句寄與之　張六隱

自從晚隨金陵別歷盡崎嶇路不齊爭似家居風味

好鶺鴒散離小橋西　張柳堂

心跡相親自不同照人秋月坐春風得來庭兩還應

少莫問浮沉宦海中　葉苓洲

捺人離緒是春三花外扁舟柳外驂欲讓當年懷遠

意君今江北望江南　汪光煥

湖上雜興

量才舫課讀風流精舍西湖第一樓逢着讀書人便

說台星西々照杭州阮芸臺中丞立詁經精舍延儉宜巘使修崇文書院多甄進儒士

深醉六一響掙潺生領松風久忽聞驀地遙天如潑

墨渥雲拖雨過南山

不爲尋花艇也倚綠楊無徑樓西冷硯山々色壓廊

相說在先生放鶴亭

金沙港口林活臣蕊神廟安石作隄一院芙蕖香叫

海好風吹散六橋西

錢王宮殿緑陰中遺像欣瞻異代雄遠嗣尚珍歸國
詔屋人能說射潮弓
繁丝急振夕陽紫殷次金門泊畫船簡那一規明鏡
裡暮雲如水水如烟

[illegible]訪陶季壽明府時偭歸湖北僑寓湖上

不厭湖濱路詩人住可雅宜情庭彭澤風味亦柴桑
慣聽盤山夜多浮泛月航歸途向何有集春寫行囊

和嘉興王類山太守秋柳詩用漁洋原韻

江南秋老感銷魂實[redacted]吴門與白門斜日千竿一樣黄
影輕烟一縷尚拖痕高樓横笛思何度隔水寒砧指
故村今日雙隄々々上立一般蕭瑟許同論
琤々冷葉下經霜串拂山城半繞堤曲譜自翻吉玉
染舞衣共疊縷金箱風流終古仍思續詩席于今又
屬王哈到明湖東堂句書林不羨晉公坊
昔年人[redacted]汁治衣一飲吉祥事已非手折長條悲老
大堂共花葉認依稀玉銷嬴為歸去金衣黄鶯爾

嬾飛怪雁腰圍新瘦損景光強半与心違

迴首雛箏[redacted]劇可憐綠楊城郭晚含烟美人悵望天涯

外客子如思竟芝錦芳草若雲成昨夢桃花紅雨隔

經年久客不有傷秋意想在鴛湖旅思遥

[redacted]贈陶季壽[redacted]

貯飲延賓辦雙舟游山[redacted]亦香恣情遊歸來別有閒功

課冰雪研成置[redacted]箋頭

[redacted]

送吳梅夫別駕回豫省親　辛酉

兩年鼙鼓共危友，人海分襟別特難。淛水波光衝去艇，皖陰山色接歸鞍。高門好趣孫祖，願長日先承壽絲歡。只爲客中還送客，江鄉千里暮雲寒。

贈張花農茂才

淛水棧山毓秀靈，飄飄白髮老詩星。西湖買醉囊恆罄，東壁鈔書手不停。自[redacted]倚三端推骨格，會從二陸借

門庭樗材種福能多少消受先生眼接青

花農以詩見示復贈

清才幕府意知名恨我年時甫後荆七字香隨花蕊
蕊一筒雪是淚嶺成自來詩敵多回席今日騷壇又
主盟帷座鷄驅双眼豁長庚只在座間明

題周忠介公遺扇 有序

周忠介公順昌嘗偕福清葉文忠公莘城陳
眉公訪趙凡夫於寒山文忠即席紀詩書扇

以遺忠介扇背別眉公所寫梅花折枝也扇
忠介孫琦之姪王寅竹其歡屬為詩
側聞吏部被逮日談笑從容一揮筆素枝遺之龍梅
僧騰發零膏沉未出今年乃從精鑒王得知摺疊家
珍藏福清詩向草域畫冰雪一時激古香吏部平生
重節義握別吳門忘顧忌慟哭胭脂古所希訪求寒
山將細子呼嗟乎鄉生鄉情總屬公沖雅偏生骨鯁
中聚頭揮入今人手異代還揚國士風

楊花詞為詩人楊寶珠作

楊柳千條盡向西楊花作雪〻成泥楊花生在垂楊林[redacted]做甚因風上大隄

富春江

千古開圖畫竹〻入篆漵舟衝一水上峰合曡嶂圍雁影青楓樹離散白板扉釣臺秋尺咫長使恍征衣

桐廬道中

夾岸攢蔥翠春江[redacted]鴻浪紋華高循嚴子山古說桐君

塔影城邊兄鐘聲，樹杪閒居船安一榻時來水照雲

湖上訪小青菊香墓不得各賦一截　壬戌

小閣何年駐綵雲，遺詩遺畫有餘芬。桃花紅日春無語，不見埋香美人墳。

野棠荼蘼伴如雲，和霧和烟踏夕曛。惆悵孤山西畔路，無人為說菊香墳。

張姬生兒不育後為詩以悼之

妙藥胎前百計安，人間那得返魂丹。休嗟薄命添悲

感想曇琪花結子難，且自為憐咲口開看〻病骨瘦於梅篋粵日逐征塵去絕少工夫慰汝來

古意

僧繇善畫龍點睛破壁出寧王善畫馬六馬圖存一詎有神奇方所志貴專壹甚為東郭竽毋寧育門惡

偶贈張姬

晨摺新衣柳樣幫窄呈弓芳心易惆悵小語對殘紅

石门

河到青亭雲乱塵来石門黄蘆秋水影碧柚晚烟痕

缘怀覺城曲近橋開市喧戰爭皆代事一限山無存

嘉興道中

於越經過又入吳今秋襆被半征途风安黄葉開山

秋靄外丹楓尺木晃摇荒客心逢九月行旅飘野度

双湖劉游義飯栖遲地樹傍蒼烟錦綉圖

嘉興[redacted]贈伊小尹太守

此地多秔稻人家產富饒烟光長水市膏色瑞虹橋
新蟹裝成絡盆魚棟有標民謠賢太守玉節四時調

登烟雨樓

淼淼南湖濶孤光樓閣四面俯回塘傍多塔影分手
楚之不斷艫音飄下方山雨來逢佛蹟渡潭煙如釵更
蒼茫林陰堆上瓜皮艇卻老急天荒照覓

吳江

朝從寶帶橋邊渡暮向吳江城畔過斜日艤鄉從古

說垂虹秋色至今多一峰拱北圍蒼翠衆水朝宗捲

逝波散步亭前成小憩月明漸起櫂人歌

回杭州由杜毛廠渡蜀岡梅莊陳華南司馬

動織帰來趁夕曛人如旋里特情殷山横北郭城先

近水渺西湖[redacted]路尚分柿葉紅堆千林錦蘆花白擁

一溪雲最憐荊蒯編茅地總好園廬讓吳君

冬日登河庄山晚眺

雄披衰艸柴經霜沙影遥連歷岸黄只有長杠東江

盖倒籠寒日下河莊
隱隱旌行一帶辰鹽官城外已黃昏粟頭月出車輪
大照送銀潮過海門

得劉吉蓀詩卻寄用原韻

北風吹落塞鴻聲一紙參辰出長卿今在何莊山館
月照人多少別離情
新愁寫上白雲牋鬢髮蒼蒼不似前都載歡驅吾亦
老況君更長十三年

送方湛廬參軍用留別原韻時自河左回省委往金華平糶

星使初回潮水東，浦江轉瞬又推篷，即今別路留殘雪，他日相思素好風。鹵莽漫褒吾眼吏，蒼生端賴思公頌，叮嚀八詠樓前過，莫忘書椾托便鴻

再柬湛廬疊前韻

又是他鄉斗柄東，飄蓬人尔屢搴篷，參軍莫羨神仙繫使節多饒國士風。歡醻恩〻過甲夜，離舟款〻渡王公曾雪擲下相思字，箋紙書成戲海鴻

癸亥

荷花垂雨和王憶泉醴尹韻

入夏長是不晴咏同紅詩麗儷逐麗欲上畫花無恙否天涯芳草柔愁何滄桑論古情無限案牘勞形此較多自接鄉琦丰調後一舒神爽病維摩

風雨吟示諸次石

朝而風夕而雨風聲雨聲疊奏岸客心憎雨吾憎風謂究無常雖吾語風若成花鞴扇款款吹來散和煦雨若朱荟沐浴細細無聲潤下土此地無花亦有室

甫粥似雪盤其膏冰威欺日不肯銷從共將軍更踐
危急而湖湃如洪濤急而騰驤似徑需七十二時歸
不歇可憐摧折半蓬戶披裘擁被盡復在急卻春回歸
日百五竹西亭孤山墅得不思忘在共汝

河莊署中

此地數城闐底運一月春頹風宵駃雖毒霧曉欺人
沙澗黃崖厚山荒白日瞑可坻濤岳哮嘷序与困循

楊花歌 有序

楊花者陝李義川徐司馬詩僮也教匪闌闖中丞以書記從戎携楊遂留壩蜀壩府司馬其〻飯賊猝至從人走散獨楊挽徐出時徐馬已為人擄去楊以已騾進徐不可楊曰公朝廷〻命臣奴葛件耳徐乃騎而馳楊步從之追去至楊被縛罵賊不屈遂遇害孟九我明府作楊花行弔之以示余因拈此

詩人孟東野示我楊花行其句令我喜其事令承寫

楊花生本淤泥質歌舞華林部裡人遠視雨雲近る
雪朱唇啓齒梁間差破鏡後即一和歌量珠買取絮
華身想到隸風憐婀娜枝、吹從陽台春無端忽唱
從軍樂元直多謀前請纓安垣侯帳鮮常地參軍日
走咸陽城自來鶴、恆比翼振雲疊飛騣與駉掉頭
賊衆如蝟集風高拒劉超營豫從星散驛耳失倉
皇九死無一生拖即出走讓即騎如林戈母奴月樓
崖形捐骨任賊裂不能割所心堅貞伊古只聞墜樓

女一死扛硎石季倫割襟拂席鞴倚箏節椽罕有咏
霜稱羅浮山中共枕林猶是當年完女情一腔熱血
灑塵土泰山豈等鴻毛輕君不見秦宮妖異樓桅妬
难況千秋污穢名又不見坐歷抒冠衍衍是或作先
期殉避贈服主於危報主死世人搖首之人能傷心
渭水酸風吹一樹垂楊塚上青

留別河庄山

來時行李去時裝檢點奚奴應錦囊陳郁新詩三十

首更每半點係河莊
来时行将去時裝檢點盡[redacted]墨焦竹堂陳郎新詩三十
首更丗半點落河庄。

自河莊至堂山

来涇山以外居近水之涯只愁知為柳闇鶯信有花
一去三易地十多九還家皴削憔肌肉蒼顏感歲華

堯堂山本名碧山

碧山名字好恰与合余樵居日香龕峙春雲石磴徑

青憐松柏古黄愛菜花有时詹君芳騎行々繞大隱

碧山仙洞 洞在黄山陰土人云昔有入此洞者行十餘里聞上隱々有櫓聲

傳聞仙洞邃旁有石門開行到最深處櫓聲從上來

搜奇曾不事覓勝忽雇我與客攀藤更蹉蹬碎碧苔

臺山署中

閒官有趣轉無加更捧文書蚤放衙飲後娃詩原自

在墨珠東雪是生涯疎風簾捲紅通燕積雨池深畫

噪蛙高臥得山居情味好哦松有句寄還家

渡錢唐江口占

一月河莊一葦山，兼旬又駐有恒間。今年不寄揚州信，恐悞香閨盼往還。

山陰道中

暢好春光到秉蘭，冶遊人在畫圖間。騁懷便作浮杯想，樂與毋須訪戴還。花裡鞭風棧杼讀，柳邊新水桔槔閒。東來贏得詩脾醒，看夠山陰道上山。

懷故里諸同好

勞懷征蓬已四還雲山千里思徬〻情深在雨來今
兩人左南天府北天涯水若蒼三月桃花紅比十
年芬間中檢點閒心予又讓春歸乃占先

月夜自寶山晉省

銀牙乘楓玉折槳月盈天一水明如鏡看山意以悔
輕風吹簾〻涼露洒渭〻倦倚船篷久清輝伴我吟

答許漢川徵士用原韻

鷓枝借寄貲君將裙屐飄〻此絶蓬叔重自來經匡

富崇先再見蘆華新門多隱佳山同壽邑有高賢里
共仁慚晚吏才無一得漫勞見責苛天民

題諸次石樑樁小影

我本垂釣人捕魚東海頭郤羨樑樁手爭從林泉老
收綸忽作滄洲吏冷落笛案旧时了該櫚和指始後
君隱林帶乃飯粟致吉有高人來百年負薪含糍有
山巔碧雲池飯特和近借來亦是安生緣一枝借寄
塗山物直不持竿伴老樁丈夫不昧平生志誇成月

出松林寫

柯亭

椽逕何年事千秋只此亭西峯棲老荻雲起風來程

大地材原彩中郎眼獨青雖細思往箇處日下萬汀

三江閘 為安聯紹守湯寓西公建之閘以錢清不復為江矣

一錢往事風何清涵之江勢緣之名閘成海汐不復

重名与錢唐浦[redacted]陽異於枯水溫年之有一岸兩灾

均不受地化膏腴山會蕭大功三邑祠傳久從來人

定天可回江名不名由太守兩峰直立閘口有二十
八洞達双隱衣冠拜羅孝遠蹟白雲紅日吾祠西
古青蓮院在富山下蔣明府世培先生讀書地名寓園先生歸里後築草自況於此後人肖像以祀並立碑為乙酉之六月六日記之
畫艓徑行第式灣右高苐院白雲間深松日照雲偏
吟高竹風為經龕開殉國事留陳歲月讀書人想塵
湖山摩抄往碣瞻遺像我對先生一整顏
修午莊離尸回人游紹之淳峰山上有古寺存

王執建伯讀書處斷碑壁立摩之得先生所作七律一首並和詩錄寄余因步原韻

緯地經天一片心，名山曾爾寄閒蹤。學如借石攻來玉，詩似披沙揀得金。古剎雲封臺宇靜，殘碑蘚護字痕深。何當便從孫公去，一弔前賢冷家林。

石佛寺

在羊山石佛寺乃隋越公鑿石築羅城東遠峙石三尺人以為巨安刻乃龕中屋大佛塑曰靈鷲庵池凡數處亦開山所成寺前池最深僧言其處石屋故取安龕其處也

嶄嵯奇峯多天生千尺特立削不成筆山峭壁构壘
兀滑處只借昔役敍伊昔越公斲硤石開山力士如
五丁硐磴礧礌取留玉笛倒挿武夷芙蓉屏流雲走月
摩頂至半壁天如三指擘更劈石隨通地脈化池出
作連珠形至今雲根供世用風吹運斧聲角闘四山
犖嶔脊霞骨照眼無復嵯峨橫木虒碱硤搜不已水
深寒蘸翠眉清瀾干罷巧點綴游龢乳禹棧共靈
初來奇境一太息喬塚不以人間能事到了能入妙

雲直与鬼斧神工争，支節間雕記古語，從來石破天還驚。晚余未得滄洲筆，敢說嵯峨為補平。

過鑑湖一曲登陸放翁快閣偶成

匯殘詩筒共一舟，鏡中烟景望中收。電橋十里居人業，修竹三間宋代樓。水到不波偏瀲灔，山當無數倍清幽。稍惜一撒傳呼去，岸綠何年得再遊。

梅里尖山梅福庵居

舟出梅峰旁人說，羅仙里去不歸。青山瘦如此

步山陰道上時日晚不後之蘭亭卻憶庚申暮
春之遊因憶
傻柴翠小艇迴還鑒湖遠竹近越王城步入山陰道
長其路無際遠山青不了一遍馬公祠在武何窈窕
垂髾歌林花新陰淨碧篠隨秧鋪菉蘿蘿薜冪芳嶸
流深響其谷送竹音全歸緩行狎游魚微唫答鳴鳥
天風習習身聊以舒懷抱回思蘭亭上前歲杪春杪
褰裳涉水濱度尋昔岑繚何為怯病日催歸渡渺灝

古人重秉燭此趣知者少

若耶溪口

賀家湖畔絶風塵到此停橈耶借行異代為譚鋏劍事共山僧說採蓮人物羨美態孰孫靜猿鳥忘機客共記指點蒼天深處路只疑原是薜蘿身

過黃蘇湖遇風舟由程河渡

黃蘇湖闊水連空正次長隄眺釣艇瓢樣一舟搖浪過不堪殘日又顛風

對客

踈懶君毋怪凡庸我自知此心良易測凡事每嫌違
宜讓他人巧書詮舊日痴肚皮後巧有些不合時宜
閣坐藍推以浙江通志久遠詩人詠之
有客聊寰務地區遙天分我半床書大都論古徵今
秖考入尋山玩水初的、再載編甲乙班、錦軸卷
援據行衣博帶知多少一例文情總不如
答方湛廬用原韻、

桐陰逾兩月，纔又放人來。野市無蕉味，村醪只一杯。拜頌成豪孀，笑口對君開。未了清談興，杉松落照催。

答陸釆三仍用湛厓韵

棄學知名久，方同共艤東。海天猶作客，斗室且傳杯。梧桑座間旅，蘇花塘下開。和吟吾學事，擊鉢任相催。

叠方岷山用原韵湛厓弟

斷送才調好，更在令兄前。不作風塵語，多生翰墨緣。山居廚有穀，潭近釣來鮮。小飲樫蘿逕，遲遲月到筵。

夏夜枕上偶成

襆被經年客異鄉，一為節序一回傷。何當最是銷魂處，夢醒牀前明月光。

贈許漢川徵士

元度芳名信不虛，嵇山端合讓君居。宅旁櫻柳雲三逕，門外芙蓉秋一渠。俠氣青年曾拂劍，吟情白首尚鈔書。湛深太守吾何敢，造訪頻勞處士廬。

荅錢清繆午莊鹺尹並謝惠楊梅用原韵

篋無詠署淨無塵，剪出紅雲字字新。清水半籬今歲
宰虞山才補庭詩人。園亭地好笙詩沸，珉璫莛開吳
語記（春杉醒尸借陳園招飲賞歡永日）。火齊驪珠[redacted]遺，贈與知君惜在
豁蓬身。

答方湛屋謝餅餌詩用原韵

風味何堪說蓑蒸，木桃木李此因仍。文從水水精誠
尺奠，到如蘭年誼增。連展與君清趣醞，新詩贈我氣
吳綾。折枝十五蓮花格，為報山廚試未能。

[redacted]

再重河莊著

島蓬搖破碧波痕又上肩輿度武村一綫斜陽明島

嶼半天殘雨罨岩門窗前愛竹新陰滿壁上存詩塵

尚存使館不須題再重兼東浪迹已難論

南新庵有桂花一株中秋就觀之因賦

地僻芳蹤少言尋古寺來四山函絕處一林木犀開
香氣渾無減秋光只自培良宵莫孤負折取一枝回

中秋河莊坐月柬許次石

兼旬數勝量中[illegible]罕湧冰輪天教頤雁節傳叔羈旅
假風光仍比客僧樓客歲中秋與戴雨軒司馬寓東林寺曲江池動經
年憶水調詩成此抱愁聞說陰晴同近遠羨君咫尺
在杭州

河莊道中口占

日色黄柱染嵐光淡甚似可堪倦遊客又到抄秋天
病肯和如渴斁輸祖邀先宦途翻作隱花葉比塞蜉

菑山道中

頻年江上理征衣烏榜循經於石圍縈霞觸塵仍破
我浮家泛宅不成歸滿林黄葉揺秋色一路丹楓媚
茬蟬哀度鳳凰山下過層巒和對也依々

龕山

天影圓如笠山形尚似龕苔衣青潰壁[redacted]木葉[redacted]碧垂潭

屯野軍安壯防倭血戰酣滄桑皆舊事猶話上人談

韜山笛簫鏞間爲海門今則咸沃壤矣

暎日紅於血巉前騎少留山應名赤壁人錯比丹邱

渚夢遙連影江楓與共秋天吴今北徙四坐落雲稠

答吳曉嵐詠贈梅花賤詩用原韵　甲子

君本中林蘭蕙質銷鋑一字一千金頻來雲夢遙相

贈聊當梅花寄素心

耐儂二十四番風側有唐員在竹筒附上劇熟藤一

憶故人留滯越山中

答朱桃子謝贈梅花箋詩用元韵

潑雪殷紅特地清故人非博謝公名浣薇寫上居庸

向定有書從例里生

以絕趣詩寄桃子蒙跋詩只依韵答之

不隔千里銷魂久那得相思一段奇昨日山陰風雪

裡對妻兒是說君時

以並蒂花僧寄桃子僧中李有桃子詩後跋詩

其以和韻志謝

封裹濃香次第開，他年人錯比瓊瑰。詩家得失何
向，肯讓函栖萬卷才。

書沈瑞輔柳枝詞以印東荀山（瑞輔荀山子）

五載河橋分袂時，休文贈我別離詩。越越堂下重迴
首，多半銷魂盡柳枝。

雛鳳聲且老鳳奇，兵曹再見杜家詩。多情一枕江南
夢，更與離人賦寄枝。

紹興枕驗所前

步步山陰步眼餘燮婀濃處鵲邊邀叙垂歛花金鷄
秀一笠坨行白鷺斜桂林秋軒人彈扇柄花垂水客
浮槎重遊筍到才如曾珍重參軍老[redacted]懿加

寒食日感賦

行年甫十八堂堂音容渺更除殘花年李歆日何夕
一卷香生遲一病秋亡早梅梅忽三載送秋安宅非
虔墓晚未寞更陽桂蘐杳音秋借蔬來聊而中籽埽

何為瀛島宦長啼蔓墓道五載不還家坐雲徒悽愴
不知一抔土松柏如常好否程途阻淚下心如擣
拈分一瓣香步向蒼天禱不願延遐齡不願登雲表
但願來生中補報親恩浩願減我身算添親年壽考
有如老萊子斑斕衣雛鳥畢生不忘返承歡以終老

河莊山看桃花

遺櫚何多擲海濱尋芳不厭路嶙峋人悄顏色先愁
雨花到襟酣似借春錦障半分蒼篠地明霞只駐綠

楊津前(西)也為花裡曲，寶馬香車獨轉星。

好花着意逞紅嬌，賸水殘山倍寂寥。髮髮無端悲我老，東風有恨倩伊銷。刻印前度春如夢，陀以高年境已逾。珍重繁枝休折損，芳名留與後人標。

汪礽執義才招飲河莊山後夜梧芸疊前韵

花時有約澗之濱，挈榼同升石壁蹬。似笑為當開早後，無言信覺可憐春。欲教劉阮徑前度，詩合裝王詠向津。好語黃蘆山下叔，鬼扶殘錢踏芳塵。

題蘆漁場王憶泉爲尹藝蘆圖

做官要有源傳最古人饒說甘棠林做官要了神仙
才詩與爭[redacted]詩東閣梅王印羅々如春柳吐鳳心胸射
雕手登科未及弱冠年京華人海知名久忽持手版
來杭州到與銅符務地逃鹽鎮論煩少府莘湖山勝
引使君舟若年家識金昭集澗源細叩青箱學肝膜
當嘶井屋蛙那坍合是雲中鶴一身暫駐武原鄉沙
漾西畔竭山旁清分澈浦源珂水國美番誇絛制良

刈菼廬作牢盆，用一半荒畦雜菰葑沮洳疏隶厥壤
肥蓬蘽繞好鋤雲種君家太守名王延，教畊鑄器民
用便多君練玉量珠手肯讓衡州學士先藺寒郡程
蓬氣繞抽芽似箬莖似雪忽雜溯芳是西風乍覺雪
生日把月諳閬逢寄不才身篆莢蒼茹日〻親一蔬
烟水揚州路我之秋散從程人印今膏雨已隨車稚
子爭迎叉老遮他年去作弦歌宰請看河陽滿縣花

書方湛厓寓樓壁上

一桁疏簾一曲闌小樓日日坐方干不愁倦眼無聊
愛東園青山是馬鞍

雨中遲次石不至戲柬

昨天海海送春雨今日潛潛雨送春命喜錢唐江上
路歸人不阻阻來人

夏閨四詠與陸采三諸次石方湛屋分賦

曉起分魚韻

蛩聲乱透小囪疏穗篆親人兆不如白玉鞭扶殘夢

起綠雲香趁晝涼梳粧慵薰蒲花開後心似芭蕉
展和露井咋宵新得句快拈蝶筆覆金壺

午睡 分豪韻

亭午炎炎夜日高蘭閨人倦睡鄉逃銀床暫歇冰絲
扇紗枕剛安碧玉搔消受花磚三尺影偷他鍼黹
時勞醒來雪藕西窗下皓腕頻拈金剪刀

晚粧 分咸韻

鏡台微露玉纖摻閑掃重梳懶不凡抹麗濃籠懽莫

芍蘭湯香沁藕絲衫，水精簾捲風繞過，紅粉墻高日
半衡妝羅異，即看稱居笑支，纸素話讲、

夜坐分韻

玉衡如水晚風清，滿院薔薇寶篆横，芍藥闌邊螢火
下，荼花棚外月痕西，調冰好倩檀郎手，煎茗相攜侍
女笄，不怕渡河時候近，迢來鵲子是雙棲

自河莊之豐山驛梅林行館

又是瓜期及乘乘返故林，人來秋水曲，屋借古株陰

拼皆因擁膝推敲為耐吟何年營別墅遺跡竟難尋

陳烈女詩有序　乙丑

女江寧人父販脂來泰賃邑之蒲埏鎮因字與邑當塗朱某之孳子賈於此子女年相若遂締為姻好有期矣而朱氏子歿女絕粒數日父母力勸始稍進繼聞將奪其志遂自經死為嘉慶乙丑之正月十九日去夫亡僅六旬耳遺言請合葬於朱兩家從之

守貞從一寸心期既附喬松便不移噩夢驚郎長逝
日偕年豈妾可生時人間未作陵梅薤塚上定生連
理枝殉節殉夫千古重女身尤係女中師

落日放舟

暮色漸蒼蒼推篷趁晚涼湖雲粘水氣嵐髮卷烟光
文柳陰初合芰荷葉有香參差剛散市漁唱入昏黄

解餉淮上即回里省墓

不賦驪驪載道詩從公未敢說忘私如何此日還家

路都似経年入夢時說友急難情話通妻孥細與謹

心遲歸舟先向杠堂繫一奠寧辭六載悲

復之浙江

小駐靴如左客盈洗崖等羅即離筵一身落宦仍千

里此后歸期定幾年草墨安排携至篋琴書裝點於

來船門前寒林官橋柳不待春回已黯然

薛先瑩口歸

越水吳山指去程告就一舸又遄征悲懷馬鬣封前

過莫雅高壹識子解

山陰泛舟　丙寅

四望圓如鏡中浮一小船綠滿隄上帶紅蘋洞邊桃
風緊舞絲穗呈低撇雨毛從來蘭渚曲觴詠屬吾儕

家信至揚州復大水感賦

去年高堰溢湖水淮揚半在洪濤裡良田四望方青
蔥良苗同時盡淼渺縱使中資有蓋藏一朝漂沒全
如洗低窪人多葬魚腹不付波臣亦飢死壯者就食

走四方牧尹問津不能止吾　皇恆念斯民艱一賑
再賑加靡已長官款來胥吏浮粥廠輪流蠲俸米糶
梓関情龥務中十萬黄金糜功偉哉於十月还揚州
修葺完塋安居址東臨西鄰走問訊逃亡漸次回鄉
里一日一食或再食迴首隴阡尚波瘥惟情今手大
有秋旬大荒家齊破滯々年家書來客郎六月洪灾
況如此

中秋雨

客裡中秋意緒紛，可堪風雨更紛紜。半庭秋色隨烟暝，一樹天香帶濕聞。歸夢難尋江上路，羈愁易逐乘東雲。不須更話嫦娥怨，倚徙回闌到漏分。

十八日雨止見月

八月十八始方見月

娟娟流水不盈地，浮雲猶半天。影遲三刻上，光欠一銖圓。翹首錢江路，觀濤應了然。

和孫楓人別駕盆菊之什用原韻

君有生花筆一枝，此花盈盎々盈墀。分明南國驛人

由來詠西院雪士姿曉憶巡簷梢話雪冷風吹上客衣時霜雖轉眼成零最好殿羣蕊莫愁遲

九日登羊山

問年絕少又蹉跎需驚峰頭拾級過海奥易陀崔節至好山難得越中多嘗籬菊影人同淡手把茱香酒有麂只是登高駐望眼窮回腸結棣華詩

白洋山下

白洋山下放輕舟但得徑[redacted]行便當遊君柚丹楓齊入

盡將人風景是殘秋

苦蚊行

南天夏月多苦蚊涼秋無復轟雷聲會稽之地過重九群伴狩來撲聲鳴嗜人直欲盡力屢至眠難覺蚍蚤猛鐵穎能穿袷衣遠擊之滿掌俱血腥肌膚偶一遭毒齧逾時痛癢不自寧夜潛衾枕最深香焚扇撥揮難清慨重而去療不市無救暮營、我詢居人何使求念云之物涇所生耶滾鏡湖及蘭渚等

環世喬岳例行匯閩林翠匯鵑吐萬千子子齊化身
兩況使君駐節地蒸雲漫霧海之濱

青方湛厓醼征雜咏詩序

江橋亦於祠雪指何流寒是帶冰時季勤跋涉知多
少換取奚囊數首詩

渡錢唐江有感

江水悠悠捲去濤經由四度客舟操宜原似棗何苦
静家不能買敝曰勞楫柱麂麂胸有竹浮沉冉冉去

生毛[redacted]看来世事如碁局翻悔從前着子高

除夕

八年奴仆飲屠蘇又又[redacted]更臘（新）漸除埋硯莫教循華
例宜春帖上寫家書

偶成　丁卯

東風如线梅吹得蘭船來東風如捲雲吹轉蘭船去
相又何难别日易何似東風不吹至迴首人生傀儡
場悲歡離合須臾事

琶山晚眺有感

往歲星々月漸加生消蓮覆好年華綠排似菁清照

來紅編成林上已花鴻印一時記斥鹵鶉栖三載設

桑麻他御史報恩鄉感祭埽人歸夕照斜

接家信感賦

人兒家書寄我兒家書勉游子身異鄉心懷返顧愛

前年寫堰決汪洋沉家疇去年水稍殺十壞九無收

今春繼々之斷鴻首言二麦頗不豊三月四月向驕

陽日1紅五月六月間火氣生井中高田燥裂不可

作水車把犁棄村郊汙邪栽種只一分灌溉待嬉人

力旁方寧河伯不為災詎知妖魃肆威虐大家小戶

涸轍魚賊中卻租其倉雇農夫手抱枯禾泣不信速

逢三最惡我想天災原有流行乎堯水湯旱書中誌

方今。天子憂民憂每為東南恤災異蠲除詔下賑典

本所宰稼生　聖人世寄書為報家中人且姑忍此

椒薑辛

集董樸園方港屋劉默園飲羊山石佛寺默園

以詩謝和韵答之

鏡裡萬山秋〻高挈伴遊居才港刮目吾輩私侶明

爛雨滑三徑尖風涼一樓蘭香記不了儕上子獻舟

驛使訪簡五劉即錦字來臨池右軍里得句越王臺

已東齋宵桐更浮何日登龍山如有與吾不負節陪

港屋亦以詩謝味韵答之

上方山色遠秋來隱〻招提石磴開橋外放船游艇

入林适賀老泛船回棹程再話重陽菊風雨先登此日暈所喜屋間文苑君傳賤合得馬班才富文方氏記先趙充繼志舞此丈夫暫居一堂開射皐許吾復寫化兒見文章董子篇、玉詩句劉印字字珠爭灿淋漓揮灑絕長才豈猶是書廚

書閨秀孫秀芬集（秀芬杭州人，適山陰高穎樓茂才）

班香宋艷一奩收，想見深閨事講求。天與才媛助才思，西泠畫色鎖湖秋。

篤侶和鳴雅最新吹蘭含溢各精神滄州才調雄千
古獎貽詩頌褒美人
將之杭州同人飲碧山僧樓爲別　戊辰
驊騮賦就客西還且借僧樓永夕閒月色疑潮　年嫂
野松聲狀雨響春山吳牋賸得爲新句魯酒剛能酹
別顏他日相思誰最切同舟李郭數年間
題嚴雨峰太守雲出岫小照　時太守已致仕
如雅翁年梁甫吟畫工直其化工深在山巻有經天

志入漢庭多向日心三色續猶成喬梓崇經度幻作甘霖神功已樹蒼生願安整金翹返故岑

答萬荷林彥康用原韻

宦遊已過十年身垂雨初逢湖水濱傳檢金蘭原有素聲投明月豈無因連宵絮語為前事一帋花箋綰故人特醉霓裳天半奏好風吹下莫辭頻

哭二兒紹祖詩十首

衛喬撒作碎珠詩淚溼雲箋荏苒遲歌寄重泉無別

語思兒兩字付兒知

最憐璧琢一雙瞳英年儒生孩花中自是寒門無福

受芝蘭早刈盡堂東

學行學坐學歡呼嬉戲同倚桁自殊若使青城叔侍

側聞篇也合識之吾

善體人意早慈懷今日尋思恨實重自難一聲天年

冷未曾冰手撲眠胸祖寒夜臨睡入抱懷戲謂兒手何冷此時更不以冷手探懷也

三年兩度病淹煎不學呻吟念可憐但是行書能脫

體一分肌肉一分妍

買得軟嬰懶病身嚶嚀舒從奉嚴親芳腴甘脆依然

好難作瓊漿下咽人

瘂殖世淚為兒處年川淋出節淚流一語呼爺一呼

母也知此別不同歎

送兒回里換次哥搖筆迢迢兩地何腸斷生離成死

別悼兒淚止念兒多（兒病母書寄有所未大兒赴杭換兒回家和了語）

鍾情非我獨情深如作家書里不禁過想仁妻閱讀

後一時摇掌血宿褋
玉於蘭摧廣竭情又緣祇積放世叡將長試揭喜銅
鏡華髮從旁添數莖
雪花和孫楓人歎 這余有喪明之痛
倆因一現落寒可壁蕋璚枝信可誇到眼庭須惜皓
质慎人畢竟曇花開原易謝非關觀色即為[illegible]
[illegible]迦一自虔庵成遊不斷腸何處覓饒舟
客歲二月偕二兒紹祖由紹赴杭今復假此暴

是人非感賦二截　己巳

玉雪悲深劫後塵江花搖送去年春憐余未有延陵
節更作山陰放棹人
三尺孤墳傍六橋夕陽迴首恨難銷西河一掬傷心
淚灑向錢江作暮潮

客遊紹興柬吳荻湖

好垂逢晒又新晴便向山陰遥勝行四圍湖光西子
廓滿身雲氣越王峥花塲陌半居前領宜海將毋過

共生只陽盈盈之子水初君不渡若為情

賦得紫薇香裡鼓吹聲　試童子題擬作

西湖暢好是迎涼愛此騰泉躍錦御百道救喧花在界一襟人在水中央明珠微撒風流冷翠葉填波月外香御憶揚州銷夏地盈盈十里蓄芳塘

送吳荻湖回揚州

邗江風物只依稀欲著三休願尚違惟有御心留不住隨潮隨月送[redacted]人歸

白水青杉思忒殷年〻有的賦離犀明年手界瀲光
紙[redacted]一分添壽与君

紅具行館 庚午以後不分年次

軒信結山麓交柯蔭深遂處檐拓三面紛〻滴岩家
偶霑明月光照我成高磚蕉蔭響西風時驚山犬吠

過二兒墳有作

一寸肝腸一寸灰白楊花柳共嗚哀行人莫評双眸
淚饒向童烏塚上來

藤花

一夜東風拂古藤，紅雛翠蔓列層層。半庭乍展香先滿，一架齊開艷倍增。瓔絡最宜晨露綴，紫茸恰受晚霞蒸。手栽不少名花卉，譜入羣芳亦自應。

書高穎樓自輓詩後

莫雖砂印杳渺詞，清癯原是舊丰姿。年來更喜才華甚，無意生花筆一枝。

打點烟霞自在身，清除花月未央春。他年煉就京都

賦此作人間不死人

斷腸花詩

姑蘇女子色甚艷為人携至都中淪落不偶展轉歸浙有某倅為媵倅山右人若腹負婦又悍姑摧殘可想矣踰年倅沒隨歸西歸此後飄零更不知何若也爰作歌以傷之

鼠姑生為富貴身五雲清受瑤台春癡仙生有情貧相安穩逢門伴紙帳暑火寒燠雖有異色重香珍岳

二致胡爲手圍堤泥泥沙托根化作斷腸花斷腸花
你何不生雕欄曲欄金屋家廬汙恆將繡幕遮又何
不生小橋流水高人宅吟詠搖顏夫清白乃今明艷
兮只色天斜兮只枝寂寞兮只地偃蹇兮只時情情
東風來時摧暮折款成厭攜、南風過吹霜飛照乙
安破斷腸爲你何爲不才惜春如性命花兮花兮悲
奈何淚珠研寫斷腸詩
蓮葉

記得如錢貽渌波參差剪柄影娑娑汀烟渚雨填來
寥落月蘋風着去多每爲花時書作畫會連水態碧
於羅棲天際處雅無錢不礙詩人刺艇過

送孙楓人運判歸養舒城

齊門濫許學吹竽人海從中識瑾瑜敢說同舟爲李
郭也堪結綬比蕭朱寒酸辛味祀回子坦白衷懷面
似吾迴首八年詩酒與鑑湖屋勝又西湖
歡顏捧檄本娛親決志抽簪不爲身生黄已成懷隱

寒繫匏樽首未歸人，卯溝柳暗蓬門月，鶺鴒花明錦
里萼，他日定能重振眺，送君無用太傷神。
九日集宋仁齋太守陳江洲司馬登大同閣小
飲和仁齋韻
碑躡蒼苔捫翠蘿，登臨雅許偉當何，殊風景雨[redacted]今逅，
集[redacted]白水青山座上多。縱飲勿令松菊笑，雄談曾歷古
今過。文章太守驚人句，來[redacted]喝啁啾便學詩。
謁白蘇二公祠

祠宇重新甫十霜築基仍傍水仙王湖壖惠澤連今日唐宋風流共此堂一壽有姿馨宿雨萬荷無語立斜陽不須薦菊誇幽事小奠還因汲井香

過六閘

數到江南第七程牽維日入事長征閘東便是還鄉水卻受風吹直北行

上元郡中作

酣羅低粕碾碌散傳柑雇印客都城揚州廣院杭州

署三泰同時堂月明

頴箴雲椊軍　秦瀹西湖工以代賑歷分段承

辦竣日用王梅階明府詩韻賦紀

湖身沮洳貳經年暮瀹舒疏七二泉林新舊、槐崗

深山容个、浸淪漣從横游艇隐宵月遠近漁歌散

晚煙復聖字風多惠政且蘸四境口碑傳

聲闻鼛鼓闐些時重向清流間緑酒極目快登覽石

嶔賽神忻禍水仙祠長宜壽畫期於善　天子鄰俞

不爲私牟旨此事原以利益民生勿使無識之徒以爲預備南巡更有富民渠

左坐枕模吾輩奉名師時穎銓堂明府董其成

一書疏鑿一書通黔首懽呼此役中春滿六橋增白

屋秋盛三郡自年豐全拖穀影非關雨偶攏鞾後晷

借風芟盡蘆挑尋葑填波只許試蕖紅

登臨尋上坐湖樓非復蔓入芳洲佃把連眉帽際

拭別開生面鏡中收澤隄儱慨無迪利思共滾漫不

數流愧我吹竽才最忝白渠鄭國附鴻獻

書顔鑑堂百美人詩後　前儀徵縣

京兆風流再見時，清才歸孺也能知。緑楊城郭無如

海齋蒲賢儀百美詩

百朋錫我此珍藏，嚼雪吹蘭字〻香。千古蛾眉成信

史，非關奩體教冬郎。

百蘊纈香採最真，吟成一句一精神。荼雲幻雨渾無

着，不録臨川夢裡人。人〻舊有百美詩，收杜麗娘，畢今汰

百琲穿成一串珠，由來架筆是珊瑚。明光盡體篇中

列何用春風展畫圖

與定陂亭因馬西溪看蘆花即訪蔣生漢園居留飲

十八溪邊穩泛艖，寒村小市靜無譁。四圍山影畫林影，一片蘆花與荻花。此日屏風晴有雪，何時鱗水若生芽。伊人況在芳洄澗，竹逕新開蔣詡家。

謝安結伴足開顏，況得同心玉筍班。客舫任牽雲斷續，僧樓剛住雪中間。西谿歷遍難爲水，南宋銷沉賸

有山最是殷勤東堂主石壺清猶脩忌還

文廬庵

秦氏山下依西特逵禅阁蘆荻自蒲思鷗鳧和往還

詩僧能謹古隱吏有餘閒更訂歲寒約探梅來此間

文廬庵僧水如邀觀梅花詠

西碶多品卉象水號壽花不有智以引鳥和風物華

冰心攢五瓣燕尾溜双叉手汲一罌去迴舟試乳茶

贈定致亭司馬

十年過從把蘭芳，南北何曾是異鄉。垂老已真成性命，桐交不僅在文章。胸無渣滓居難足，話少精[redacted]氣分忘。只恐搏沙姿易散，陳蕃他日榻虛張。

與吳洪如同馬朱達夫、俞料遊小雲棲

停車城北路，展步小雲棲。樹法相蓮池凡庵名吏部題額為臨園忠介工書林氣韻近亭翼冰東西夕想謝箋後條

朋逸真齋

病中

長官恩許借經旬棲息衙齋養病身宵燭畏風疲恋
砌泰民利雨健咁人病厓稀賓客垂條嫩粟滿琳瑯
未暑賢且喜有閒能課子趨庭迴首昔年春

中秋月

銅葉聲來未報更團欒金餅隔林生三千界滿秋何
極十二回圓此最明風嶺石雲同皎潔錢江潮水共
澄清年年從有南樓興還对西風動取情

九日逢霜降

園外青々籬菊黄騄駒歸程又重陽輕寒飛墮珊瑚
枕明日篤尖危上霜

古歙吴素江於燕市得古琴磨其背有字曰號
鐘曰疊山曰東山之桐西山之梓合而為一
垂千載禩而為謝文節公故物作序徵詩因
賦

叙浦名賢工審律異軫殊徽勤物色五百年前更徵
音三千里外高人得西山之梓東山桐僅製徽古齊

咸石沙湮土漬日復日一經後處歐囊中磨洗鮮明
二十字字痕痕備經臣淚抻指蘿篤附木聲猶懷
鶴摩霄志安佳宜及月華開亦宜風雨共庵催占襟
庵生彈淚灑當有忠魂駐雙木

汪曲江招同孫兆堂諸次石郁杏舟往山塘泛
看桃花舟中小飲

蠟屐居士寫新醅邀赴夭花林下來遠山近山景都
媚千株萬樹花齊開影迷翠篠綠波瀲光射絮雲晚

石堆巾履滿舟恚庭雨會須同聚掌中盃

過小六橋

六橋東对六橋西十二圖懷照影齊日晚楊公隄畔見一痕生翠絡山佳

贈鄒軍山表兄

鴻才潤甫裡行裝珍重奚奴負錦囊好水好山好烟景一時收拾帶還鄉

爲序中年南北分蹉跎廿載感離群東風綠柔明湖

石榴蝎好逢君又送君

題葭葦舲國理湖舫畫面小照

一卷西湖絕妙詞，清便宛轉見丰姿。無端又傳去康
手寫出吟懷未了詩。
日昨和逢柳外橋，雙堤景物已殘秋。年來我亦閒無
事，買櫂隨君十日遊。

淨慈寺僧櫛雲屬題童子試畢貧乏遂入空門
然擱不廢時藝以近作送閱贈以詩

詩僧古來只文僧，向所無八股。雖時藝要亦聖賢徒。願與作友朋，逃佛而歸儒。名教有樂地，勿悞投功夫。

春寒

向年才過百花朝，試暖仍寒麗景遲。綠淺劇憐楊柳怯，紅遲你惜棄棠嬌。海海月浸衣先覺，萬萬風吹徑易消。清狂眼湖山駘冶地，芳遊恰好鼓蘭橈。

前洹夢吟　[illegible]作

涼風淒淒涼露飛。中庭涼月流清輝。倚闌獨對天邊
月。脉脉無言有所思。思之思之何日已。集愁不禁新
愁起。有情當化蝶崇生。無情願作春蚕死。沉速香銷
寶鼎思。肉肉蘭缸燄不紅。酸梅苦蘗都嘗遍。雁約誰
期到夢中。孤床展轉和愁睡。孤衾細清瀝瀼淚。淚眠
朦朧已倦眸。窺人明月透帷玉。依約嫩風戶半開。有
美人兮[illegible]來。楊柳作腰花作貌。似曾相識漫相猜。

問卿何處是仙鄉。仙姓仙名仙子行。莫是陳思逢雒
水。或爲神女下高唐。答言奉東鄰女。初識只伴阿
姊妝。再節一面雙髻年。記陽紅薔通款語。向卿曾談
古人書。甚日簪花試手初。宋家才思班家學。比[illegible]卿
卿定不如。答言有又遺扇左。禁設珊瑚釣。小樓也[illegible]
瑣婢碎聲。畢竟還輸老嫗能。繡向高才劉善懸。傷
臺未了。又悲秋。書報孤到三。蓉鼓。使妾注丁淚暗紡
世間只有情難覓。世間只可悲無準。若換君心如妾

心謝豹啼時啼怎君臨別蜀詩謝莫忘莫忘黃花會
檀郎唳痕臉啟歛摘帕心日方知人影腸斷鐵丁冬
歌不盡花陰移過東牆缺月回回動美人蹤欄杆單
賸半床月

後記夢詞

昨夢美人來我家浮雲冉冉送香車今宵夢到美人側明河耿耿從星搖情依藤架循荷徑花字闌干一曲斜瑞腦爐煙濃香出戶疏簾紅暈燭籠紗下階一笑

邀相見了〻覷試吉祥韡蕙蓀釵光金鏤鳳璣粒髻
影墨堆鴉世眉玉鏡台邊坐奩日吟牋手自拿更通
絮語情尤厚侍女双挈七寶箖楊柳未嫣腰已困芙
蓉水醉態尤嘉粉痕掩暎面邊玉頰印分融悵底盡
破好個撥心上事是誰哀笛響嘔啞悲歡離合分攜
須回首真成天一涯欷歔分欷歔美人莫悲身薄命
薄福書生嘗自嗟淚雨重〻注枕畔一生腸斷鏡中
花

甲辰以前作姑録存之

吴儲合稿

（清）吴會 儲夢熊 撰

《吴儲合稿》即《竹所詞稿》一卷《余棲書屋詞稿》一卷，清吴會、儲夢熊撰，據南京圖書館藏清道光三年（一八二三）刻本。

吴會，字曉嵐，清江蘇泰州人，嘉慶九年（一八〇四）舉人。以廉孝聲聞鄉里。儲夢熊，字漁溪，清江蘇泰州人，附貢生。有知人之智，曾識阮元於未遇之時。官至浙江鹽運司副使，有政聲。二人爲世交，吴於儲情兼師友。

《吴儲合稿》是吴會《竹所詞稿》與儲夢熊《余棲書屋詞稿》的合集，爲儲氏在吴病故後整理刊行，收録了自己遊宦杭州時二人『效唐賢故事，以郵筒往來訂可』之作，集前有儲的序文。吴之小令惻豔軟媚，多擬女子聲口；一些較清麗的，有民歌風味，如《生查子·題鸜鵒圖》：『欲訴與鸜哥，怎得鸜哥信？不信等郎來，再倩鸜哥問』。慢詞有一部分仍屬香豔，如《沁園春》題下的《美人手》、《美人腮》諸什；另一部分則屬言志抒懷之作，比較深摯，如《鶯啼序·元夕病中與内子夜話》，用元宵佳節的『銀花樹合千山火』，反襯自己的病中凄凉，表現了人生的幻滅感。儲之詞以題贈、懷人、行役爲主，其中有關張姬、許姬兩位女子的筆墨特多，前後相屬，記録了詞人與二女相識、定情、聚少離多的情形，如『怎禁他簷雨浪浪，隔牕鴛夢坼』（《綺羅香》），纏綿悱惻。表現羈旅情懷的如『是何時人最無聊？初融春夜、欲冷秋宵，有風中杵、雨中笛、月中簫』（《行香子》），造境凄清，精警動人。還有一些作品表達了對吴會等友人的思念，如『爲我貂裘季子，動朝吟夕怨，驪歌滿紙。看幾疊紅牋，端的曉嵐才麗……舊雨關心如此』（《望湘人》），可見儲吴二人的莫逆之交。

（沈宗宇）

曉嵐於余世交也而十年以長成童時詩文多就正焉稍長學爲倚聲尤奉之爲一字師縫雲裁月共商確者有季嗣余薄宦杭州跡阻南北惟效唐賢故事以郵筒往來訂可今則曉嵐捐館而余髮亦駸駸白此調不復彈矣公餘檢其習𢇛拙作付之剞劂名以吳儲合槀倘遇有白石夢窗其人削而存之亦曉嵐與余之厚幸也夫道光癸未秋八月泰州儲夢熊記於西洽公署

目錄

竹所詞稿

竹所詞稿

泰州吳　會曉嵐

深院月

鸚鵡和韻

纔學語便分明自向人前喚小名昨日打從花裏過今朝學上賣花聲

春暮

春事晚倦情添乳燕歸來不捲簾聞道落紅鴛甃滿海棠花雨濕鞦韆

夏閨

開繡閣捲湘簾倚徧薰風傍午天怪道銀箏無力按宵來怯暑不成眠

清暑散晚風和着緉鞋兒下綺樓偷得檀郎蠅拂子花陰匿笑不回頭

螺髻子不成鴉裏上輕蟬兩翅紗要染猩紅銀指甲牆陰小摘鳳仙花

雲髩薄口脂香紈扇輕搖過畫廊爲撲流螢花底立薔薇清露濕衣裳

望江南

題畫

閒情賦願化小輕舠涼意碧沉香菡萏粉痕紅慾鄭櫻桃底事不魂銷

轉應曲

春去

春去春去烟雨江南何處捲簾忽見花飛悄立花陰皺眉皺眉皺眉皺人比落紅還瘦

甘州子

紅橋郎事

長隄一帶酒帘飄鶯語滑喚人嬌畫樓何處玉人簫風軟馬蹄驕垂楊影綠過小紅橋

歸國謠

客中夜雨

奈何許夢裏閒愁纔欲訴黃昏又下瀟瀟雨 他年再向邗溝路商去住須尋沒有芭蕉處

相見歡

揚州道中

停鞭纔罷閒遊木蘭舟又把離情載滿下邗溝蛩聲亂鴻聲斷惹新愁始信最難爲客是深秋

醉太平

雪意

濃雲正鋪酸風又呼晚來天色模糊有寒鴉亂塗支持酒罏安排蹇驢今宵且掩茅廬看來朝有無

生查子

題調鸚圖

薄倖不歸來夜夜人孤另此意有誰知訴與鸚哥聽 欲訴與鸚哥怎得鸚哥信不信等郎來再倩鸚哥問

昭君怨

春風

剩粉殘香零亂舞過畫闌干畔私語小窗中駡春風　半臂新寒正淺花底躍踰未捲誰爲掃殘紅謝春風

點絳唇

春閨

風約簾鉤鶯兒啼上相思樹春懷無緒疼煞梨花雨　剛是郎來又是春將去瞞人語幾回欲訴没放鸚哥處

踏青女

尾屐尋香相逢却在西陵路爲聽鶯語轉過迴塘去　上了長橋又與郎相遇回頭顧桃花深處那裏兒家住

羅敷媚

偶憶

玲瓏一派花光亂丁字簾前亞字欄邊好箇春風二月天　紅樓往事關情甚紅雨連緜紅袖翩躚紅豆銷魂又一年

題美人掃花圖 仿宋人獨木橋體

瀟湘仙子多情甚人也如花命也如花恨不將身殉落花　誰知我更多情甚愁也因花病也因花願儆香泥葬此花

卜算子

離愁

一葉布帆風兩辦蘭橈水不送閒愁只送人一送三千里　人在夢兒中愁在心兒裏夜夜秋砧把夢敲敲入愁人耳

清平樂

春閨

簾鉤雙控驚醒鸚哥夢説道郎歸須索送故意把人調弄　低眸獨倚闌干背人紅淚偷彈却𠮟雙

鬢去看海棠花露曾乾

柳長春

題贈別圖

淡淡池塘濛濛香霧最銷魂是漫天絮料應回首憶家山蘇堤柳浪聽鶯處　流水無波斜陽欲暮玲瓏一片花間度知他何處說春愁斷腸紅雨相思樹

蝶戀花

題醉妃圖

潛月籠紗花帶霧亭號沉香便是醺人處倦眼微睷嬌不語檀痕暈上春山嫵　暖玉低偎香軟護扶到華清更被芙蓉妬紅浪輕翻須趁取陽臺飛作胭脂雨

醉花陰

落花

簾外春寒輕似翦忍把簾兒捲無奈落花飛和雨

和風陣陣敲門扇　零香賸粉無人管怪道鶯兒嬾翠幕又黃昏燕子歸來錯認閒庭院

青玉案

秋柳

朝來繫馬長干路但目送飛鴻去薄霧疎烟籠遠樹幾番摧過曉風殘月又是瀟瀟雨　長堤一帶銷魂處瘦碧空蒼渺何許倚徧西風誰是侶晚來還見亂鴉殘照一片秋山暮

最高樓

無題

春何處一片影迷離昨夜夢兒知觸我心情無那處逢他天氣奈何時有誰人來和取斷腸詩　軟風扶不住垂楊線輕波載不起桃花片都只是倦難支近曉星如微瞷眼欲眠蠶似半攢眉最銷魂能刻骨是相思

滿江紅

望江

萬頃泚然湧怒浪寒空一色凝望處殘霞半縷驚濤萬疊天塹平分吳楚路石磯下鎮蛟龍窟看排空雙柱擁金焦連天碧　屈指數興亡跡搔首歎陳隋業盡沙沉浪洗斷戈殘戟六代鶯花都斷送五朝文物空悲咽算江流淘盡去來人今和昔

周君者年少從軍老而落魄酒酣耳熱往往歌哭相隨僕本恨人為歌此闋

頭白周郎説年少橫戈草檄記當日八人刁斗聲聲篳篥青海射雕晴雪冷沙場盤馬秋雲黑臥長城萬里月明中吹橫笛　今日撫窮奇骨同首滅英雄色但短衣縛袴撫髀太息灑淚天涯遊子夢落花時節江南客撥琵琶訴與白江州青衫濕

題照

石戸松關好一片幽棲之地皴染得疎疎密密蒼蒼翠翠略彴斜通林外路礬頭亂挽烟中髻有莊襟老帶古先生容高寄　門對着清溪水水盡處雲還起仿寒林家法荆關寫意輞水自成詩裏畫桃源豈復人間世倘山頭添箇小行菴予來矣

送王魯石歸武林　王魯石名元琨錢唐人

淼淼江天放兩槳木蘭畫槳止此日秋涼似洗波平似掌綠酒旗亭楊柳笛紅燈幕府蓮花舫有淮南烟月楚天雲隨君往　大不必登高望也不必陽關唱喜先生此去家山偃仰客裏漫愁南浦別

歸時自署西湖長算孤山到日小春天梅堪訪

題照

二月江村纔過了杏花微雨蚕聽得一聲泥滑兩行秧鼓丁字畦邊雲影活犢牛風裏春波綠（用中原韻）有詩人摩詰此間吟田家句　倘許我望衡宇倘爲我炊雞黍我便是耕田識字老農老圃稼穡原爲吾輩事烟霞不是先生趣鳳凰雛早已種書田豐年玉

滿庭芳

無題

屏掩鷓鴣樓閒燕子鳳花悄試香衣十年前事陡地上心時多少温言絮語分攜處未說些兒今日箇梨花寒食往事已全非　凄其從此別魚書鴈字兩下無期有遙山染黛嵌上纖眉欲把情悰寄與匆忙裏又怕人知春去也黃昏庭院一箇怎支持

鳳凰臺上憶吹簫

和漱玉詞

夢雨催陰輕烟做暝斷腸春在樓頭有亭亭慵燕悄欹簾鉤昨夜閒情欲訴無人聽只索行休凭欄立微睄紅淚心事如秋　悠悠天涯人去便憐花殢柳春好誰留更殘紅陣陣飛過粧樓多少零脂斷粉紗窗外未忍凝眸關情甚游絲舞絮綰住新愁

八聲甘州

題照

瀟湘烟水外染翠眉何處碧雲寒是高高下下疏疏密密一片琅玕剛只嫩凉天氣微雨過林閒愛此新晴後流水空山　忽見當頭皎月湧一天秋色印到寒潭把萬竿修竹瀉入鏡中看摻輕風篩來碎影有玲瓏个字點吟衫披圖聽瀟瀟響處人在江南

暗香

畫梅

最空濛處怕冷香一片和雲飛去寫上生綃盈盈留得嬌眉嫵憶我尋詩驢背嫩寒天孤山曾過而今見瘦影橫斜髣髴溪橋路　翠羽相對語說願化金鈴將花重護雲街月地移家合向羅浮住更翦吳淞半幅染香痕淡烟微雨被東風粧點得蕭疏如許

念奴嬌

讀世說新語有作

只須痛飲把離騷熟讀便稱名士歷落嶔崎殊可笑何似雀臺之妓石虎如鷗羊公有鶴數百容卿輩拂衣而去西山致有爽氣　爲問壘塊塡胸書空作字卿復何爲爾柴棘自來三斗許強欲預人家事大也羅羅小殊了了故是常奴耳百端交集琅邪終爲情死

梨花

夢雲斜月又幾番釀出者般庭院一樹溶溶清夜色有了梨花偏豔處處春風年年寒食燕子時相見飛來玉雨笑他柳絮輕賤　爲甚空翠簾櫳蔚藍天影總爲花光變淡到粉香難覓處林外曉鶯嬌喘軟障樓臺冷侵衣袂寂寞啼痕淺箇儂何在重門昨夜深掩

解語花

遇錢塘雲校書於秦淮水閣

中年絲竹六代鶯花總是關心事簾開丁字有人喚舊日掃眉才子銷魂欲死是前度玉人在此惹閒愁絳蠟紅牙往事分明記　重憶浮萍身世怪年來爾我飄零還似傷心提起好示與汗減懷中片刺金尊莫敵怕酒入愁腸易醉倩芳卿翠袖盈盈替英雄揾淚

翠樓吟

綠陰

花事纔過鶯聲漸老濛濛又蚤無際東風何處捲捲不盡亂雲似水和烟織翠露一角紅樓便如千里春歸矣倩伊圍住也應無計　猶記前日芳菲縱留他無恙千卿何事風光都換了還做出十分涼意曲欄斜倚又沁到那人碧羅衫子重提起殘紅覓徧樹頭樹底

題畫

萬柳圍天綠陰成海此中合有佳趣清襟何處浣早空翠撲人眉宇惹烟皴雨帶幾筆脩廊皺來如許閒揮麈詩情知在水窗深處　延佇彷彿滄浪聽數聲漁笛莞然小步軟塵飛不到讓點點碧鷗來去者般亭亍倘添上芙蓉隔花無路招吟侶祇應元白兩家同住

水龍吟

贈說平話曾生時有女伶在側

四圍紅燭如山何來一片哀湍瀉是誰惹起一番嬉笑一番怒罵忽地飛來長城萬里嘶空戰馬想綠牙屏底碧紗窗外定捲起昆陽瓦　更有嬌花兩朵小兜娘亭亭未嫁幾回聽到英雄兒女淚珠盈把月底吹簫尊前說劍閒愁謾惹只年時此會也堪說與做風流話

南浦

題畫

白雲無際莽寒空一片畫難成聽到疎林紅葉葉葉起秋聲我憶樓開木末望江南山染六朝青壬子秋登木末亭聯江南名士賦小杜遠上寒山詩意愛霜華濃處丹楓歷歷雲外客車停　往事而今蕭瑟悵前遊付與夕陽橫忽漫披圖指點彷彿舊曾經二月好花紅雨亂西風外照眼偏明想秋山許我入間小杜又尋盟

小梅花

題滄齋小記

閒庭院穿簾燕爲誰銜出桃花片賺蕭郎誤蕭娘一縷紅絲錯付與伊行看來畢竟奴心軟看來到底郎情淺可憐儂夢兒空何似當初索性不相逢盟言証將身殉做了傷心識鏤金甚辟寒釵恨字紅箋寄不到天涯天涯寒食梨花雪空林落月啼鵑血問蒼天鎮相憐爲甚好姻緣變惡姻緣

沁園春

蕭樓卽事

央及東風吹我重來柔鄉翠鄉趁鸚哥未醒偷開繡戶猧兒不吠悄過迴廊簾纈皺雲花痕蹴浪不辨脂香是粉香吾何恨恨從來銀漢只似紅牆儘教惆悵何妨便見慣司空也斷腸記粧臺左右曾窺秘戲小樓前後慣捉迷藏錯凭肩時誤攜手處紅粉都能恕酒狂吾何恨恨三郎醉後未免郎當

新浴

午夢纔酣雙鬟來報蘭湯正溫早花茵趺坐代除半錦瑤階緩佇悄卸輕裘繡幕垂將晶盤扶上只腈紅蓮兩瓣猩花陰外怕檀郎偷覷催掩銀屏怪來瘦怯難禁但半晌微聞漱玉聲早喚他小婢安排錦礅呼來侍妾收拾羅巾紅膩檀唇青鬖蟬鬢對鏡重將粉頰勻嬌憨也把弓鞋一搦兜上些跟

題梅花書屋圖

若有人兮我欲呼之仙耶隱耶見昏黃者月三更清冷空濛者雪萬樹橫斜白欲藏天香全做海老屋中間是那家容高臥掃蕭蕭四壁滿貯烟霞誰能筆洗鉛華只水墨輕描一味賒好添將隻鶴間依苔逕呼來些雀凍啅簷牙得化千身竟從今夜飛入圖中去伴他憑誰問問梅花似我我似梅花

雲娘小字阿鳳錢塘人隨其母流落江南賣歌糊口余客暨陽延之旅邸爲度聞鈴一曲詞以贈之

纔向當筵悄然而歌一聲兩聲早窗間明月金波乍耿尊前銀蠟紅淚低傾我已不堪銷魂特甚何況三郎馬上聽凄凉煞把霓裳譜換夜雨淋鈴清歌出自娉婷更不數開元許永新忽拋將檀板含顰悄悄低籠蟬鬢細語盈盈命薄飛花身輕落絮誰識天涯陌路情休腸斷歎君今已嫁我未成

名

美人手

軟軟溫溫一握柔荑春葱宛然記湘奩對影輕調薄粉晶盤弄月細掬清泉紅豆搓殘冰絃撫罷悄託香腮做枕眠新寒也把羅衫緊護穩抱雙肩天涯人去堪憐憶窗外頻招是往年更尋春花底相攜款款藏鉤席上戲捻纖纖垂膝歌停捧心病慣綵袖低籠懶下簾郎歸也看加來額上拍向燈

前

美人腿

雲櫳溫柔月櫳團圓偎來有情見海棠睡重枕紋印處芙蓉捧出粉瓣裝成春病愁消懷人漫託巧笑微渦薄怒頻宵來醉看桃花兩朶點上盈盈箇人畧要溫存儘檀口頻沾素手擎更憐他香汗拭來紅暈垂將珠淚界出啼痕紈扇支時玉簫拄處半面新粧覷未眞嬌憨甚把春纖悄刮羞煞郎

君

輪臺子

聽曲

剛是一聲檀板早空外綵雲停了是誰穩住飛花倚定蘿陰悄悄忽然唱到玲瓏與流鶯一樣珠喉巧藕花風起吹一片新腔來芳沼　那邊蘭葉輕舠傍紅粉香中斜葉隔橫塘定有箇盈盈倚窗人小想花底聽歌秋波凝眺更暗拍頻敲點紅蓮靴

靮鎮銷魂雨酥烟裊都奏來月地花天一霎風情鬧

賀新郎

感舊

愁與春同到悔年時黯然別也夢兒草草却憶水晶簾下見一箇倚燈人小迴羞臉輕籠鬟棗戲取爐邊雙銀筯劃相思字櫳將伊告都不與人知道那知却被人知道悵無端雨欺風妬海棠瘦了

遥想銀華朝鏡裏一點黛眉誰掃長只把春衫袖
皺待取歡場從頭說莽鶯花早向紅窗鬧重畫出
斷腸稿

金縷曲

有感

一片溫磨地記年時濃香錦瑟銷魂天氣十幅湘
簾中閒捲安放碧螺鈿几儘紅袖青衫互倚寫到
羅虬紅兒句掐春纖笑指鴛鴦字只此境未忘耳

而今往事都非矣回首處人間天上落花流水
睡鴨香消心猶熱驗取檀痕箋紙喚不醒梨雲夢
起畫裏逢君風流甚怪閒情與我何相似重惹我
灑清淚

題潯陽琵琶

十里秋江碧對茫茫九條江影一篷江月楓葉蘆
花涼映水忽聽琵琶悽惻把往事悲歡訴出一曲
銷魂彈不盡感飄零更有天涯客遷謫意怎拋得
相逢何必曾相識幾年來江湖淪落官閒地僻
回首前期青瑣闥夢裏分明遠隔爲商婦青衫重
濕千古潯陽遺跡在被丹青寫入淋漓筆烟月裏
四絃咽

摸魚兒

寫愁

倩東風吹愁不去教人直欲吟瘦心頭眼底眉尖
上幾度欲拋還又黃昏後與酒病詩魔累得人兒

彀猜他不透算只有春波映儂雙黛分得些兒皺
湘簾外鶯語一聲初溜風光那堪拖逗世間歡
少離多日此境虧人消受頻回首記那日簾櫳那
日閒花柳春風依舊有別後箋兒年時詩句爲譜
雙紅豆

邁陂塘

苔

傍閒階離離數點曉來添上春雨新痕早向花磚

引繡出軟塵香土青可數似小卜歸期昨夜拋錢
處幾回認取把綠字塗雲絲箋膩碧寫我斷腸句
簾衣外幅幅柔茵遮路依稀螺黛輕注染成蒲
髮朧鬆翠細糝落紅飛絮誰悄步有一道弓鞋印
入花間去盈盈帶露怕芍藥欄邊秋千架底滑蹉
溜釵股

哨遍

夜雨感舊

炙了燈兒依然料理昨夜愁滋味倚香篝獨自展
桃笙直恁冷清清地聽細雨絲絲背人偷灑分明
學做相思淚便一兩三聲芭蕉葉上已是心兒滴
碎況幽幽咽咽更悽悽似只向離人訴別離未必
當年悲秋宋玉此情堪似　猛地把一腔愁思惹
入秋衾裏記年時不寒不暖好天氣杜牧三生劉
郎前度柔情不斷春江水酒似潮頭人如花朵紅
到翠眉峰底更深塵簌簌落紅輕墜是銀甲纖纖

擘阮時忘不了雨嫣雲媚今日箇惜柳疼花轉眼
都非矣似夢前緣如塵往事又被雨兒敲起三更
新鴈五更雞總叫入斷腸人耳

鶯啼序

元夕病中與內子夜話

試問今年開幾夜星橋鐵鎖怕狂客強步尋春落
燈風早吹過遥想鳳城今夜裏銀花樹合千山火
只一輪明月凄涼照着爾我　暗數生平舞場歌

榭淚把豪情播袒吟衫絳蠟紅牙曾奪風流高座
澆詩腸綠泛金尊倚香肩紅偎花朵鬢眉如此怎
年來青袍塵涴　而今回首又覺前番心性都無
一可起舞聽荒雞莽蒼上聲情懷怎教摧挫咄咄
書空非非落想驀地把唾壺敲破任天街褭屐香
雲雜聞燈見月也都不是當年去逐珠圍翠裏
況復文園年時善病又值愁腸大空使青天問罷
侘傺無端路鬼遭來揶揄難躲側帽狂呼掀髯大

笑六州鐵鑄今番錯叶中原韻得橯橯是何處捱箏麼

好爲料理匡牀覆被蒙頭道儂思卧

男 樹滋 林蘭 校字

竹所詞稿　　　吉

余棲書屋詩稿

余棲書屋詞槀

泰州儲夢熊　漁溪

虞美人　題美人撫釵圖

闌前小倚雙紅袖溦溦金釵溜等閒鬆了髩邊雲記得碧桃花裏趁流鶯　夜來一夢分明甚睡起全無影侍兒不解爲春愁還勸水晶簾下再梳頭

憶王孫

簾衣不捲雨絲絲潤色如雲上硯池小坐沉吟一

餉痴有誰知淥影窗中改舊詩

南鄉子

玉殿坐迎秋比翼連枝語並頭悄凭香肩無限願兜兜痴絕三郎學女牛　南內月明愁錦襪香囊淚不收爲問洗兒錢在否羞羞輸與江梅算好逑

李翠塘詠楊妃詩有云不免馬嵬坡一死三郎終是薄情人余謂犖山之寵半成於妃醜聲外聞妃亙負帝環繫羅衣非過刑也拈此以示

八聲甘州　題梅花牡丹畫箋

殘生幾修得到梅花自是百花魁但五福中富八柄中貴從古相推難道金裝玉佩還許論高低亭畔三章賦綵筆誰題　當日濂溪周子他摧排衆愛品格難躋笑眼前褒貶心口逈然非我最愛谿橋清境也好來琦島覓芳菲喜今日瞥開便面齊領春回

菩薩蠻

牕前陣陣黃梅雨窗綃暝色濃如許暝色送相思思君君未知　當時離別意題起還如醉無語撥香篝新愁縮舊愁

八月圓　爲張姬取字品秋

芭蕉葉子梧桐樹一㯋護長廊問他昨夜秋生何處好去思量　風何蕭瑟雨還淅瀝月只凄凉問他情思比秋深淺好去平章

越溪春

暮去和丸朝採藥鑪火燄騰騰頭風齒匯河魚腹
對醫家說也零星併不曾閒何嘗得睡署睡還醒
　匆尼聽噪數聲屋角鵓鴣鳴天將十日五日風
雨教人再不分明人也不情不緒管他甚个陰晴

羅敷豔詞

許姬玉卿蘇城女也壬子秋余與張六窗
姊丈南闈被放後共棹至蘇見姬於張嫗
樓中遂歸於予時年十七嗟乎黔婁嫁與
余樓書屋詞稾　三
漫量金谷之珠絡秀多情卻渡秋江之楫
笑余未能遣此經年夢繞吳門憐爾詘節
相從以後春生小閣用成羅敷豔歌六首
以記顛末

白雲一櫂金閶路記得相逢翡翠簾櫳心有靈犀
一點通　橫波翦取吳淞水是好吳儂可也情鍾
一笑回頭兩靨紅　右初見
相逢忽地經旬別結了情胎近水樓臺花底青驄
得得來　依稀乍見生人面霞暈香腮故整鸞釵
小倚闌干蹴鳳鞵　右再見
前生種下相思樹眞个情投鄉最溫柔人在翠陰
掩處樓　冰綃霞袂裹金縷紅影蓮勾爲看梳頭
小婢將簾捲上鉤　右三見
澄波輕載芙蓉舫離了楓橋蚤渡寒潮烟樹吳門
望裏遙　嬌痴未解江山興香夢連宵明月高高
送到揚州繫畫橈　右舟次
余樓書屋詞稾　四
眉峰曉對菱花蹙倦整新粧悄背韋郎絮語孃邊
別恨長　鮫綃滿貯啼痕溼無限柔腸卻待商量
記取心安即故鄉　右閨情
沉檀一炷雙烟裊扶下雲軿翠燠紅甜了卻三生
未了緣　藏春藪裏情多少深護嬋娟玉鏡臺前
大婦同心見也憐　右昏夕

浣溪紗　贈許姬

七寶圓光度綉簾今宵寒比昨宵添个人貪把繡

來拈　虛卻衾窩渾細事怯寒雙頊翠眉孅還愁侵損指尖尖

生查子　書張六窗惜花詩後

名花產洛陽姿態殊濃麗不識洛陽花傾署詩中意　飄泊去隨流流水空無際說與惜花人整頓花前淚

附錄六窗惜花詩洛陽城裏產名花姿態嫣然絕麗華漂泊竟隨流水去不知流水向誰家

減字木蘭花

六銖衣薄曉怯春寒扶病著簪珥瓏璁只是新來兩鬢鬆　憐伊憔萃枕上嚶哈巾上淚更有銷魂做个慵顏強對人

醉太平

臍香好熏沉香好焚口含雞舌香凝敵生香未能　蘭香最清蓮香最芬桂花饒有香名遜梅香一分

傷春怨　元日書事

昨夜驅寒去未得將愁併與悶字怎生書重向鑪灰撥箸　好音成空趣如願歸何處仔細詰鐙花恁一向將人悞

惜餘春慢　有序

去僕黃姓乙巳春來依余方總角也甲寅春別予去留之無計葢亦不復作戀戀之色矣去後旬餘兩成別夢淚涔涔下醒時

淚痕在枕嗚呼人之相處十年之久也而別離矣人之少小相處十年之久也而別尤難矣十年僕侍予吟席命誦唐詩若千首寫素牋若干幅有如師弟客遊則兩館風舟嘘寒詢餒有如昆弟僕性頴且雅雖不如郄家奴善知文章亦能爲執燭耆頭辨讀書與博弈也僕旣去余視諸廳門輩真蓬首垢面人耳此其所以別而夢夢而

涙且再夢再涙歟數日以來不得於心感
而拈此
自小相隨收書洗研好个唫窗小史十年記室馬
後肩詩話盡平生心事怎便一旦長辭媿不才多
如蕭頴士空尊前齝首一言多謝兩行清涙　還
記得襆被間關客中再別汝病懨懨不起聲聲珍
重兩兩棲皇最是那年情致可信腸斷爲伊慘綠
愁紅離心兩地待西風把釣歸來誰向蘆中鼓枻

雙雙燕
過清明矣正旖旎時光送春期近青陽無賴故意
暝寒不定領起春愁春恨都做與潘郎兩鬢可堪
殘月鬗啼剛是那時人醒　扶困行來露井訝隔
夜輕雷牆陰添箇雨痕着處可也香關粉褪快的
桀棠扶穩索與把護花鈴嫯防他檐雀飛來攪碎
一簇芳影
悞佳期 七夕雨
今夜愔愔雨細說是天孫灑涙離情不信到仙家
也有人間意　經歲阻銀河片餉鵲鵲會只愁除
了可憐宵有涙無從寄
浣谿沙 中秋無月
今夕人間重晚晴今年虛說一秋清薄陰低護木
犀屏　天若有情天莫雨月如無恨月須明西風
快送管絃聲
瑣窗寒 書李雲樓詩後

秋月談愁春風說病吟成白紵半生心血付與一
窗蕉雨縱青年搜羅未深分明字字才人語奈琪
花早謝零膏賸馥看看飽蠹　覓取憔何許用小
楷鈔來硏光楮素囊金篋玉是您知心儔侶忽沉
吟我轉自悲幾年詩骨埋黃土問將來也有憐才
似我能憐汝
調笑令
春去春去撩亂落紅飛絮春光去有來時郎去歸

期未知知未知未儂豈因蕉萃

眉峰碧 寄柳鳳伯

數盡殘紅矣別恨心頭起莫問江南怎撓愁只江北原如此　寫就銀光紙沒處尋雙鯉好倩梨花一夜風夢兒吹過東流水

鳳皇臺上憶吹簫 書葉岑洲悼兒詩後

我恨天公生成情字被他悞盡平生問情爲何物化淚縱橫十載淒凉夢醒羅巾裏一半春冰况幾

度珠殘玉碎能不盈盈　挑鐙把君詩句正簾外芭蕉襂雨聲聲想惟悵若聾此話誰聽惟有鍾情似我題舊恨分外憐卿拌今夜珊瑚枕上着个分明

減字木蘭花

雨淋一陣雲破月來微有暈金井梧桐葉葉蕭騷葉葉風　銀花拋卻小試香羅蟬翼薄別有關情今夜新凉枕畔生

駐馬聽 賀友納妾

遍選紅粧問誰是娉婷絕代嬌娘搓蘭作質團花成豔銷魂端的無雙漫斟量將个人金谷收藏百斛眞珠萬條情縷結了鴛央　即今蛩秋天氣初月迎凉正粉痕帶溼浴罷蘭湯鬢影新簪末麗風前笑倚檀郎請今夜紅甦枕消受穠香

浪淘沙 題洗硯圖

當年情態結鱗猶在因循不覺韶光快到而今負

下詩債文債書債　吟人虛坐闌干外紅絲一塊浮沉手向清流汰委風流更眼大筆大才大

渡江雲 與張姬登樓望西湖卻憶許姬

睕徛無箇事小樓簾捲攜手夕陽初頭銜貽我累轉累芳卿荏染二年餘別無佳趣只終朝看煞西湖又住近涌金門畔垂柳幾千株　模糊深深翠掩隱隱紅藏渺箇人何處渾不識六橋三竺入畫全圖何當倩爾桃根手寫一幅阿姊音書書到日

教伊快整檀輿

雨中花 程竹塘席上贈歌者

早則見珊珊瘦骨更新染傷春小疾玉笛頻催紅牙緊按怎怪伊家不　一曲崑山才聽畢又席上喧呶酒律推去金尊挪開郎手低說一聲弗

玲瓏四犯

愁是秋心剛盼得㑥來又蚤愁至有一分秋增有一分愁思休說泛梗浮生擔不起許多憔悴問天

公你若無愁不合將秋如是　最難忘處春光膩孤負他熯紅温翠閨中腸斷天涯外應念何郎奚似昨夜我夢揚州想到揚州情致記平安書去道不得多愁字

滿宮花

夕陽天芳艸路看到翠蕈紅嫵兩三春樁大隄邊知有人家展墓　幾回欲別杭州去又被名韁繫住清明無客不思家况是而今五度

一枝春 憶許姬

纈碧蒸紅者風日正是撩人時候虛名些个勾引東奔西走蕭郎近况好說與卿卿知否你應也憔悴惺忪不住眉山頻皺　我還倍難分割將魚書一紙從頭看又行行說着忘了鄉關迴首睽煙隔雨管弱質禁他消瘦早盼過五度春花四回秋柳

前調 憶張姬

撇下多情旋去東渡只爲微官升斗阿儂歸也偏

又可憐時候漂晨泊夕甚丰采尚能如舊想你在寂寞香閨應是一般消瘦　去秋好難分手正霜林殘照色濃於酒香車整了一語階前相叩歸期何日休遲悞教人盼久曾說與闌藥紅前庭莎碧後

滿江紅

壯志頹唐計歲月看看遲暮得多少蒼凉百感兩今雲古酒後不禁雙耳熱階前饒有千回步問青

天咄咄欲書空從頭訴　記往歲天台路又前日
桐江渡更山陰道上印鴻泥處梅子尚留侵齒味
垂楊已作隨風絮打鳥絲醉裏送行人揚州去

聲聲慢　擬閨情

濃雲壓恨碎雨澆愁蘭閨恁般闃絕小院無人飛
滿酴醾香雪遲了雕梁歸燕休更題阮郎消息空
盼望沉沉過盡春三二月　已恨江分揚子況添
隔錢唐春潮幾折夢兒尋去也要兩重飛越哀絃

一聲訴怨轉輸與將離時節新來瘦只合對鏡中
人說

山亭宴

穠春煙景殘秋燒鎮溜滴四檐聲響細雨更斜風
楊柳岸晚潮待上朝來暑放一分晴又惻惻輕寒
再釀天忒會把人魔障上巳瞬將過甚禊飲心神
爽　無憀終日慨慷狀蚤暝色催人斗帳衾裯怕
相親盼不到紗窗有亮梨雲夢彭賦人天正穀雨

花盈簾幌掐指數韶華千里同惆悵

安公子　咏蔗

沁口璚漿咽涼於冰水甜於蜜滿貯晶盤論風味
含消不敵休怪貪饞佳境頻頻覓有奇功五內銷
煩熱當酒微醺後正好倚闌咀嚼　別有心頭渴
等閒不用清喉舌切脈冥搜消息在酸梅苦蘖便
做尊前一霎生津液滿焦愁卻共伊誰說偏梨花
燕蹴揉彈半庭春雪

前調　咏楊梅

照眼誰家果垂紅綴紫明如火入黛稽山隱隱見
驪珠齊彈擷取筠籠戴笠林間坐學痴頑客裏心
情頗愛甘香鬆脆一顆勝如一顆　客夏杭州過
水晶丸記青絲裹玉女星郎妙絕世風情兩个幾
度嘗新不解雙眉瑣知明年何處鷓棲可似萍漂
蓬轉笑煞新來的我

菩薩蠻　客中除夕

比隣臘鼓喧寒漏一鐙孤館青如豆不飲對椒花更闌人憶家　迢迢千里隔定說他鄉客昨夜有書來窗前梅又開

柳梢青

氷影平沙懸冰解凍細艸搓牙昨夜春寒今朝春雨瘦盡槑花　五更有夢回家驚覺後聲聲曉鴉去歲春遲今年春蚤同是天涯

望湘人 有懷吳曉嵐朱槐里張六窗

巳浮生勘破富貴繁華浮雲太虛而巳只是難忘心頭情字想着多情人矣槐里情深曉嵐情切六窗情摯算今年便做相逢費了五年離思　爲我貂裘季子動朝吟夕怨驪調滿紙看幾疊紅牋端的曉嵐才麗槐里才奇六囪才美舊雨關心如此常盼待一紙書來書到又將愁至

連理枝

兩岸春山對兩點春烟翠兩槳船兒兩谿新漲行

人獨自只兩頭月子掛遥天炤離愁兩地　宦輿吾慵矣說着莼鱸美算是揚州輸他擢玉一般穀水願東風幹當者番情付北流千里

浣谿紗 憶張姬

記得年時放晚衙擘牋分詠小臆紗杭州住久巳如家　惆悵夜闌人不寐一樓明月一庭花彩鸞歸去又天涯

附錄張姬杭州寓中夜坐詩玉漏聲頻轉銀河影巳斜夜闌人不寐明月一庭花

浪淘沙

花霰落重檐侵曉還黏小窗初放復垂簾雖是昨宵風較大今日風尖　衣比客冬添坐起難恢一枝蘭蕊手慵拈盼得晚來寒暑減雨又廉纖

前調

春信記纔經雨便零星雨絲斷盡絮雲輕吹散也虧風有力莫惚風聲　花事巳漂零岸艸籽青明

晨準備踏莎行縱使曉寒仍不免難得新晴

沁園春

一度春來一半春過輕寒未消漸烟痕如織日華似錦柳眉拭翠杏靨團嬌詞客漂香酒人星散一臥空山不自聊經數載未料量花事負了花朝　彎彎綠水紅橋但題起前遊魂夢勞記香樓一顆聲欺脆管纖蔥十指響逆檀槽綺陌鶯藏雲窠鳳杳鏡裏朱顏只暗銷重相見怕瑩娘瘦損潘鬢蕭蕭

行香子　河莊行館

行厭征鑣屋媿鳩巢笑年來只當誅茆窗函越巘門對江潮計風片急雨絲重月輪高　一向心勞未遂形逃是何時人最無聊初融春夜欲冷秋宵有風中杵雨中笛月中簫

鳳棲梧

自入春來長是雨雨絪風穿是引愁來路吹得飄零吹雨住東風還有商量處　蒼靈著意將春作去淺不分明深又勾離緒風雨銷磨顏色去桃花兩是傷心樹

前調

豔豔融融剛一瞥人去春來春老人還別應候聲聲催百舌薔薇糝地胭脂雪　湔得羅裙新摺褶人似丁香心似丁香結紅粉樓西弓樣月樓中又是愁時節

明月逐人來　河莊山看桃花

翦綃成片聚霞為國怕塵世無此綵筆蓮宮仙子搗碎臙脂汁潑做滿山春色　長想武陵原裏人家如織只此境卻也難得鞭絲帽影日向花天立春在唫衫咫尺

江城子　寄丙

生平何事著征衣說分離便分離記得去年相見恁秋時話木棉襟衾未煖門巷曲馬頻嘶　刀鐶

後約尚無期怕遲遲卻遲遲最是無憀時候最相思若問咻思滋味苦除我外有卿知

齊天樂 聽吳煥章吹簫

海天掛起如鉤月參差聽他吹徹鋏篴橫秋銀笙炙夜怕沒恁般凄切纏綿嫋輭龢高字如啼低來似咽只訴幽情何須一曲晚雲裂 當年誰製鳳翼曼聲能寫出鳳聲清越洞府茅君泰樓蕭史傳與伊家音節欵欵緩送便引入柔腸一春離別明

日青山杜鵑枝上血

百字令 嵩山行館

汙邪之地算憑空架了幾間小屋滿院莓蕪行不得滋染廊階盡綠溼雨爲池蒸陽作霧蜃氣添吹毒脈脈況又一春長此羈獨 嘗記有句坡公衰年八困六月炎烝酷爭似此間多漸滓未試梅風先溽溽欲成消傷幾同疹請看河魚腹吾當倦矣宦情如夢蕉鹿

金縷曲

繆午非鮭尹招飲錢清官署是日山榴舒豔象穀攢嫣製曲徵詞飛觥傳令樺燭數跋興猶未闌醉後留宿齋中醒則東方既白矣拈此以紀其謝

芳逕華筵敞見繞屋烟紅如繡對人齊放昨夜催開花事早鞨鼓輕敲十棒當今夕好傾佳釀白紵江南調葉譜卷珠簾一縷歌雲颺箭管逐按方響

東君合是蘭金長儘分付紅紅好好淺斟低唱 落魄信陵心自苦尚其東風無恙君容我樊川疎曠吸盡手中銀盤落解塵襟一枕紗窗亮從過後易思想

行香子 答午非用原韻

煞費摹臨滿紙淋漓走霜毫沒點塵侵移宮換徵戛玉敲金定山中讀花下玩水邊吟 非會纓簪今感辰參更何時買箇舟尋壁間詩句堂上琴心

與山態活花影瘦水痕深

滿江紅 答金䨲塘用原韻

僻叟家風八本是當年五柳滿胸次許多邱壑絕無堆阜得異書來珍是璧看浮名去輕於酒自安排天籟自高謌笙簧奏　君飲取芳名舊我拌卻捧心醜對泠泠趙瑟一聲秦缶宴設龍門忻共預客如安石能忘否想河陽幕府最多才勞回首

唐多令

雨過翠屏凉紅樓試晚粧賣花聲只隔東牆一絡玲瓏花似雪用綵縷細穿將　數朶颭釵梁輕柔寶鏌強恠貪頑輕薄才郎鞾了盤鴉新掠鬢莫抛了鬢邊香

羅敷媚 梅林行館

一枝又借槑林駐山色紛紜谿水如雲身與棋花結四隣　揚州往事傳東閣家住江村茆屋柴門原是梅花舊主人

東風齊着力

吏束文書僮收詩艸日日閒吟清原如水澡雪奉官箴司馬從來物外少算計只解登臨早報道春衫典盡那到而今　賸有帶頭金無聊賴酒逋書債相尋不成緣您冷卻細文鶯瀟灑情懷故我新閱遍世路崎嶔東陽瘦非干春思不爲鄉心

滿江紅 書王憶泉蘭征雜詠詩後

天與多才又付與山川游騁倚雙槳大江南北尋幽訪勝青笠紅衫畸士槩丹楓烏柏神仙境傍黃河逆折上皋蘭風霜勁　但逢着登臨興便傾口長謌詠向旗亭畫壁新聲動聽行篋滿裝遊子句郵筒附入天涯信記三唐最好右丞詩君詩近

摸魚兒 題吳冠羣黃海奇葩圖

儘尊前紅紅白白殊芳圖寫滿紙珠璣錦綉般般肖鱗翼蝨虫㓐似風情異天教取寫生妙手傳生趣雲林遺意算只有當年容成曹阮韻事有如此

妖紅合在妖姬手此福能消受弓弓細步近郎前借與一分春色一分妍　郎君年小風流格慣作收香客晚風庭院更無人相對可憐花影可憐身

綺羅香 憶張姬

雨翦裁紅風刀刻翠又送一庭春色怎坐人歸覺是詩腸便漲纔一陣艸孕肥添能幾日花苗瘦剋笑東皇亦似愁人褒寒做煩惱悄無力　宮商須待再譜几上棋花冰雪舊裁牋式遙夜分明攜手凭

闌干立彎新月眉黛憐顰臭垂楊腰圍認窄怎禁他簷雨浪浪隔牕鴛夢坼

綠意

亂紅齊褪有輭翠生生別般丰韻只似佳人怨粉愁脂一夜爲春瘦損憎寒忽地還憎暖更偷換衣衫無定是誰囑付天公染出綠珠小影　依約似深猶淺乍黃處多分花時先孕瑞碧山峰鴨漲湖波圖畫天然掩映五更涔露三更雨又補綉翡茸

平生志三十六峰未到勝遊何日得遂芙容菡萏縈清夢何況山香滿地君知未君眞个神仙頃刻開花技余情往矣可便許扶笻量芬較豔同作賞心隊

調笑令 題畫扇

紈扇紈扇寫作雙蛾便面名花北地南天怎坐分調管絃絃管絃管滾就眞珠一串 諸子察[illegible]

沁園春 書瞿花農鐵司馬五十自壽詩後

侍御家傳百卷圖書先生守之自燕雲一騎花生口吻湘雲一舸馥染吟髭暫返吳門猶和夏輔雙掐檀痕譜舊詞君才調邁唐賢高適五十工詩量珠東雪之司是蘇白前身再到時況試吟柳絮室藏才婦學聲雛鳳庭有佳兒任是蹉跎渾饒自在小住杭州也最宜憑添壽將西湖湖水釀酒盈卮

虞美人 題友小照旁有拈花女伶

一寸怪東風只埽眉梢不管眉梢添悒

沁園春 題楊二時聽雨圖用自題原韻

子正才華賦雪賦崖錢唐世㞐對明湖春色嗁情爾爾監湖秋色旅思吾吾瀹茗吳山篘醪越水伴影長攜燎葉鑪清興發便披襟夜起一唾成珠穠帷暫駐之餘任聽雨聽風渾自如但鐫煩銕筆丹砂小印摹煩綵筆鮮翠橫闊紙上喧蕉行間韻竹展玩疑分綠到䆗高曠意看浮生浮世在在籧盧

滿江紅 題范葦舲司理繪浙臬獄中精忠柏圖步岳忠武詞韻

人往風微惟一片精誠不歇七百載樹猶如此況於先烈曾見宛詞紛黨羽曾經片紙書年月小秋官靚物想孤臣心淒切 且休計封霜雪也莫論無生滅倩丹青設色詠題其缺自是生成君子德更教濺上忠良血最蒼涼荊棘眼前多悲南闕

賣花聲 自都旋里留贈六舍

三徑竹籬笆栽滿黃蘂花名聽得外人誇偏我京門迴騎後埽數欹斜 霜鬢感年華擬便還家一尊攜取就煙霞又忘西風徒有約依舊天涯

男 宗泗 復祖 校字

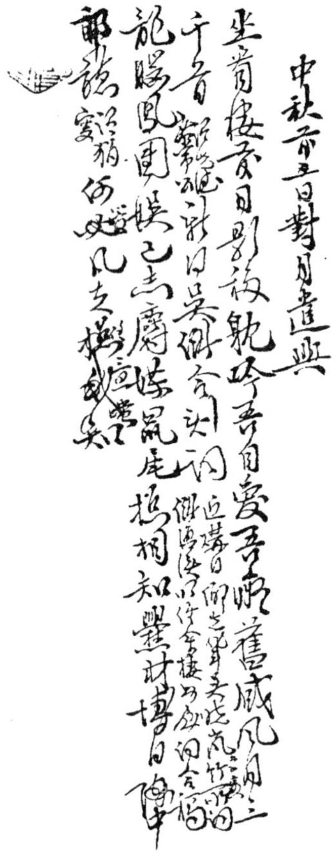
中秋前五日對月遣興

靜思堂續稿

（清）季爾慶 撰

《静思堂續稿》不分卷，清季爾慶撰，據南京圖書館藏清刻本影印。

季爾慶，字廉夫，清江蘇泰興人，清初名臣季振宜曾孫。少負清譽，曾入阮元幕府，爲阮輯《淮海英靈集》徵詩。後入都，受知於紀昀。著有《理學闡微》。

泰興季氏是明清之際揚州地區乃至全國最顯赫的家族之一，亦商亦宦，以豪富稱，與山西亢氏合稱『南季北亢』。季爾慶之高祖振庸，闢静思堂作藏書之用，多收常熟毛晋汲古閣流出的珍本。後其家財力稍殺，而文學傳統綿延數代。季爾慶曾入都從紀昀遊，紀《閲微草堂筆記》中的《季廉夫言鬼》一則，即出季口述。其人詩作甚夥，今僅存《静思堂初稿》一卷、續稿一卷，爲嘉慶十年（一八〇五）刻本。《續稿》收詩三百餘首，於阮元杭州幕中所作最多，大致寫浙中勝景，體物工細，如『柔茵似毯堪承襪，淺碧如油誤下篙』（《春草四首和莫子盧先生韻》其三）等；一些詩作是對幕主阮元的面頌背譽，如『安危仗謝安』、『愿公作柱石』（《上阮中丞二首》）等，在在有之，幾至逢人説項；另一些是與幕友、親朋的酬唱、題贈之作，如《之江試院題李艾塘〈揚州畫舫録〉》、《題陸祁生〈秣陵秋〉傳奇後》分别記録了詩人對李斗《揚州畫舫録》、陸繼輅《秣陵秋》傳奇的閲讀體驗，可備文獻之徵。集中詠史自況之作亦多，氣格高古，如《康山懷古》：『牢落前賢作隱淪，武功豪放是才人。總教紫綬三公貴，不敵銅琶一曲新。山借隔江還映郭，樓高平堞不飛塵。古今興廢餘邱壠，過客低回一愴神。』抒發了對前代著名文人康海『蕭條異代不同時』的向慕之情。

（沈宗宇）

静思堂續稿

泰興季爾慶廉夫

送汪天衢孝廉之蓬萊廣文任

挾策來燕市幾過黃金臺臨風多感慨古人安在哉子茲將五載頭白壯心摧歷下有豪士倚馬稱雄才邂逅在苹水漆膠投不開驪歌忽焉唱駕言官蓬萊振鐸過洙泗桃李深滋培廣文雖小試禮備而樂該愧余樗櫟質心迹似寒灰君行在轉瞬遮留進酒杯人生歡會少聚散如浮埃亦思作歸計雙槳打潮迴

客窗坐雨

連日秋陰感客情涓涓都作斷腸聲天涯夢別家千里屋角燈紅夜二更溽暑消時人覺爽塵心定後眼逾明此時支枕難成寐又聽簷前急雨鳴

題方湛崖春堤試馬册子

東風三月試華騮蹀躞何妨緩緩遊十里桃花紅壓帽一堤春水綠盈騑好臨繡野驕金埒且向旗亭醉玉甌賞識曾應逢伯樂龍媒本是出羣流

清明聞野哭

世道由來薄紙錢招魂又見哭新阡古今多少滄桑變何況區區一墓田

題陸祁生秣陵秋傳奇後

六朝如夢水空流一帶垂楊憶舊游偏是斷腸人去後尊前猶唱小梁州

姊妹花開特地愁青衫紅粉秣陵秋他年盒子重開會載酒還尋湖上樓

七夕坐定香亭

定香亭上雨初收綠減紅稀對早秋籬落疎星穿點點越窑天色鮮牽牛

曝衣樓角月垂鉤瓜果堆盤散旅愁四壁蛩聲人未寐一燈如豆話清秋

暮春即事

春雲如絮復如英十日難逢一日晴作客不堪聞杜宇倚欄惟愛聽倉庚單衣乍換荼蘼放團扇初開蛺蝶迎滿徑綠苔粘屐齒踏殘旋向雨中生

和段赤亭五峯山訪碑元韻

層巒綿亘接靈崖神禹驅使五丁開不數齊州青九點三山直欲擬蓬萊（志云泰岱靈崖五峯名曰三山）有客訪碑臨岙巘上方鐘磬動風雷長清烟樹齊如薺俯瞰茫茫四十里繞盤出峪何迂迴五峯突兀忝天起山形匼匝復嵯峨幽澗鳴泉流清泚曾引仙人居絳宮丹成羽化白爐空千

年往事同彈指霹靂猶存刼後松洞眞觀裡三清殿蓮
華座上如來面更有興雲降雨龍頂刻能消野燒紅濟南每逢旱歲求雨皆上五峯山漢碣秦碑存亦僅遺山墨迹還堪問元好問有定靖眞人碑記完整如初偶因選勝尋聶眉復得貞珉君盍信相
携我欲交秋嚴釆訪同登格馬尖十丈軟紅飛不到林
坳深處多香曇蠟屐躡穿吾豈惜轉愁雙袖染晴嵐

芸臺先生招飲湖心亭和子白韻

暮雲忽變一天霞要護紅蕖十里花指點湖心亭半角
水爲四壁月爲家

靜思堂續稿　三

尚有朱欄繞碧流已過烏鵲度星牛散花正待維摩詰
黃葉飛來怕打頭
葛衣露坐覺生凉風送秋痕淡淡香手擘西湖雲葉葉
遮他三十六鴛鴦
月到波心鷗夢沉有清光處暢詩襟夜深樓上人吹笛
不敢歔吟只苦吟
遠岫分明四望開賓鴻偏訴一聲哀座中儘有思鄉客
怪爾銜愁渡水來

題阮湘圃封翁九里洲梅花障子

一路山光好窮幽過富春野梅迎畫舫新柳綰遊人林
壑供鳩杖烟霞繞隺身暗香吹不盡風送滿江濱

西園梅放和程竹厂韻

春來纔幾日破臘一園開放隺亭猶在騎驢客未回時子白同芸臺主人往孤山探梅香深天地廣花發古今魁我欲移長榻
相看到落梅

吳山秋眺

微茫影裡見蛟門不辨烟雲海氣昏白馬渡江開半壁
黃龍息戰嘆中原潮聲猶帶前朝恨草色偏消蕩子魂
底事登臨生感慨興亡自古總難論

補樹

芸臺學使于署西園補栽梅桂楊柳數十株顏
之曰計樹軒作詩示幕中諸友予亦次韻

靜思堂續稿　四

門牆盡桃李樹人同樹木栽培管子心矯矯出流俗使
君骨性清愛梅兼愛竹勝事不嫌多流光快轉轂前度
來孤山佳游尚未足癸丑歲曾游諸名勝再客居西園梅花紛繞
屋新枝昨日栽舊樹未全仆方池添蹤影署礿藏林麓
竹色連女貞經冬不改綠顧我匪壯年霜髩漸凋禿乃
語灌園人枯朽莫盡劚老桂已婆娑稚柳不盈束雖未
屆其時生意各含蓄春花夾路開側看橫畫幅晴檐幾
度延整衣出新浴此時種樹心千載猶嫌促

秋日同芸臺先生遊海寧安瀾園四十韻

秋潮迎畫舫得得向鹽官海上峯如黛溪邊草似蘭聞
鐘知近郭策騎訪安瀾塔影當門直籐枝隔院蟠園扉
勤啓閉邱壑足盤桓不是聯高會何緣獲大觀山公携
筆札習氏具壺簞飛葢相從易乘輿逕入難池寛生瀲
灎嶺秀鬱巑岏鑿翠虛藏閣分青小叠巒苔斑飢鼠走
窻破壁蝸剜捲幙雲侵榻飛花香滿幱流泉穿細澗叢
桂護長欄拂帽松枝杈鉤衣石角攢浮梁跨水面翔鳥
下檐端竹密天常暝房幽夏亦寒不須懷橘柚（園名）只合
擬欃檀逕勝心猶壯題蕉墨未乾昔賢開水榭此日樹
詞壇掞藻紅樓敞持衡玉尺寛使君今屈宋相國舊蘇
韓搔首空多感依人未盡歡論詩傾賈島得句效方干
黍火供宵讀芹香助午餐儘多食馬齒猶恐累豬肝泛
月雙搖槳看山一解鞍交朋無芥蔕拔秀出茅菅東淛
游雖徧西湖興未闌吹簫招彩鳳引勝說金鑾集字何
妨續（舟中時排集字詩）看書不厭攤行廚糧自裹佐酒味宜酸
野服居高座狂歌咏考槃笑他彈鋏慣喜我托身安時
序忙如駛年華迅若湍歡場難久駐美景易凋殘纔見
菱花白旋驚楓葉丹征鴻音最慘病隺影憐單撫迹多
餘慕臨風復浩歎宵深聞畫角月上爛銀盤津吏勞相
待回船夜色漫

春草四首和莫子盧先生韻

幾番膏雨長新痕綠過前村又後村斜拂羅裙風淡蕩
軟隨繡轂日黃昏何人南浦生離思有客西堂夢旅魂
惱煞蓬居荒仲蔚春來猶自掩柴門

萋萋蒨蒨午橋前柳外新晴色更妍紅雨逕迷纔幾日
青袍人去憶當年紛紛蛺蝶嬌芳甸點點牛羊認夕烟
擬蠟阮孚雙屐齒緩扶殘醉覓花鈿

一望葱蘢低復高卷施冪歷在林皋柔茵似毯堪承襪
淺碧如油誤下篙爾雅詁名誰補注離騷愁緒感同袍
留荑何處生香細揀塊青苔種鴨桃

曾同柳色到紅閨樓角相看日未西一幅春痕愁外展
六朝舊恨望中迷踏青雨過尋荒塚拾翠風柔唱大堤
見說東園桃李艷也應借爾點成蹊

登吳山

層層傑閣出雲間拾級登臨不見山海氣直侵吳苑樹
江聲欲撼武林關四圍翠岫開屏幛萬井紅樓壯市闠
元相何須誇白傳置身終日在仙寰

秋宵

岑寂幽齋飲未醺打窻黃葉已紛紛壁間鼠影燈前過
江上潮聲枕畔聞幾日清吟生旅夢連宵枯坐感離羣

可憐老作天涯客孤負揚州月二分

湖上晚歸

向夕推篷望山光合杳冥雨來湖面黑烟散樹腰青古寺下棲鳥跡鐘落遠汀晚歸從舟子飛過水心亭

雪中游湖上

指點孤山下探梅有客行雪封難辨路樹密不知晴林壑生雲暝樓臺映水明此時遊興懶燈火促歸程

石屋洞題壁

春山晴更幽仄徑多盤曲林外好風來處處聞躑躅籃輿濟勝游相將尋石屋小憩入谽谺流泉漱寒玉習静

坐移時心目超塵俗古佛嵌巖丫鬘髮如黛綠慧光照大千天地渺一粟到此名利忘清京生虛谷洞口築精廬四圍環翠竹掃壁記遊蹤留與後來續

睡燕

巢成草草費經營力倦雙棲憶道衡巷口斜陽迷故迹花間舊壘認前生依人繡幕居難定息羽雕梁晝不驚情懂笑他春睡穩竟無好語和鶯聲

浮生半在黑甜鄉王謝回思路渺茫釵上化來人不見枕頭眠去影先藏魂從白玉樓前繞夢向昭陽殿裡翔雨度銜泥依舊主爲圖安穩托高梁

懷張子白

繞屋梅花賦索居思君遠寄一行書聯床十日風兼雨抗志千秋毁共譽眉課得傳京兆筆子白新婚詩情常在灞橋驢子白冒雪來浙何時返棹西湖曲看寫新詞錦不如

由冷泉亭過雲林寺至韜光二首

爲訪韜光路先來聽冷泉鐘鳴頻度壑樹密欲參天習静心無垢清齋事有緣可能常到此禪榻住經年

一徑入寒碧窮幽到極巔撥雲開古洞接竹引流泉海色窻中動山光足底連北高峯不遠誰解學飛仙

由蕭山上岸到山陰探禹陵之作

探奇涉險入吳會春風三月桃花紅溪上家家種垂柳烏篷畫舫擅江東東晉名流稱最盛一時雅集歡高蹤蘭亭觴詠傳千古後先相繼將毋同竭來攬勝登層巘石磴盤空難策蹇釣衣藤刺半遮山積雨新晴雲畫卷一郵行盡一郵連梨花杏花紛難辨忽聞仙犬吠劉郎出林蕭寺路迴轉峻嶺崇山繞鏡湖浙東巒嶂浙西無當時文命澤萬世曷爲薄葬誣蒼梧我思古人亦妄誕毁經蔑聖非通儒巍巍大禹德崇儉民食至今猶茹茶西望錢唐江上水潮來潮去無停止申胥文種恨難平餘怒喧豗何日已松篁入耳易成聲滿徑昏烟向夕起

清游不覺日將晡斜陽半墮山陰裡

讀李康運命論感而賦此

生無辜毒之成心死無虔劉之定志論共本而語共流
運命亦非天布置我自童蒙閱世來俯仰一室追前事
讀書本擬擅華林二十無成掌書記高門雀蓋結成陰
賤子腆然厠同類弱草非蓬生麻中衆綠相扶舉自棄
文若喬松附蔦蘿引援下士超平地薄植心傷奈命何
扶搖借上驚垂翅不如肆志燔枯魚繞座何妨徧揮麈
食貧居賤妻孥羞擔簦躡屩飢寒累東過太行西孟門
人心世道險無異持斧作教自招讒空有王陽半囊被
木秀出林風必摧行高于人衆所忌早秋容易敗叢蘭
情動於中難制淚吁嗟萬事循乎數聖賢未能出其位

武林雜詠

聽雨臨安夜不眠六軍初駐憶當年彈拋九月驅雅地
鈴振三春放鴿天南國有君華蓋現東京無主陣雲連
可憐二聖終難返幾度邊陲泣禁烟
思陵禊帖仿蘭亭御筆淋漓寫六經黃屋竟忘歸汴水
蒼生無不望朝廷宸游入肆蠲欄稅幾暇臨池誌研銘
第一中興未恢復玉環空寄語丁寧
曾聞題句滿東松漶漫誰能訪舊蹤鐵甲空教迎白馬

金牌恐令到黃龍中原父老憂心切南度君臣樂事濃
天日昭昭遺案在每當霹靂一開封
南朝已誤黑厭國只作牽絲傀儡觀幾輩奸邪遺害大
十分疲卒救時難江邊正告屯胡騎禁裡猶聞報蠟丸
却笑知兵賈司憲新書空著不能看
衆安橋畔有勾欄中瓦邀棚南北看簡簡芳名春冷落
師師風貌玉凋殘且將此日新詞寫漫擬當年舊曲彈
回憶平康多少恨背人私語淚闌干
畫苑紛紛姓字傳何人第一在園前國香磨滅心多感
芳草凋零恨又牽雪夜歸帆生逸興秋風斜谷出毫顛
自從宋室偏安後賸水殘山半不全
寶帶紅橋積翠濃孤山處士有遺蹤人間已沒雙龍搨
湖上猶存九里松忠武魂歸雲黯淡鶚冠仙去草蒙茸
景靈宮闕寒烟外日落惟聞古寺鐘

芸臺先生招同嘉定錢可廬世丈張農聞元和方
滙厓雲間陸祁生吳江程竹厂江都何文伯蕭
山夜泊余因事阻未與予白繪圖屬題

四年前記泛烏篷風景披圖夢尚通天與聚星槎貫斗
秋先得月渚邊鴻棹頭冷卯玻璃水草色寒迎裙屐屆
偏我西園孤抱影敗荷闌檻對吟螢

越城雜詠

忽向山陰道上行綠楊猶繞越王城當時歌舞盈春殿急管繁絃到五更

一徑尋幽到曲濱岸旁垂柳爲誰春浣紗去後紅顏絶齒冷東施更效顰

紅橋梅市夕陽橫近郭人家正輟耕欲問蘭亭尋曲水輕舟須向月中行

殿閣荒凉幾度尋山重水複樹森森如花宮女歸何處一抹斜陽野草深

題子白畫眉圖

垂楊樓角雨初停彩筆朝朝晛畫屏山上蘼蕪山下水春衫只染黛痕青

題陸祁生掃花圖

陣陣東風片片霞斷腸樓角捲簾斜山人清課無些子爲罷黃庭更掃花

九髻輕衫出世裝探春誰似箇人忙吹花嚼蕊頻來往祇合君身號繡囊

九日許元淮明府招集寶石莊

重九看山作勝游四圍青嶂一樓收登高慣被風欹帽望遠頻驚葉打頭君散黃金能結客我慚華髮苦吟秋湖雲忽向尊前過偏爲離人攪旅愁

龍井

過溪亭古鎖蒼苔不見坡仙訪辨才洞壑晴時披翠入林坳深處擁泉來樹圍傑閣層層出雲擁奇峯面面開且向龍泓問毀茗自敲石火爇蒿萊

由龍井過棋盤嶺至三天竺

孟冬天宇清佳游信所適朋儕四五人討幽探泉脉泠泠響素琴一掬風生腋半道肩籃輿躋勝登嶺脊犖确復嵚崎籐刺鉤衣幘逕仄類羊腸苔痕紛虎迹絶壁生雲龕疑是神仙宅俯視衆峯低四圍山色碧闊海小若

盂之江如帶窄更有南北峯較此高未尺進邐向西行一步一躑躅登山歎力疲下山不易得憩匡　輦道開自我　聖朝闢蒼松雜女貞霜林葉盡赤洞壑遞相迎繞溪行色迫何處一聲鐘響近三生石雲開忽見寺在深林隙安得李營邱添余入畫冊

雨後渡錢唐江赴山陰江明府幕

逝水滔滔不復還乘槎江上幾興歎潮來滄海天皆湧雨過錢唐夏亦寒自笑囊沙空失計誰能拔劍止狂瀾前途便是山陰道萬壑千巖仔細看

蓬萊閣

盤折浥高四望開始知人世有蓬萊江聲浩浩風前落
海氣濛濛天際來解帶綏尋西子石擕尊頻上越王臺
鄉心千里空搔首且復狂歌待月迴

雪後敬觀

御賜芸臺閣學惲壽平畫册十二頁分詠屢得第九頁
上題詩思亂隨春草發酒杯深似洞庭寬第十
頁上題松風澗泉四字
六朝山色襯斜陽處處和風扇卉長春與美人隔烟水
夢隨芳草滿池塘
鯨飲狂疑渤海空洞庭湖影落杯中瀛仙笑說天家事

太液恩波勝酒濃第九頁
綠漲連雲翠拂空四圍山色鬱籠葱蒼松偃蹇披如屋
古洞奔騰白似虹秋鴽濤聲來海上風吹嵐氣散天中
結廬我欲依巖下攜石安絃引塞鴻第十頁

和東坡清明詩

十年不見墓門木每到清明一痛哭荒塚無人掛紙錢
誰卸宿草春猶綠西湖多少冬青樹半是當時埋玉處
今日家家插柳條如何我不思歸去

過虎溪

迢遞風篁嶺路斜林坳深處有人家縱情山水親飛鳥

放眼湖天見落霞僧去空亭招海隺我來荒寺飯松花
溪邊小立塵慮清磬聲聲靜不譁

湖上春游和子白韻

湖光如鏡漾晴霞聯騎尋春踏淺沙南國美人香世界
西園詞客酒生涯沿隄幾放雷夷草繞屋多開枳殼花
大好三天竺上路流泉響似搊琵琶

海寧觀潮

羅刹磯頭風怒號涼秋八月生洪濤大聲隆隆震山岳
浮天無岸天吳驕我來日午潮初上積素一綫橫生綃
喧豗澒涌浩海水立雲山叠起飛霝驚偉哉乃與廣陵別

奇觀使我心神豪却笑枚乘眼界窄云胡不賦之江潮
（江南人以揚州爲廣陵浙江人以錢唐爲廣陵各私其地可也）龕山赭山相對峙海風
蕩激千盤高伍員精忠文種智大夫餘怒今難消駭壯
渾如驟萬馬奔騰直欲傾沃焦翻倒鮫宮擊鼉鼓老龍
狂嘯鯨鯢逃吳兒迎潮與潮鬥勢欲赤手擒長蛟此時
觀者已如堵摩肩叠背聲嘵嘵雨歇官沙岸濕黑雲
霎靆吹颿須臾白過西興樹江海一氣空中超安得
成連素心侶同遊渤澥登圓嶠

再游岌光

前度臨青嶂躋鐘絕頂聞再來僧識我重聽鳥呼羣澗

合東西水峯連南北雲憑高堪極目江海望中分

芸臺先生招遊湖上子白成詩囑余和韻

畫槳思前度重來作勝遊幽尋和靖宅閒訪稚川樓晴嶺雪猶積春山梅正稠只緣清興懶又上木蘭舟

吟朋聯屐齒買醉踏蘇堤日暖春生水鳥鳴花滿蹊嫩苔防馬滑柔櫓礙橋低我欲重開社新詩五品題

乙巳二月二十二日出清波門至小有天園遇故人方謙亭同游蘇堤過花神廟小憩茶舍泛舟到昭慶寺

信步重城曲春衫染緑多苔痕侵屐齒風色漾湖波入

洞萬緣寂登山羣岫羅聞鐘發深省小憩此巖阿

撥草尋迴磴盤旋出洞天獨遊逢舊雨濶別到今年（謙亭十五年前會于揚州後歸岳州今隨兄紹興司馬任所不期相遇于此）萬事都難料三生幸有緣踏殘芳遝蘚買醉小樓前

聯袂蘇隄上雙湖畫槳通風搖新柳碧雨潤小桃紅處士吟魂冷仙人雀夢空可憐多少恨散在六橋中

西泠泉脉細啜茗味回甘日落山腰紫烟拖水面藍偶招青雀舫同訪白雲菴再訂重來約應知與更酣

春日遊瑪瑙寺看梅至靈隱二首

雨過天如洗探梅策騎行水邊千樹合竹外一枝橫耐冷通仙骨披風動遠情可知林處士曾與訂同盟

古寺尋峯背林坳磴百盤亂雲堆竹逕清吹滿仙壇繞佛千迴拜逢人一例看此時機慮息懶去跨歸鞍

喜晤鄒生郎送之雲間

三年淛水寄行蹤又見雲間陸士龍禹穴探奇秋七月庾樓舒嘯酒千鍾詩傳日下才名遠客返江東鄉思濃眉課憑君分早晚碧荷花放好重逢

題阮仲嘉鴛湖秋泛圖

小樓四面敞鴛湖有客登臨詩酒娛繞郭烟波迷畫舫拂窗山雨響秋蒲高懷曠似雲中鶴逸興清如井上梧

掉臂何時同共泛倚欄今日一披圖

題蔣于野一莊水竹數房山障子

逸興還宜對曲濱天教此處住幽人放寬秋水吟成癖長就修篁結作鄰繞屋山光青不斷入牕波影晚來頻倩誰圖上能添我也與先生共脫巾

葛嶺

棲霞嶺上足裵回面面湖天四望開陳迹無多增感慨葛仙此處剩丹臺

皐亭山看桃花

臨平山下春繁穠千片萬片燕支紅碧桃新栽紅十里

路迷不辨溪西東遥見石橋憶前度天台仙子重相逢延緣一棹隨岸轉蟹舍漁汀宛轉通恍入武陵源上泛赤城霞散仙村中南塢樹多北塢少前山花比後山濃幾日晴和來雀護吳姬越女舟怱怱暖氣拂雲雲不動風吹花片迷青驄十丈離愁鶯燕起情懷如水方溶溶芳草天涯正寒食落花明日怨東風

蘭亭秋禊

往會事已邈討幽溯陳迹觴咏久寂寥空聞山溜滴茂林猶未荒廢亭延過客水木逈清華連峯四圍碧我來憶舊遊不覺歲屢隔遐想晉永和冠裳雜裘屐使君繼

昔賢修禊尋泉脉高秋天宇清爽氣生林隙韻事居佳辰芳尊倒玉液幽賞洽羣倫隨意苦爲席此時俯仰間矜躁心俱釋坐看白雲飛歸驂日未夕

過就莊

斷橋東去問幽居繞屋芙蕖畫不如月引暗潮通石罅風吹新緑上林於山光遥映琴書潤樹色重遮几案虚未必輞川能勝此低徊頓遣俗塵無

之江試院題李艾塘揚州畫舫録

緑揚城郭草芊芊畫出揚州鹽冶容杜牧清辭傳故實江淹彩筆記游蹤樓臺十里鶯聲滿風月千家酒氣濃今日臥游神欲往不須買棹問吳淞

題何文伯杏花春雨冊

樓頭小雨細如烟畫出江南二月天十里春郊紅欲徧幾家楊柳緑相連自非京洛塵中客空對瓊林宴裡仙明歲春來催及第羨君身到五雲邊

雨中坐定香亭

翠竹依欄曲翛然静不譁緑肥初過雨紅綻乍開花鷗夢淡如水客心清似茶晚來橋上望身世若虛槎

贈吳門楊補帆

吳門奇士性豪放北走燕京南雁蕩客遊淛水日看山

閒寫雲林世爭賞潑墨濡淋別有神一邱一壑開龍象畫松直偪秦漢前虬枝屈榦皆偃仰畫柳纖穠門細腰柔條旖旎清溪上濃淡烟姿無不宜揮毫落紙神欲往寫生妙手許誰同惟有南田差可仿與子聯床春復秋尺幅都無徒結想虎林羣岫緑如螺安得楊郎好筆仗圖來挂向座中看使我終朝忘塵坱

過太湖有作

疇昔曾夢登穹窿湖寬三萬六千頃問有仙人名赤松往來采藥山之頂夢中我見披雲霞招我同遊宿孤艇十丈洞天第九林石穴素書了能省誰知山水有前緣

一一所見皆幻影張帆昨夜出吳門具區一覽如夢醒吳越當時作戰場周五百里生榛梗文伍臣扶社稷材反遭夷滅悲忠鯁烏喙何能共功名不如樂道在箕穎獨有乘舟范大夫一舸鴟夷事幽屏屬鏤無情烈士悲含冤非比韓彭等心傷往事天低昂水光雲氣交相併波湧猶疑戰鼓喧月明何處聲哀哽我思古人生旅愁愁來且復求酩酊停橈西望縹緲峯莫釐山色開粧靚俄驚紅日下疎林催船去傍招提境

丁巳秋月余將歸廣陵同人餞飲湖樓賦此誌別

六橋風景足勾留曾記逢春又別秋古寺丹楓千樹合

錦囊佳句幾人酬官齋分手襟何濬逆旅挑鐙夜更愁最是瀛舟抛不得攜尊重上望湖樓

連宵夢上北峯巔無計投空結靜緣白舫曾經遊雨洌明湖未許住三年波光瀲灧濃于酒柳色霏微散若烟如此好山難立脚一回吟望一淒然

和作　陸繼輅 祁生

歸驂惆悵竟難留惜別思鄉又感秋和靖梅荒憐影獨微之詩好倩誰酬無多知已皆星散如此良宵對月愁苦說西湖忘不得瀕行重上酒家樓

如畫秋容八月天木樨重結別時緣一尊且復歡今夕後會相期定幾年衣上酒痕休便浣壁間詩句漸籠烟冰輪彈指清光滿未數茱萸已惘然

端木國瑚 芝田

跡比浮雲任去留送歸何必苦吟秋離情似夢纔能覺好語如詩不厭酬壯歲有懷供別恨輕囊無力載閒愁一鞭漫作悤悤影尊酒相逢更倚樓

數尺蒲帆挂曉天離筵且話別來緣縱求美酒非千日難醉先生住一年城郭綠楊秋憶月湖堤芳草晚吟烟流將好夢江南去短棹臨風莫愴然

蔣徵蔚 蔣山

迢迢獨隺心遙遙千里期握手上湖干湖水正瀰

瀰燕雲道苦遼且自盡一巵送君從此去問君歸何時

程邦憲 竹盦

拔幟騷壇剩此人十年纔見倍相親文章定價貧奚恤鴻雪前緣事有因賣賦長卿猶落拓登樓王粲慣風塵酒痕墨汁天涯滿檢點征袍漬尚新

丁巳秋月康夫大兄先生將歸邗江同人餞別聯句

秋色何堪老張子白若采離愁不可芟湖心邀醉月文伯

何錦孫

江上送歸帆騎隺思搔臂子白歌驪且勒銜與君魚逐隊文伯忍看馬如驟之子清門胄子白書垂白玉函蕉園灰有刼文伯雪窖命何僊先畝勞常服子白斯人墮六凡江湖依短劍文伯奎壁耀長欃幾喚鴉青渡子白曾游鵝𧍟巖然䕘警墜簡文伯給札互開椷尾豹隨貔虎子白頭鷺鸞鹿麗尚書方借箸謂紀曉嵐大宗伯閣部又馳緘芸臺學使有淮海英靈集之選屬君襄訂臭味苔岑契子白英靈棗木劖儘多墳鬼唱文伯未免市夫讒象罔探蛟窟子白毛錐秀兔毿周阹梟獲雋文伯張網雉投籠不惜挑鐙燼子白渾如破石瑊良工心最苦文伯此意史同監客兒褉何淡子白官齋手共摻東西分窄屧文伯跌宕坐空嵌穴紙窮三際子白圍鑪火一杴毗臺同阿那文伯雄伯雜嘲詁交以離相麗子白情因感有誠談清松作麈文伯標奪錦爲縿迷食憐卭巨子白寒羈困濟饞市籥吹一一文伯仙籟譜颯颯輾轉龍鬚席子白妻京鳳尾衫采鸞愁翼比文伯青鳥盼巾鵲琴曲翻朝雉子白花房妬小蜮春痕迷曼睩文伯淚點涴梅黚飽羨陳倉鼠子白牽思上蔡獮掉頭聲啞啞文伯顧影舞髟髟賦欲成王粲子白仙難夢呂嵒論交空芥蔕文伯別味慣酸鹹飲恨鵑啼血子白含愁燕語喃望窮雲一片文伯話到皷三嚴知已誰輸麥子白哀吟命托鑱可憐占旅瑣文伯直是畏民喦況值傷心別子白相看淚眼饞羅衣風瑟瑟文伯雜組月纖纖有美湖無恙子白同人座可攙離情歌抜舍文伯暮色老松杉束竹心相印子白銜碑尸盡啣飛鴻留雪爪文伯烟展衛登巉時張復菴爲作西湖餞別圖柳老絲難繫子白褉分語更諵所期崇令德文伯共签澤山咸子白

張彥曾 農聞

秋懷離思雨茫然散作西湖萬頃烟酒氣一樓人未醉清遊重與理經年

一湖暝色寫離披人影波光返櫂遲最是狂吟描不得雨窗風撼五更時

阮鴻 北渚

京華聯袂又西湖五載相親德不孤人有直名常被黜士無枉道本非愚忽驚遠別行千里復感驪愁滯一隅今日送君歸計拙空囊只賸九秋圖

虎邱題壁

霸業銷沉餘戰壘山塘依舊綠浤浤繁華往事都成夢羅綺幽薇總化雲石上還尋金虎迹市中不見水犀軍我來無限滄桑感掃壁題詩到夕曛

虎邱竹枝詞

金閶城外綺羅天楊柳陰中泊妓船一自夫差愛歌舞
至今吳女習朱絃

東家燈火接西家玉管銀箏門麗華都向虎邱山下住
不知門外是天涯

真娘墳上易黃昏草色經霜似淚痕月下有人吹玉笛
一聲一咽一消魂

平望阻風

鴛脰湖邊燈火明聊沽村酒破愁城石尤似愛無家客
信宿船頭阻客行

舟泊京口阻雪

艤舟江上生暮愁不見巍巍萬歲樓春風吹雪客袖手
禦寒安得千金裘凍合白雲飛不得放晴要借扶搖力
茫茫東望浩無垠瀛海三山幻莫測眼前雨點起金焦
粉黛天然勝白描一幅米元章畫本波光雲氣交相壓
此時沽酒聊酣醉孫劉往事都如寄坐看江水逝滔滔
可憐千古英雄淚鐵甕城邊人絕縱宵來淅瀝打船篷
填溪塞路阻行旅我欲乘風一掃空

淮陰市

已人生涉世桑梓難時乎未遇失所歡無雙國士
遭唾覰只作尋常下士看淮陰惡少猛于虎王孫落拓
逢彼怒吁嗟一飯尚千人能勿攖其胯下侮薄俗何曾
解愛才英雄往往困塵埃誰知躡足封齊後不及垂竿
在釣臺

客囊

襆被天涯去金錢共一囊卷書聯馬背載筆走羊腸驛
路餐風雨山程飽雪霜鍾離如不遇誰與助行裝

客枕

十載長安道解衣睡未遑枕雖無白玉人慣誤黃粱歸
夢尋千里羈愁壓半床敲詩頻側頸總是爲思鄉

盆菊

已往繁華不可論尚留冷艷飽霜痕分明似對陶居士
奇傲何妨托瓦盆

颯沓西風夜氣增烏皮曲几閃青燈莫嫌小甕花開少
此是人間耐久朋

歸燕

落花滿院雨空濛一別昭陽景不同尚想銜泥巢畫棟
春風彈指到秋風

閒雲

出岫輕陰似嬾殘卷舒自入海天寬倦飛那肯隨風去

蠢起何妨倚杖看有意護花含宿雨無心伴雀耐朝寒
曾經蓬島除凡骨不用還山夢早安

秋夜客有談川楚盜賊縱橫久未蕩平並聞阮中丞督師閩海掃滅洋匪將次凱旋賦詩四首奉寄

天籟起庭柯秋風捲敗荷雁痕排字少桂子落衣多華髮將凋盡雄心奈老何愁生翻不寐顧影舞婆娑

虛館涼侵簟凄清動遠情一燈秋雨暗四壁草蛩鳴漢沔路猶梗夔巫孽未平元戎幾輩去誰許是干城

地抱三衢險安危仗謝安疾雷飛羽檄奮勇肅軍官烏嶼搜都徧波濤靜復寬翻憐南去鳥棲擇一枝難

孟夏舟重泛（余四月自武林回）旋驚秋又闌風狂吹帽側露重覺衣單客夢迷鴻爪詩心托馬肝故人勤蕩寇早晚督師還

落梅

風風雨雨斷魂天黯淡春光劇可憐幾片梅花無賴甚向人飛墮酒樓前

一年好景在東風盼到春來花事空自是美人生命薄等閒不敢怨天公

丁香花

幾簇梨雲莫浪猜誰憐一種瘦于梅不知多少同心結都被春風替解開

七夕作

玉露初團暑乍收薄寒先入曝衣樓相思明日增多少一夜應添萬斛愁

河鼓花開鵲駕橋雙星雲路笑相邀誰將海水添銀鑰共滴秋來第一宵

夾竹桃

相憐薄命滯天涯淇水緱山共一家劉阮重來應誤認美人何處飯胡麻

盧女門前問有無一枝相間出龍鬚此君風韻高千古也索雙雙紅袖扶

催妝詩為吳鼇堂作

玉臺吟趣夜方濃眉課朝來畫更工只恐綺窗涼易透四圍齊設錦屏風

采蓮曲

打槳恩恩待月歸晚涼湖上欲添衣采蓮人坐瓜皮艇驚起鴛鴦兩兩飛

枕上

永夜不成寐燈紅照白頭當春歌懊惱掩卷慕巢由風

雨驚高卧乾坤倦薄游愁他南去客吳越水悠悠 時孫少白赴吳門

自題深柳堂讀書圖

十載輪蹄苦未遑此心難忘讀書堂拂窗疎影侵長楊隔岸濃陰覆短墻壁上七弦彈太古風前一枕傲羲皇而今飄蕩頭成雪故倩王郎寫綠楊

和作　王嵩高 白田

傳經曾記水雲鄉梧竹蕭蕭早出牆種樹十年人易老披圖喜見讀書堂 丙戌主講泰興書院梧竹皆余手植 先公遺澤思滄葦 君為侍御公曾孫 大阮清風滿竹林何日還家理殘帙樹猶如此感何深

胡長齡 印渚

席帽青衫入洛年當時曾買孝廉船而今歸卧家山穩黃葉村前種研田

世德清門重往年收藏亦壓米家船誦芬詠駿新圖得蕭愼門臨負郭田 謂君邗上新居

阮元 芸臺

不見王郎已二年相逢又上渡江船臨行特為廉夫畫直是而今沈石田 椒畦同年向曾寓元山左學署中今過西湖忽忽一晤元適以校士渡江後數月歸見此幀因題

張若采 子白

湖堤秋柳復如絲憶別王郎苦費思留得一痕殘墨在借人讀畫借吟詩

寥寥佳話說雙星竹外螢光不肯青鴻雪東西秋又老有人閒倚定香亭

不能無事且攤書燭淚如朝怨索居畢竟垂楊誰比瘦要招水雀問紅蕖

陸繼輅 祁生

一曲清江艤客舟日斜絮亂不勝愁而今搖落重相見未了傷春又感秋

蕭蕭風雨漫相侵有客扳條愴別心似水流年留不得樹猶如此感何任

蔣徵蔚 蔣山

握手西風酒易醒畫中柳色尚青青披圖為爾添惆悵老向江湖作客星

長條飄拂自毿毿歸去秋江只一帆閉戶讀書原大好不須收淚濕青衫

我亦年年有別離書堂落日鎖蛛絲當時折處痕猶在乞與王郎補一枝

蔣知節 秋竹

柴桑隱居高莫及亞夫軍門誰敢入怕向津頭管別離永豐移植甘岑寂樹猶如此人何堪書堂小築供幽探春風婀娜眠復起秋月澄澈疎能含讀書正樂人將老無復當年張緒好我亦先衰似悅之空說穿楊技神巧翠色千條望不窮飛英二月鶯滿空聽鸝好載雙柑酒蹴地濃遮一畝宮綠楊城郭居非易幾人眼底饒生計艱難不到讀書胸知君戰勝堅初志老作諸侯上座賓看花無分踏芳塵東皇別許開青眼看徧天涯浩蕩春

汪為霖 春田

門外垂楊綠萬絲白頭人坐苦吟詩等身著作千秋業珍重丹鉛寸管持

深宵我亦坐書堂掃地焚香寫硬黃何日結鄰傍秋水魚經農譜細評量

李方湛 白樓

萬株楊柳帶烟青中有揚雄舊草亭十丈紅塵難到戶半生白首尚窮經

落花滿地嘆飄零說劍功名夢易醒更喜垂髫好學子讀書臥聽水翻瓶

張 本 友棠

生平蹤跡寄行裝道上輪蹄水上航畢竟不能除結習客中猶想讀書堂

長短柔絲碧一痕青鐙容易入黃昏他年若訪先生宅聽着書聲直到門

重過武林

桃花一一向人紅不比垂楊西復東湖上尋春懷舊雨尊前追昔感新豐樓臺盡冪山光裏車馬都迷草色中臨水又看魚觸網怪他貪餌太匆匆

獨行千里怯伶俜投館匆匆夢客星莫管世情翻眼白最憐山色向人青三天竺有飛仙宅九里松無駐馬亭絕好湖濱難立腳此生修不到園丁

上阮中丞二首

巍巍伻華岳浩浩同滄海高深不可期變化通靈宰公年甫弱冠天下想風采兩度掌文衡齊越稱才滙再出官中丞清望肅寮寀威鳳鳴在岡祥麟耀五彩廉吏以教成奸民以化改偉業重旬宣旋看調鼎鼐

兩回持玉尺飛鞚下北辰道旁駭游目燦爛驚天人論物靡浮說談經去腐陳復覩鴻都富重逢杜子春闡幽集淮海功德同生民士林多碩彦傾心謁後塵汎愛及草木貴不遺賤貧願公作柱石不失為詞臣

早起聞鴉有感

樹樹驚𪃿破曉眠頻來枝上語纏綿惱他烏㗨心難測
好事如何不肯傳

鶯脰湖曉泛

亂羣鴻雁不成行旋止旋飛比客忙向曉刺船湖上過
敗荷猶自蓋鴛鴦
方山隱隱是餘杭烏桕千林盡飽霜底事吳娘貪早起
悤悤打槳過菱塘

過嚴子陵釣臺

怒潮直到富陽回一路灘聲響若雷空拓山河無尺土
不如草莽有高臺龍樓曾召故人去雀輦還辭天子來
七里瀧中清見底貪夫過此也心灰

遊大雲山

崒嵂遙看似翠鬟討幽深入大雲山已忘浪迹窮途恨
難得浮生盡日閒遠岫偪天樵獨往深林響瀑鳥孤還
小亭猶在東峯上結伴攜樽試一攀

寓雙樹林贈朗然上人

層巒迴抱護禪關一徑新添碧蘚斑雨過微風吹潑水
林幽好鳥叫春山六塵夢幻僧能悟雙樹雲歸寉自閒
安得結廬岩下住東游到此未思還

靜思堂續稿　十二

過東峯亭登大雲山極頂

石磴盤空上翠微苔粘屐齒欲侵衣峯高轉礙亭三面
地險能藏樹十圍身裹白雲吹不墮鳥穿宿霧冷難飛
越中山色都如畫無術移他向北歸

題紅白牡丹障子

鳳尾瓜瓤迥出羣移來瑤島一枝分天生富貴無雙品
半擁紅雲半墨雲

題蓉桂圖

不須迴首憶春風努力三秋歲未窮大好木犀冬自綠
開時能傍錦城紅

挑鐙

紙帳宵深瑟瑟風短檠相對與誰同燒殘芳炷三更冷
息盡雄心萬念空四壁蛩聲喧夜永半窗花影壓燈紅
此時枯坐難成寐靜聽南飛幾箇鴻

偕王漢池朗然上人由大雲山過茅竹園至石門
澗登絕頂望金華諸峯

杲日上巖阿疎鐘出林麓輿幾喜躋攀曦光射虛谷仄
徑磴百盤鉤衣礙石角引步眺前峯亂岫爭起伏碑古
蝕苔蘚招提跨嶺腹坐覺心神澄蘭茝多清馥到眼鮮
塵氛來往成幽獨逶迤向東行好山十二曲畏險語同

靜思堂續稿　十三

儕扶掖愁犖确請先嚮石門飛泉若轉轂欲窮瀑水源
路忽爲峽束此中有精藍短墻覆修竹入寺躡層巔高
閣坑巒矗翹首望金華芙蓉朶朶簇仙人王方平叱石
迹已邈不聞樵斧聲但見走羣鹿我來念舊游歷歷如
在目叠嶂與雲齊四圍染黛綠云有小三洞白晝飛蝙
蝠豈無箕潁流相將岩下宿

蘭江詞八首

越東佳麗地無舸不紅裙蝴蝶翻新樣家家鞞髩雲
午夢粧重整脂痕印未乾齊來城下泊爭上女墻看
綺窻人拂鏡眉淡鬥春山輕薄誰家子移船覷玉顏
簾捲蝦鬚動推篷月滿床楚腰纖一束方領繡鴛鴦
山花開躑躅岸草總含薰大好蘭谿水無風起縠紋
放棹横山下新晴看采茶箇儂好指爪痒處倩搔爬
越女賽吳倡當筵拇戰強月中齊撥阮曲曲斷人腸
郎住闤闠城妾住霅畫溪只隔錢唐水送不到塘棲

寒食西溪即事

霅溪宜泛米家船春苦多陰粉水天買醉正逢寒食節
簫聲吹墮酒樓前
柴門幽閒與誰同近水偏多料峭風遥見女桑猶未綠
幾家桃放隔溪紅（寓居隔溪多桃花）

雲擁山坳失遠村亂鴉歸樹又黃昏多情最是西溪水
常送波光碧到門
青山繞郭古餘杭不讓揚州好綠楊忽聽子規林外喚
教人無處不思鄉

懷許春卿李西泉賦此却寄

杪秋別廣陵西征赴古越與子隔音容顧望空耿切望
中雲樹重茫茫千里濶江鄉酒漸醇嶺梅紅欲裂安得
舊朋好共把金樽凸食魚滯他鄉身反受覊紲家居慕
遠游旅次悔爲客西溪本幽棲無乃形影孑繞屋盡蒹
葭無時不飛雪遠峰亘當門嵐氣侵眉睫朝聆過雁悲
夜聽流泉咽戚戚感離悰悽悽傷久別旦評念許劭月
落懷李白歸夢阻前途相思兩難達因便寄尺書聊以
抒鬱結羣公倘問予一一勞相說

題阮仲嘉珠湖草堂詩後

甓社湖邊賦別離（己未仲秋余過高郵舟迎中丞匆匆話別）忽吟佳句輒相
思淮南九月清霜早紅樹青山小謝詩

仲嘉折桂花見贈余轉送徐訥齋先生先生荅七
絕一首次韻奉酬

玉樹遲遲不肯開（貢院桂花極多出闈時尚未開）當秋何事掩莓苔一
枝先向桂林折換得珊瑚七字來

題王椒畦碧蘿山房冊子

溪上誰家舊草堂，四圍雲樹色蒼蒼。讀書閒暇渾無事，消受山光與水光。

讀畫哦詩感慨多，年華半向客中過。不如也倩王郎寫，屋角墻陰種碧蘿。

九日訥齋先生招同鍾芝亭登吳山飲閱江閣即賦二首

幽懷常在大觀臺，此日登臨倦眼開。海上射蛟人已去，風前落帽我重來。持螯不數南皮會，買醉還追北海杯。難得先生同攬勝，佳游須待夕陽迴。

白髮徒多歲月勞，思鄉千里首頻搔。一江中斷分吳甸，半壁偏安薄宋高。郭外有山皆志淚，樽前無客不題糕。年來旅況凉如水，欲借濤秋散鬱陶。

甲子杭州貢院八月十五日用東坡先生八月十五夜催試官詩韻呈阮中丞

濤秋蓮幕敞，月到中天好。銀漢本來無路通，仙凡隔絶如蓬島。洗心堂上坐神仙，管領湖山秋未老。文章開曠代，衡鑑似公無。前繼歐陽後繼蘇，詞壇崛起雄千夫。收功海上伴韓范，一時中外欽申屠。他年再到期先必，明月今宵不易得。但看矮屋簷前列萬燭，此心一一托鴻

鴒。

原作　阮　元

八月十五夜月，愛杭州好。西子湖邊似蟾窟，試官堂外如仙島。少年科第不覺難，爲嘆白袍人易老。八月十八潮，其險天下無。海水驟來高一丈，長堤力護役萬夫。濤聲入院夜春枕，驚夢常繞雙浮屠。世間萬事難預必，三更無雲月始得。我且向東看月，背官燭欲寄羽書招海鴿。時會三鎮兵船攻盜于舟山之北，廿二日劇盜蔡牽被擊沉二船，獲一船，餘遁入閩，浙師追入閩，并識。

徐聯奎訥齋

皓魄月月圓，孰如中秋好。主人前身玉局仙，揮斥十洲兼三島。此來監試八纛開，坐對湖天秋色老。矮屋昔所有，坦途昔則無。浙闈號舍一萬一千餘間，計號衕一百九十餘條，向來秋雨泥濘，深爲患苦，中丞甃之以石，悉爲坦途，捐俸五千兩有奇。自今一任暴霖與積潦，不用霑體塗足如農夫。名經千佛此中出，何啻慈氏營浮屠。吁嗟朱衣點頭那能必，惟有使君之恩忘不得。不見使君如爾坐爐三條燭，期爾同爲健翮摩天鴿。

試院煎茶用東坡先生韻

錢唐八月秋濤生，聲入棘院風雷鳴。軍持汲水日剛午

空堂暑郄羅衣輕虎跑白沙泉得二汲來雅稱詩人意

得閒昔日手自煎奚過第一中泠泉蒙山新茗來西蜀

一甌煮就乳花玉官游苦渴不苦飢先生之宅在峨眉

我在闈中煎茶懷往事爲歎前賢邈矣難追隨塼鑪石

銚到今珍重猶如此想見熙寧監試杭州時

和作　　阮元

我聞玉川七椀兩腋清風生又聞昌黎石鼎蚓竅

蒼蠅鳴未若風簷索句萬人渴湖水煮茶千石輕

時載西湖水千石入院供士子汲用　封院銅魚一十二開學古人品

茶意古人之茶碾餅煎今茶點葉但煮泉坡公蒙

頂一團自誇蜀不聞龍井一旗綠如玉得茶解渴

甚解飢我與詩士同揚眉開簾放試大快意况有

筆牀茶竈相追隨今年門生主試半天下豈似坡

公懊惱熙寧新法時　甲子鄉試余門生爲主試者江南涂以輈河南鮑桂星湖北王引之四川程國仁貴州張師泌廣東陳壽祺廣西吳鼒凡七省順天十八房吳其彥李本榆吳榮光史致儼陳超曾花杰陳鍾麟陸言居其八坡公煎茶詩意惱熙寧五年王安石新變試法也

徐聯奎

試院八月秋涼生坐聞鼓角高樓鳴裂辰天氣轉

炮灼衣披羅縠迎風輕聚奎堂中主司二既墨拈

毫僥詩意春茶忽憶蘇公煎虎跑汲取西湖泉我

聞蘇公生長自西蜀携來蒙頂之茶珍於玉人生

苦渴甚苦飢沾脣清馥軒鬚眉一甌睡及日高寓

言耳豈忘鵠立幾輩肩相隨我和熙寧監試短長

句猶憶打頭矮屋鐙青時

貢院中秋

白髮婆娑愧此身洗心堂下幾逡巡崑山片玉誰先得

月滿中秋香滿輪

客路逢秋又一年棘闈小駐亦前緣放閒不用親燈火

今夕無簿書之勞　坐看文星聚斗邊

和作　　徐聯奎

木樨香裏苦吟身看換風簷燭幾巡瞥眼秋光驚

過半是誰推轉月中輪

槐黃菊秀自年年與結人間文字緣今夜青袍一

萬輩齊瞻奎宿在天邊

洗硯

石田一片墨花濃拂拭浮埃不讓封龍尾暗招雲葉葉

馬肝潛引水溶溶摩挲未忍輕焚汝祓濯翻憐畫倚儂

香入白萍池面黑遊魚吞吐轉從容

西溪詠雪

東合同雲飛六花𦲷阡越陌誇盈尺側聞五夜寒有聲

溪上今朝如圖冊怪他贋綠與殘紅天工一例皆施白
陵苕潛穎怨青陽弗及凝寒入林隙封條枝葉俱無遺
因方成規圓作壁映照貧家長夜吟能使清光奪瑤席
石橋橫跨罕人行棋花滿地春無迹秦亭山色如玲瓏
其中疑有神仙宅驢背敲詩誰偕遊冰崖愁着謝公屐
臘重頻來塞上鴻梅開未遇江南驛時欲寄家書測西江北
紛霏霏積雪迷途多阻隔我思狐白禦三冬天涯尚有
無衣客

讀書有感

年過半百腹空洞一生囁嚅不成誦讀書況未除鈍根

靜思堂續稿　五十九

換骨中宵怕頭痛眠食有方信棄天忘想貪多踏破甕
北走燕山西向秦勞人空醒黃粱夢五侯七貴舊交遊
臨別都將米肉送作客頻年類鄒原廢學焉能抗屈宋
世上而今歧路多矩行何異虱逃縫已往捫心事事非
負氣眈睚皆禍種正平見殺由自招涉世無乃太狂縱
和光混俗隨其時不妨楚材而晉用嗣宗傲岸亦英雄
笑他猶抱窮途慟

湖樓消夏圖

堤上招凉憶舊遊披圖又見客登樓西湖三萬六千頃
要付詞人筆底收

偕顧敬菴遊西溪過交蘆菴

一棹沿溪去彎環溯水源僧開立釣渚犬吠敞籬門樹
密雲難出山深鳥不喧迴非湖上景幽討豈嫌煩

扁舟趺坐圖

趺坐一孤舟身世兩悠悠朝從碣石去暮向之罘遊往
來瑤島遇飛仙相招十二瓊樓

西溪懷古

罨溪接南障烟波難具論洲渚隱蘆荻作雪彌平原晚
柿紅斜徑霜柚綠連村既難尋董篭追復問裴墩高宗
戀名勝半壁小乾坤宸游頻駐此幽賞野人園探梅還

靜思堂續稿　四十

問柳車駕過沙門揭來訪故實披榛寧憚煩葦道石全
壞空亭狐狸屯繁華易銷歇山鬼嘯黃昏荒碑記南宋
字畫蝕苔痕摩抄增感慨滄桑覆又翻請看賈秋壑遺
構一無存當時盛土木飈吸成邱墳不及朱拍戶長橋
猶掛旛

偕嚴四香過宋蓮橋觀荷歸途小憩何菴瀹茗

曉風吹墮一天霞結伴追凉踏淺沙行到宋蓮橋上望
滿池都放白蓮花
談空也問辟支禪小憩雲房結靜緣一盞趙州茶未熟
有人替爾說當年時四香備述慧因少時

和嚴四香南屏納凉座中陳筱初及門將赴都門

次韻

消夏頻來問水濱好風盪暑啓心清追京古寺譚禪理
繞屋青山醒世情座上有人皆郭李湖中無地不蓬瀛
坡仙賓從誇今日第一樓頭互主賓謂阮中丞常宴第一樓與幕中諸君賦詩

白舫招來載酒瓢閒鷗導我共逍遙新添楊柳三千樹
舊種芙蓉十二橋塔影似人常捉月湖光如鏡不通潮
遲迴未忍匆匆去歌管于今勝六朝

觀賑

大吏無私天地知及時霖雨起瘡痍可憐一樣提筐女
不貯蠶桑貯粥糜

四香以碧荷見贈賦此答謝

清風偏與睡相宜夢到蘇堤有所思忽見碧荷舒倦眼
感君持贈一枝枝

定香橋畔記前遊荷葉田田拂小舟苦說西湖抛不得
臨行重上酒家樓

題秋林覓句圖

策杖看山愜素襟好從空谷種秋心晚來一片蛩聲碎
似爲幽人助苦吟

過白蘇二公祠登望湖樓偶成二首並呈阮中丞

善政流風憶昔賢高樓依舊枕湖邊南屏照眼松陰重
西子凌波鏡影圓空翠撲闌疏雨倏新荷盪暑夕陽天
登臨不盡滄桑感一話熙寧一惘然

勾留舊迹倣新祠使節頻過此賦詩池上花光紅到榻
樓頭山影綠如眉政繁記事珠常佩公服瀛舟櫂屢移
白傅重來開廣廈蒼生十萬種楊枝

孟冬同人泛舟訪高淡人江邨故址復過秋雪菴

登彈指樓

一舸搖搖入蘆浦千片萬片如雪舞愁煞蒹葭易白頭
可憐早受風霜苦長短洲前映蓼紅雁聲不斷依河渚
山舒水緩接秦亭半是漁家半樵戶前代遺民今已無
追尋尚有吟詩處名流幾輩肩相隨紛紛轉眼皆塵土
雕甍紺宇古精藍此日都犁爲茶圃彈指樓中貝葉多
闃寂無人惟雀鼠百餘年來事事殊多少園林非舊主
我思古人空茫茫覩今猶昔生淒楚側聞兩岸聲蕭蕭
吹起鄉心憐到汝明月今宵光更幽鄉夢欲隨柔櫓去

張文敏公莊觀畫壁松歌

秋來踏破阮家屐攬勝竟成山水癖江村別墅近西溪
溪迴數曲門始獲池塘臺榭久塵埋但見虬枝橫素壁

平泉花木總凋殘遺墨猶爲神護惜不然安得百餘年
粉垣堅固如磐石蚴蟉筆勢籠蒼烟攫拏爲出虬龍格
一樹礧砢壓澗阿黛色油然天水碧一樹猙獰奇態多
燈前乍見駭人魄在左在右無不宜或低或昂分主客
縱横相看各肖神古香欲埒武梁宅墨華幽閟不肯磨
天遣山僧說遺迹咄哉先世謫瀋陽書畫飄零那復得
當時爨下一火空叠遭散失難尋覓先世開生公善山水出關後遲没殆
盡日下曾傳絕塞圖寒生鐵面鬚如戟又聞琅五范十
山家藏卷軸殊超特畢世難忘夢想勞那能復覩連城
璧吁嗟乎我公有靈不使舊物淪滄桑也與畫壁一朝

靜思堂續稿　四三

出叢棘

邀同嚴四香董晉卿過陸氏山莊訪秦敦夫太史座中得晤顧致菴清話良久買舟泛湖得詩四首

湖上招涼約予陵清風滿座却炎蒸道旁遥見神仙侶
定把先生認李膺
小築園亭樹絳壇四圍山翠撲闌干我來一訪秦淮海
又見台星近廣寒
虎頭水墨久知名草草相逢古鳳城同作軟紅塵裡客
可憐俱是嘆無成

蘇公堤畔柳依依湖裡鴛鴦湖外飛不待夕陽齊打槳
美人爭唱采蓮歸

新河壩晚坐

散花灘上多風雨兀坐一燈空耿耿昏黄夜色照行人
石徑欹斜不容騁前去之江上海潮後去方山少廬井
倦客低徊苦路難坐臨大樹思幽屏門前嘉蔭滿四鄰
水底游魚跳一艇天開此水限東南澄波倒入湖山影
少焉新月出林梢鳥雀無聲萬籟靜

題梅叔迦湖紀游圖

習靜看山本夙緣披圖尚覺與悠然九峯三泖蒼茫裡
疑是王家舊輞川梅叔時偕陳桂堂太守謁王蘭泉司寇
烏桕經霜半染丹漁舟隱約蓼花灘不知梅叔歸舟夜
曾倚蓬窻幾度看

靜思堂續稿　四四

過報福寺看黄梅

破臘頓開香世界黄梅又見一番新前身應是旃檀佛
化作冰心不染塵
月滿檀林淡不分一燈佛火照氤氲横陳嚼蠟原無味
不及拈花道早聞

冬日泛舟至秋雪菴復過交蘆菴見荻蘆如雪漫成二首

輕舟邊渦水沿溪盡岔汀探幽窮表裡弭楫望秦亭斷
壖蕆蕭寺雙扉晝不扃居恒以寂處客至彼沉冥既談
元妙理復開白石屏門阻三家步天陰鬼嘯庭歷年經
六百頹壁仍留銘邀我臨廻渚渚蘆亦凋零驚風捲秋
雪作花無暫停蒹葭多逸響側耳靜能聽萬籟此俱息
一切視無形時移日將午遙睇衆山青
積翠藹蒼厓逸興生往復汎舟循遠汀陽彩媚溪曲緑
樹墮殘紅晴波搖淨綠豈有隆冬天氣候溫且燠仰觀
衆鳥翔俯瞰雙鳧浴勝引屐交蘆葭茭繞佛屋糝徑復
漫空飛揚賽滕六白戰晚風前一樣森奪目地僻景多

佳崚嶒起雲矗樓閣隱山阿參差開畫幅踈鐘落遙岑
泠然空塵俗返棹日西馳行比來時速

和作　　秦恩復 敦夫

交蘆菴前秋水深雪光一片不可尋我思縱棹入
深處時與幽人彈素琴

嚴　冠 四香

十里梅花萬頃蘆天公容易着廉夫何時許作神
仙侶補入西溪放櫂圖

許之翰 春卿

秋雪菴前秋氣清三年間結野鷗盟布帆不肯乘
風去愛傍蘆花淺水行
一片蘆花望不分沙邊有雁客先聞故鄉蟹稻年
年熟秋水蒹葭每憶君

包世臣 慎伯

一棹西溪上三年作醉鄉風生叢葦響雲斂暮山
蒼積雨催秋實幽人愛夕陽此中憑嘯傲不必謂
羲皇
宛得滄洲趣扁舟載酒行山風吹暮色江雪釀秋
聲漁近皆爲侶詩多欲結盟知君高詠處時望雁
空橫

張　鑑 秋水

蘆花如雪點寒潯一路晴沙帶渚禽此去洞霄宮
不遠知君新著伯牙琴
小住西湖興又乖滿湖吹雪即天涯誰教一帶雷
塘水歸計翻輸搖碧齋

顧宗慶 敦菴

一卷清詞風露秋畫圖曾共入扁舟前月曾同游西溪并有圖
及題長句君詩即於今日寄來憐君三載西溪住吟到蘆花已白
頭

方　木 笠塘

十里溪如畫詩人住更幽是花皆作雪無水不通
舟萬頃荻蘆白五更風露秋最宜偕冷客玆景足
勾留

阮　亨　梅叔

萬頃涼雲入畫圖勝游人盡愜清娛何如秋雪菴
前坐也向烟波作釣徒

清夢閒鷗繞釣臺波光如鏡一奩開還期月白霜
寒夜飽聽秋聲放櫂來

江　濤　雪門

只記遊蹤不受名先生心迹本來清白雲寺裡逢

靜思堂續稿　四七

仙侶黃葉山中結酒盟一水抱沙澄野色萬蘆交
雪戰秋聲從今識得西溪路蟹舍漁莊第幾程

李周南　靜齋

我蘆漁隱圖烟波渺無極西溪千里遙可望不可
即

李文瑛　華白

蘆荻蕭蕭烟水孤扁舟一棹近魚鳧故園不少鱸
秋處廣陵舊有秋聲館曾入西溪客夢無

秋風蕭瑟水雲鄉望裡交蘆暮藹涼一片浪花千
點雪不妨重與畫瀟湘

蝶戀花

汪光烜　掌亭

雲影澄空天似洗櫂入西溪山轉溪還曲風葉蘆
花聲簌簌夕陽一片閒鷗浴　展卷分明秋水足
便欲移家好伴伊人獨如此清遊眞絕俗馬蹄何
事歸偏速

禪智寺懷古

平野樹參差遵塗覓勝地古來選佛場往往成廢棄貞
珉半埋塵苺苔蝕屓贔但聞有上方不見山光寺寺前
峙空亭云是舊歌吹杜牧本才人風流多韻事韓公守
廣陵人使花能瑞上下千餘年繁華境屢異我愛招提

靜思堂續稿　四八

游入門淡情累照面池水深盪漾遊魚戲繞屋千琅玕
經冬不改翠討幽過曲廊畫壁無全字寺壁有吳道子畫今皆殘缺
圖形久失眞洗剔乎精義感歎坐移時陳迹都如寄

法雲寺雙檜

坐對濃陰掃石床晉朝名輩此徜徉枝多每礙秋宵月
樹老能生夏日涼古寺千年懷謝墅東山雙蔭比甘棠
我來點筆新題句一度摩挲一倚廊

哭江蘭谷

人壽無百歲死生難預必頻年朋侶稀感舊傷一二子
期既云亡鍾菽崖先下世文通又絕筆使我心骨悲返魂獨乏

衕

放雀

誰破樊籠縱汝遊碧霄雲路去悠悠縞衣雙翮迴三島清唳一聲散九州儘有空亭延坐客更無高士載歸舟憑軒我欲招來問何日腰纏願始酬

寒雨

淅瀝空階響迢迢欲二更迅飈吹瘦骨急雨暗孤檠四壁蛩無語一庭寒有聲紛紛楓葉下旅夜不勝情

寒星

天空風獵獵三五聚清輝朔氣森東壁霜威挾少微光搖碧宇碎影落沉潭稀濕火遥難辨寒芒射四圍

老樹

百尺輪囷不記年得他清蔭滿庭前斧斤未到枝多挺霜雪常經色尚妍閉戶漫誇梁棟用讀書但願子孫賢盤根錯節由來久蘿薜高扳直上天

題袁鵬竹楚游草詩後

挑燈三復楚游詩澤雨湘烟宛在兹風月當杯秋最好江山落筆語尤奇黨牛怨李非今日去燕來鴻又一時聞說庾公樓未朽千秋過客尚淒其

訪江都詩人朱老匏墓

四顧寒雲黄太息過北邙荒墳何纍纍高樹亦蒼蒼中有詩人墓歲久已迷茫臨風結遐想彳亍歧路旁豈待千秋後百年苦周防斯人竟湮没曠世生悲凉道旁識遺碣誰用作橋梁初聞吳季重歸迹痳難忘（吳薲堂孝廉覓墓碣于鐵佛寺前石橋之上）我來拂塵土剝落不成行辨字剔苔蘚半遭車輪傷忽焉發光怪田婦言煩詳東過鐵佛寺佳城翳上方老匏瘞其處禪智延山光訪墓忽得墓招魂酹酒槳生既多窮阨死亦乏烝嘗同儕來展拜先後遥相望

催雪

冪壢同雲合復開如何三白故徘徊欲勞鴻雁書空問可許梅花替臘催飛絮未成先作賦撒鹽猶遲促登臺灞橋誰去探消息好待江南驛使來

讀史閣部家書

古祠高樹夌城起延緣一帶仁賢里梅花嶺下弔忠魂前代文山差可擬我來謁墓拜衣冠掃壁重摹書一紙閣部心傷老母孤世界何緣竟如此國亡家破誓捐軀那能旁顧及妻子當時四鎮各鴟張政亟將軍安足恃南都天子本無愁馬阮相傾猶自喜獨有孤臣泣血枯地下相逢應愧死

黄梅花

數枝添冷趣，蠟累凍雲堆。色古先梅放，香清後菊開。嫩黄寒始放，淡白月初來。幽賞檀林下，涪翁過幾回。

紅橋曲二首

偶來觴咏地，垂柳尚依依。一樣玻璃水，鴛鴦不見飛。

郎住紅橋西，妾住紅橋東。采蓮橋下過，無語臉先紅。

送方子雲歸白下四首

疇昔各有托，遲暮嗟無依。矯矯雲中隺，冲霄見羽衣。

雲霞翳厥後，羣鴉難競飛。翱翔在前路，日晡將安歸。余欲守故轍，常懷寒與飢。飢寒縱交迫，其樂不可違。

靜思堂續稿　五十二

日歸歲云暮，達士返高軒。白門多逸響，詞賦擅西園。光塵纔一接，管豹窺未全。令名播海内，敦厚見詩篇。平居懷舊德，還念主人賢。東山今已矣，羊曇慟棄捐。

令譽老益重，翳然貧如故。嘯歌侔金石，光芒爭李杜。君才我所欽，賈島感知遇。高情溢素襟，故人多篤顧。豈忘彭華纓，倖得匪厥慕。遐迹入鍾山，韜晦秣陵樹。

驪歌喧戶外，毅然不可留。方欣獲良晤，無乃促歸舟。雨雪冱前途，志士倦遨遊。而我戀賢達，實由罕其儔。聚散本無定，後會難預籌。飲餞出南郭，心共江水流。

留菊

天地凝寒花事休，霜葩猶見幾枝留。柴桑老去原無恙，彭澤歸來尚有秋。已絶炎凉非俗骨，能除結習是名流。小窗賴爾爲知己，把酒相看互唱酬。

和袁嘯竹同東淘留别元韻

相看漫説滯天涯，底事飄零歲月賒。兩度楚江逢旅雁，重來邗上訪梅花。南皮會後難爲客，北海尊前郎是家。文字關心君最苦，慚余馬齒十年加。

名流到處結詩儔，吟老西風又感秋。雅集慣招朋滿座，曠懷頻泛酒千甌。天寒我爲生鄉思，歲暮誰能遣客愁。咫尺東淘衣帶水，勸君早上木蘭舟。

靜思堂續稿　五十三

寒角

嚴篥一聲起，江城夜怒號。冷隨風凛冽，凄入雨蕭騷。老馬聽皆竦，勞人首欲搔。旅懷禁不得，砧杵莫相撓。

寒泛

仲冬風瑟縮，雙槳疾如鶩。山水有清音，何用絲與竹。舟行歘迴轉，長橋波上覆。塔勢凌蒼穹，鐘聲出林麓。黄葉滿園飛，霜楓樹全秃。高館翳湖濱，烟霏散平陸。向夕天愈寒，斯游難秉燭。遥見捕魚人，宵沿蘆蒲宿。

至日咏雀

朔氣縱横陽氣回，憑軒一雀下瑶臺。倦飛不向九霄去

清唳潛隨六管來豈肯鷄羣標品格寧追鹿迹涸塵埃
西池殘赴神仙會應律先教伴早梅

嘯竹來自漢皐將歸東陶得集字詩二律奉贈

曾向天門雲夢遊高吟喚起楚山秋燈前細讀新詩卷
湖上重尋舊酒樓入眼烟霞千里遠驚心波浪一舟浮
南來月下多清興遙和鍾聲遣客愁

北雁孤飛傍客舟青山紅樹共悠悠三年別思愁如水
千里吟懷冷似秋舊雨重逢來鄂渚新詩多詠在南樓
東歸切莫忩忩去我欲相須十日留

冬日田園卽事二首

園居無俗擾盡日傲柴荆野曠鳥相狎村連鷄互鳴賞
心浮大白曝背向南榮繞屋黃梅放香含四壁清

行樂休相輟田家報歲功到門無剝啄積粟有陳紅伏
臘添新釀迎霜摘晩菘吾鄉饒古俗猶喜鄭公風

讀文信國正氣歌

曾披青史讀迴環正氣長留天地間陵谷已更非宋土
闔閭猶自說文山峯高有客空呼月國破無家獨掩關
海上一軍成斷梗先生應化紫雲還

從容盡節十年難緬想忠魂淚未乾殘局莫支天下亂
敗軍空剩一身單黃冠舊恨悲心骨白雁新謡裂肺肝
閃閃燈青疑鬼哭不堪重讀思漫漫

早梅

東風纔幾日天地欲含青殘雪消三徑峭寒戀一庭臘
催征雁返春到凍梅醒布被還如鐵宵來睡未寧

踏燈詞二首

金吾不禁漏聲遲寶馬香車無厭時明月六街涼似水
家家齊唱踏燈詞

彩山龍蠟上薰天樂事今番勝往年如此良宵都浪過
負他燈月兩團圓

梨花

開到梨花早閉門每經風雨暗消魂青田村裏樹交合
元圃林中春正繁吹落金釵疑是雪飛來玉燕覓無痕
也知太潔遭時忌獨立何妨吾素存

殘臘李艾塘邀同蔣秋竹過余小齋集飲秋竹追
憶苗疆往事備述從軍之苦卽席賦此奉贈

朔風如刀日色薄寒氣侵窗透帷幕短李邀同蔣詡來
打門叫嘯呼椎杓揎酒無煩折簡招果觴何用先期約
家貧供客剪園蔬廚娘蓋出盤中臛此時不數吳下蓴
肥甘差擬北方酪大宅陽和氣轉和暖生斗室忘譜謔
聖賢淸濁姑勿論請君且話降王縛君言四十始從戎

萬里西征到沙漠并州健兒猛于虎（索倫兵臨陣奮勇爭先）奮臂
一呼營夜斫金戈鐵馬氣何雄壯懷直欲傾崖嵝拄腹
横撑尉繚書充囊滿載韓康藥刀圭不負濟人心鞘鈴
自具匡時畧大帥連營過五溪深入苗疆血染鍔夜與
黑夜出軍門陣雲横亘妖氛惡頭顱委掛血風腥燐火
暗吹行者却書生具有殺賊心覘此腰間劒忽躍背子
崖前折大旗落星如斗三軍愕（福貝子卒于背子厓）李廣無功嘆
數奇馬周未薦悲淪落長揖歸依頭白親酒酣笑説從
軍樂長安卿相爭前席敢向屠門誇大嚼邗江携手恨
逢遲可憐我亦傷飄泊人生不遇非一端六州鑄鐵終
成錯雄談不覺鼓三撾洗盞何妨還更酌

感懷

古人已去何能追來者未見難預知使我撫膺三太息
唾壺擊碎心神悲落魄自憐艱苦備凄凉橐筆依荒寺
鼠肝蟲臂紛向前華騮騠駃遭時棄風雲徒有張旭心
冰雪差擬孟郊吟文章自古鮮同格山水從來多賞音
處囊無人識毛遂直道難容黜柳季季布髡鉗未礙賢
漸離矐目何傷智四君坷坎皆英雄成敗利鈍終非同
士各有遇有不遇烏能一一俱遭逢我從三十遊京國
諸侯座上交遊熟希聲作賦入華林逸響題詩追水曲

有時獨過黄金臺懷古登臨百感來相馬四方無駿骨
鹽車一顧誰龍媒人生難得逢知已侯嬴不惜夷門死
乘車戴笠貴賤殊臭味苔岑千里契可憐頭白始還家
長鑱依舊困泥沙閉門却軌傷前事亘遊易謝風中花

偶成

不飲貪泉水不受惡人憐出處一不愼吉士招尤愆君
子安時命躁進反顛連梁鴻依皐廡習苦窮益堅人生
誠不易俯仰多泥漣

康山懷古

牢落前賢作隱淪武功豪放是才人縱教紫綬三公貴
不敵銅琶一曲新山借隔江還映郭樓高平堞不飛塵

古今興廢餘邱壠過客低徊一愴神

南村避暑

城市如焚不可當茅檐軒敞鼓清凉柳遮門徑渾忘夏
風起荷池快舉觴谷口斷雲含雨氣溪頭泛棹破天光
雖然地僻經過少猶勝披襟坐畫堂

晚登安江門城樓

獨上江城俯夕曛金焦兩點望中分樓高綠滿南徐岫
座敞寒生東海雲繞郭垂楊人未散隔堤清吹夜猶聞
塌來畫角聲悲切頓起離懷感舊羣（二十年前偕亡友朱雲龍登此兹復）

臨眺不勝今昔之感

小雪前一日同人集汪蔚伯齋中看菊分賦五十韻

消寒聯雅集高館氣逾清堇戶藏秋滿占天紀歲成日纔行北陸人已坐南榮綠繞羅含宅紅舒蔣詡英偶招青社侶來結白鷗盟地以幽能隱花因淡得名不須懷鄧橘只合伴襄橙門掩三三徑霜飛九九晴故園敦夙約今雨重詩評睹物思元感追歡動古情軟紅問十笏積翠滿千莖絳雪當窗艷青光照燭瑩銀龍尾倒捲丹鳳翼交并難得秦川汁還分異國精品流如杜牧風味

似淵明釀酒思延壽療疴更養生兩開皆客見一束有誰爭廻憶春山下相看暮靄平家隨殘葉散夢逐斷雲橫索莫新泥竈蕭疏舊錦棚月中常走筆籬外慣飛觥揷帽驕兒女携囊想弟兄栽培勤灌溉采擷費經營與爾同晨夕知余少送迎飄蓬違故邑泛梗別柴荊鳥桕連郵紫丹楓隔水赬久羈於越地小住廣陵城借榻依元遂余寓李艾川家比鄰識鬵卿汪蔚伯居址與余最近精心工蚤韻刻意辨雙聲壇坫張旗鼓詞鋒勝甲兵談清松作麈標奪錦爲纓積古扶風士謂馬話山哀吟觸熱行謂程達夫芒鞵勞巨壓布禍畫鯤鯨谷口勤相訪謂鄭春帆街頭早問程謂荆養雲形

骸都未隔肝膽欲相傾夜靜更初定天空月正盈苔岑千里契膠漆百年貞莫漫彈魚鋏何如食豆羹卷書甘寂寞[illegible][illegible][illegible]廣才不緣貧減狂偏惹俗輕世途原突兀筆陣[illegible][illegible]呼[illegible]就菊心期潔邀賓雁解鳴吟香盈老圃[illegible]影[illegible]桂枰盆盌多生意階除復吐萌杞苗懸彩旆蘭秀雜瑤瓊位置烏皮几安排鴨脚鐺下帷催換燭入座怯吹笙佳會歡無極閒遊寵不驚愛他多晚節老我獨孤征夢與羲皇接陶然共捧罍

夏日雨後見耕者

郊原三日雨透土已盈尺一夕暖風生晴光出林隙柴

門逐水開餘潤猶含碧中有混溺儔習苦不言迫日夕中田耕耕深草盡闢不憚四體勞已收兩穗麥綠樹抱郵墟白雲依嶺宅幾家畦壠間居不嫌其窄村童向我言今歲多豐澤力田乃有秋高歌懷召伯

贈小玉

十二紅樓曉夜開玉人勸酒肯停杯燈前一笑真無價縱有明珠買不回

雲鬟堆鴉彈玉肩開元舊樣帖花鈿入時深淺心良苦看必逢人一一憐

登安江門城樓

江樓憶昔幾裵徊，此日登臨倦眼開。北固山光横堞下，南都雄勢逐潮來。珠簾十里聞琶琵，紅粉千家唱落梅。楚尾吳頭形勝在，宋三城已失崔嵬。

暮春雨中同翟蘭谷過藏經院訪頤二芝衫

城東東望草萋迷，冒雨同人踏大隄。入寺忽教逢顧兕，談經曾記住雲棲。一春紫燕依桃鴟，三月黄花滿菜畦。我輩浪游渾莫定，湖山佳處且留題。

寓康山同朱朗齋作

名流幾輩此登臺，誰似康公擁上才。墨雨頻看横海去，青山不放過江來。遺踪百變同棋局，心事千頭付酒杯。

靜思堂續稿　五五

小住那能期十宿，欣逢東閣又重開。

七夕同李虹橋周少恬陳楚飲集讀畫樓

幾人高閣詠清秋，銀漢無聲度女牛。小聚偶逢乞巧會，嫩寒先入曝衣樓。客游處處杯如海，簾捲家家月似鈎。猶記去年湖上坐，士龍要占屋西頭。客歲七夕阮中丞招游湖心亭賜湖陸祁生占屋之西隅最先得月

渡海亭懷文丞相

賣魚灣口海風腥，丞相飄零此暫停。千里盤旋同閩水，一生心力盡皇亭。黄冠舊恨終難釋，白雁新謠不忍聽。正氣至今充宇宙，蛟龍曾爲渡滄溟。

浮山禹廟觀壁間山海經塑像

混沌留餘竅未通，幻出浮山肇有熊。媪祠高棟兀嵸巃，劉元巧搆爭天工。兩楹塑像多玲瓏，遺蹤一一表神功。西上岷峨及崤潼，九域八荒人獸叢。十有三年心忡忡，神奇鬼怪駭所逢。大哉禹績充穹窿，敷土萬世荷帡幪。蝘蜓負舟天酬庸，舉觴燕會登鼓鐘。靈旗颮颸過崆峒，冕服元圭萬國崇。我來瞻拜趨幽宫，恍若乘檋行九㚇。壁上蒼茫雲水重，流觀山海思無窮。

李孝子詩

赤虹曾化玉，天地孝結成。大聖鄙愚孝，愚孝豈易行。哀

靜思堂續稿　五十六

哉李孝子，割股遂忘身。問年甫十五，乃得千秋名。緬想發念始，此心揞蒼旻。一割閭里愕，再割神鬼驚。父在與俱活，父亡難獨生。但知親恩重，不惜身命傾。至性有如此，所以稱智仁。都轉鹿公書其祠額智仁二字揚州十萬戶，無不慕其人。我來自浙水，聞名未識荆。令弟亦孝友，雅與結詩盟。痛兄歸泉壤，涕淚出天真。具情逢　丹陛，坊表邀　恩綸。幽光常不泯，還同日月爭。

聞川楚蕩平大軍已報凱旋喜而有作

聖德如天古所無，么麽小醜易驅除。棧雲來往隨征馬，石磴縈迴走檻車。坐鎮欣逢嚴僕射，轉輸還賴杜尚書。

不多餘孽延殘喘敵愾危同釜底魚
上將西征擁節旄强兵勢壓劍門高庚鈐密令過三畧
甲帳奇謀勝六韜井底困蛙何足恤穴中窟鼠豈能逃
皇仁浩蕩寬如海軫念愚氓莫盡鏖
積雪全消梗化淳萬山雨露一時新雄虺授首誅陳勝
妖鳥懸頭借寇恂烽火不飛空壁壘陣雲已散入湘濱
王師早唱還軍樂傾耳歡聲動八埏
兩川消息到神京捷報紅旗萬里行大吏頻頒安蜀檄
叛民爭築受降城周宣薄伐威能遠殷武裒師寇已平
今日凱旋勞細柳包茅錫命荷恩榮

静思堂續稿

蠶豆詞二首

春蠶眠未老蠶豆花開早採擷會及時野人風味好
桑下懸新莢垂垂値夏初高歌時拊缶野菽勝園蔬

題寇白門小像

紅粉青衫相對愁繁華都付水東流寇家拓館今何在
惟剩亭亭瘦影留
今日披圖識玉顏春山低蹙恨難刪南朝多少傷心事
都在凝眸不語間

杜門

春隨草色到衡門地僻喜無車馬喧莽莽乾坤容我拙

蕭蕭鬢髮感誰恩未來歲月差堪慰已往繁華那復論
笑煞鄧通錢易散買絲何不繡平原

新漲

半篙新綠繞城西不比春潮早晚齊山雨驟來驚岸仄
釣船遲去礙橋低桃花潭上疑無路楊柳津頭望欲迷
濃翠拍天光瀲灩故人遥隔在清溪

抱膝吟用李青蓮梁父吟韻

扃戶抱膝吟匡居歌陽春君不見達人韜晦避要津散
髮佯狂東海濱哦詩我欲窺正始有唐十子思盧綸草
廬三間恣偃仰幽懷暗與柴桑親巢由高蹈耀今古五

静思堂續稿

千年後無其人又不見羊裘老子富春中垂釣睥睨窺
王公入朝不受光武封迄今四海欽高風數賢異世同
一轍榮名拋棄比枯蓬我本無營貧奚恤努力文史心
爭雄壇坫伊誰是盟主方干響賽雷門鼓（謂白下方子雲來揚結詩社社中推爲壇長）催詩擊鉢來天女苦吟千里臭味同簪盍不
避風兼雨白髮羞趨田竇門莫將往事生嗔怒巧詐焉
能勝拙誠照人肝膽都相傾慚余半百老將至頭上新
添雪幾莖安得賦才如繡虎俯仰天地心良苦智者退
藏愚者豪求疵往往必吹毛鬩鬥輕薄交不古死生弗
渝左伯桃笑他年少多輕薄徒將心力俱相勞抱膝吟

莫生悲幽棲適野性濁酒酬佳時飢寒一生能苟免信
乎天命當安之

瑞雪

爲瑞爭先集三白慰三農袤丈徵陰盛盈尺兆年豐被
徑旣燦爛封條亦玲瓏俯瞰迷吳楚仰觀阻雁鴻橋梁
容稀來川渚舟絕蹤周雅咏南山衛詩歌北風瀌瀌攢
綠蕚霏霏含紫茸策犢驅隴上披簑聚郊東撫景心無
斁禦寒眷彌隆不問麻衣色但感元律窮應時報嘉節
幽賞與誰同

春草

靜思堂續稿　六十三

綠徧平皐復大隄故園池館望中迷新愁麗縠春三月
舊恨纏綿雨一犁人去午橋空蒨蒨客來南浦又萋萋
可憐仲蔚蓬居久深掩柴門日未低

楊花

蹤跡渾無定天涯任所之未經飄泊苦先有別離思作
雪鋪芳徑因風入硯池隋堤春欲老歷亂拂斑騅

四公子

豪華得似孟嘗難狗盜鷄鳴莫浪看翻使無能還上客
替管三窟有馮驩
救趙曾經竊虎符故都不返事非愚倚紅自作無聊計
消盡雄心學酒徒
翩翩濁世佳公子安得重開十日尊豪飲盡除紈袴氣
買絲我欲繡平原
鶺鴒在側竟難知頼有朱英諫未遲自種禍胎全不悟
李園眞是負心兒

上巳日泛湖謁三賢祠

挈伴出北郭恰值修禊晨澄湖盪雙槳邈然慕前人繁
華何足耀寂寞全天眞飢曦漾陽彩柔柳媚三春泛舟
瓶迴轉高祠翳水濱采蘭復采藻入薦每逡巡歐蘇神
具在幽契結爲隣鴻文垂天地千古磨不磷嗣音有司

靜思堂續稿　六十四

李觴咏繼後塵我來風日好未負此芳辰

癸亥之夏六月旣望季子偶過東水關訪李西泉
不値雙扉晝掩遲不見入斯時也暑雨初晴清
風漸爽比隣小苑都種枇杷隔岸濃陰半爲楊
柳因念昔日明簾白舫與數君子遨遊湖上今
不可得矣友朋聚會之樂如是其難不亦大可
感哉爰作截句六章聊以記時月云爾

綠陰滿院種枇杷一徑尋來日未斜慣見小憐居處好
隔墻都放水莊花
一堤綠水數家分白也詩狂自不羣宅近天心墩下住

霓裳仙樂夜常聞
一樹翠花晝掩門風風雨雨耐黃昏聞君不與詞人賞
怕染香痕和墨痕
曾説翻場買笑頻舊游如夢哧前因白頭書記重相過
猶憶當時勸酒人
葛衣風軟暑初降要向清波放小艘搖過倚紅橋外去
荷香十里撲蓬窗
裙屐風流憶竹林放情山水愜幽襟吾儕星散虛晨夕
那得扁舟日日尋

壬戌夏杪李靜齋吳退旃遊陶然亭次壁間王述

菴司寇韻靜齋旋里以詩見示並讀李漁衫之
作余十年不復入都追憶游蹤歷歷在目因次
其韻並懷漁衫

古刹前明倣層臺四望高身雖來鳳闕心未釋鰺濠失
路彈長鋏驚秋夢小舠穿林無宿鳥噪暑有鳴蚓到此
思前度重遊記兩遭地曾稽是代亭自號云陶過客俱
詞伯飛觴盡酒豪謂靜齋退旃 開軒延爽氣入座鮮塵囂銷
夏依濃蔭驅愁借濁醪魚離皆吐角名紙不生毛已向
竿頭進還從處搔怪能追李賀仙可接盧敖羈旅春
多感思鄉夜讀騷虛簷喧鐵馬曠野吼蒲牢道本殊流
輩詩應重水曹放懷尋步屧隨意坐林皐伏櫪休言驥
窺瀛欲跨鼇慚余歸獨處想爾念同袍遠道書難達閉
門我自韜五年形影弔千里夢魂勞余與漁衫五年未晤 多故頻
征伐羣公隔戰鼙謂桂未谷張子白吳元吉三明府蓮宦川楚 可憐成斷梗
安得共聯鑣記事腰還繫生花手獨操他時同覽勝興
發一揮毫

題羅兩峯鬼趣圖

斷魄殘魂已莫支森森猶向夜臺吹前身應是李林甫
陰險害人人可知
鬼首軒昂身委靡彼昏不覺自離奇閻浮借勢多模樣

死後還裝大面皮
願多鬱壘散桃符辟盡山魈出六區記得謫仙沉釆石
恐遭此鬼暗揶揄
劉伶畢卓日携壺地下相逢問有無暫醒不如常醉好
他生願借酒糊塗

題松谷聽泉圖

初日下松崖陽彩散平麓石隙響流泉泠泠漱寒玉山
水有清音永謝絲與竹斯人樂其間俯仰空榮辱

訪菊

一徑入蒼翠尋秋到菊田耻穿殘照裡吟向短籬邊影

瘦誰先比香清我亦憐殷勤頻問訊晚節傲霜天

題仇十洲畫柳柳州乞巧圖

天上甫一夜人間交一歲別離畢竟人間多天上雙星夜夜會多事徒勞駕鵲橋銀河自有天船在是誰寫此天孫圖斑斕五色炫神采雨旗開張臨漢濱中星耀芒低檐際其時柳子官柳州左遷遠竄文身地今夕秋來第一宵陳瓜設果羅女隸且拜且祈怪問之駕言乞拙千智慧公感斯言傴僂行稽首稱臣又再拜下士之臣身甚微泥于所思不出位世途昏險寸步艱動輒得咎將引避既苦婉辭作諂容又難變情强趨勢他人有身到處宜周旋眉睫增嫵媚天孫司巧不畀余抱拙終身甘廢棄上籲聖靈去頑顔可憐進退時流忌我思古人皆好奇寓言往往托文字倚几披圖見柳公寫出當年謫宦意纓弁束袵儼然生視今猶昔都無異

由碧天觀八里至寶城

躡屐出重闉升□盧漪漣琳宫聳茂林入門復停軓閟殿立神象各各生畏喜階下元代碑惜未拋璯紙引鞬問前途宋城計八里荒榛竄狐兔祟墉成廢壘誰見黄埃飛不聞歌吹起當年全盛時歷閈通三市樓檣屹雄鎮珠簾多夜妓井幹昔䦨衡烽櫓今全圯唐宋千餘年雉堞幾回徙何況血肉軀百年安足恃

由保障河五里至雷塘阮公樓

隋唐跡久湮城廢周遭在隍池悉為田河形猶未改訪古按舊圖六朝闢幽壇東南財富區右江而左海一郡幾滄桑萬事同瓦解迤邐向北行故址遇每每遥睇阮公樓塘北高崔嵬招勇昔征苗凱旋藏甲鎧中丞懷祖德肯搆有光采墓門在東北松逕時埽灑功業與文章先後若相待謝公甲仗樓相擬應千載

由中雷塘北二里至皇墓墩訪大業遺跡

北顧勢蜿蜒泉岡爭起伏遥見大小雷蔓草埋幽谷大業幸江都隄柳揺新緑龍舟役萬夫照耀驚川陸珠簾十里開明月歌水曲我來弔遺墟無碑亦無木荒邱斷瓏間登眺惟樵牧可憐天子尊對鏡傷短促恐把平陳基換此山之麓貞觀改葬此舊志朗可讀雷塘數畝田難瘞三千玉回望玉勾斜斜陽閒躑躅

由小新塘過都天廟尋南宋遺覺

偶過小新塘波光漾霽色會聞紹定間李全來此匿揚州古戰場割據如蟻蝨滄桑境屢遷劫灰未改黑低徊動古愁喟然長太息撥草循廻溪神廟翳水側云是宋三城殘覺埋叢棘字多建炎軍諦觀勤拂拭精鋭與敵

勇殿司更深刻甎有揚州敢勇精銳殿司等軍字當年築禁垣廂軍一
一勒零落在泥沙摩抄人不識易錢逢使君中丞以錢四十易一甎收甎百數梵文選樓下千載一時得

延熙三公石井闌有序

四月十三日同阮中丞學博蔣秋竹明府王安林農部江詠風明經汪掌亭方靜也韓景先行過城東準提庵取道蔬圃於瓦礫中得破石井闌余辨爲蜀漢延熙十年三公石七字因移置庵中賦此誌事

清和四月天如沐閒行偶過東城曲幾家池館鼠姑開古刹逢僧談未足道旁瓴甋壓銀床古色油然潤比玉使君曾見拂拭之浮埃落手以泉浴模糊半認延熙年漫漶年深難卒讀三公猶是漢官階隋唐後刱三公目偏旁剝蝕信非訛七字雙鈎搨百幅井闌猶有七字可辯其時孜褎魏嘉平延熙正位在西蜀阿誰移置來揚州萬里江行載艫舳井闌六角僅存三幾番刼變泥塗辱當時廻憶永安宮百尺梧桐井上覆珊瑚作架汲銀瓶一井一宮二十六零落人間瓦礫場春耕又見牛抵觸相賞忽逢米海嶽夜半持山豈華屋從今莫再淪滄桑使石有知休夜哭

曉起詠丁香花

宵來伏枕夢依稀花氣氤氳透竹扉選地本宜華省下五更香染侍中衣

阮中丞入　覲歸里招集湖上時屆重九後十日屬汪慶人繪圖各系以詩以誌一時之勝

巳別重陽十日秋李唐韻事爲公留旌麾暫駐尋三徑琴鶴相隨載一舟北海開尊拚痛醉西風欹帽慣搔頭阮家蠟屐傳千古結客看山繼勝遊

丙寅邗上清明

麗煦情根望轉迷故園今日倍萋萋踏青曾記西湖上桃杏紅欹十里堤
綠楊城郭古揚州人在荆關畫裏遊十二曲欄簾盡捲家家齊上望春樓

寒翠軒詩

（清）繆承鈞 撰

《寒翠軒詩》四卷，清繆承鈞撰，據南京圖書館藏清嘉慶十六年（一八一一）刻本影印。

繆承鈞，字增緒，號善夫。江蘇泰州人。繆之濂之子。歲貢生。早著文譽，肄業郡城安定書院（今泰州中學内），時主講吴錫麒器其文，拔置上舍，自是文名益噪，巨室争延致之。善夫久困場屋，晚年家居課子，年七十二終。

是書乃《獨旦草》一卷、《湃潮集》兩卷、《江村集》一卷之合集，取杜甫詩『天寒翠袖薄，日暮倚修竹』之意，謂之寒翠軒詩，有遲暮之感。趙翼嘉慶十六年（一八一一）爲之作序。集中少壯之作，僅占十之一二，餘皆奔走江關酒肆寄志之作，因其久困場屋，故平生幽憂鬱塞之氣，盡付與詩。繆承鈞古近體詩，不名一家之要，皆抒寫性靈之作，既有山水畫的具體可感又不乏神采氣韻。其登臨懷古之作，有左太冲振衣千仞之遺風，如《東亭拜范文正公祠》、《北固》。至於離亭客館感事懷人之詩，如《雨夜舟中》、《河埠旅邸》，名句『布衣滿目河山慟，一抹寒烟似六朝』，如三峽猿啼、秋風鶴唳，靈源清澈、升落浮華。其詩歌晚年更加精進，凌雲健筆意氣縱横，懷抱幽深如老杜，淘汰於唐宋之間，學習唐人却不死板，學習宋人而没有宋人的頽放之氣，如《擬王右丞老將行》、《洗馬行》。承鈞生於乾嘉盛世，承平日久，足迹未出江表，詩中盡詠江浙山水故迹，頗有風韻，非庸人可擬。趙翼評其『集中山川憑眺之作，不概見而至於言情；述史之篇，涵演深遠，纏綿幽咽；古近體皆循循規萬，以視屈步之蟲』，委實中肯。

（宗　偉）

徃余膺鹾使之聘主講安定共諸生揅訂文藝之暇
因與論風雅之道未衰方今
聖天子詞苑宏開有志之士抒文爲華偹黼黻卿雲
之選正未可以餘事而忽之也繆子善夫執弟子禮
來謁賦七言古詩見貽詢之知爲海陵少司寇餘園
先生之後其宗風未墜與嗣是余由閩中遏湖口復
到邗江居關津之次善夫館水南村僅一城之隔因
得過從携所著拜潮集就質而善夫之詩進矣
今上辛未余荷
聖恩重與賓興之宴善夫相見於白門旅次綜其吟
卷彙爲寒翠軒集謂少壯之作僅什之一二餘皆奔
走江關鐙明酒釃不得已寄之於詩今且老矣願丐
一言以不没其畢生志意之所萃余覽其詩未嘗不
悲其遇也善夫老於文律同時共揅藝者徃徃騰踔
以去而善夫至今困場屋且餬口饑驅之不暇高鵬
低鷃其亦有幸有不幸歟其足跡未出江表故集中
山川憑眺之作不概見而至於言情述史之篇涵演
深遠纏綿幽咽古近體皆循循規萬以視屈步之蟲

嵬瑣而詭者大有間矣查悔餘嘗云詩之爲道靡有
究竟皴染雲烟拓之而愈有覃精騷雅斂之而愈無
善夫不以目前自域當益澄思玅慮游心於古大家
以力底於成不媿餘園先生之繼聲是余之厚望也
夫
嘉慶辛未八月朔友人趙翼序時年九十

歲在乾隆癸丑繆子善夫裒其文就余點定余既序而歸之矣自後余返皖城善夫館邗上蹤跡暌絕者凡四年今秋兒輩白門省試携善夫書至并寒翠軒集一編仍乞余一言若以余之於詩非盡知槩捫籥者雖然余何足以知善夫之詩善夫於詩具㳙嗜老客淮南不得志於時因以其平生幽憂鬱塞之概盡洩於詩余嘗與論詩之爲道在疏瀹性靈胎息漢魏佐之以山川明秀之氣是故天風海濤蜃市出没者詩之幻也戈鋋薇空天地震動者詩之壯也日射鯨鯢春波晃漾者詩之麗也青霜夜寒空山木脱者詩之幽也自大雅不作六季淫哇隴首亭皋傳爲佳句於是建安之風骨遒上靖節之絳雲舒卷自適天趣者耶不可追矣儲王高㵾韓孟清曠元白流易而足嗣騷雅轢漢魏則首推李杜不廢江河萬古流爲其從靈性中出非風會之所能遷變也善夫古今體詩不名一家要皆抒寫性靈傳丹采而不損其神智觀其登臨懷古之作有左太沖振衣千仞之風至於離亭客館感事懷人如三峽猿啼秋風鶴唳靈源清澈

序　三

邗落浮華知其淘汰於古人者深矣余是以深許其詩之確有見地適如其文之胎息淵涵而益以惜其遇之坎坷侘傺不覺忽忽其頹然老也天寒翠袖薄善夫其有遲暮之傷乎余即以善夫之自名其集者還以贈善夫之詩空谷品題有目者類皆能之殆非余之阿好也已丁巳仲冬友人張壽序

序　四

余由山左解組遄里閉戶卻埽惟詩文結習未除昔年鶴雨雲霞落落故一時郡中騰踔卓越之士毋以不獲亟見爲憾海陵繆子善夫之名耳熟久矣抑猶未見其人也會抑齋老友延至家塾始相覿於居仁堂親其風采并覽其所著述善夫不以余爲老醜朓朓示商榷而余亦幸善夫稽古力學之深從橫譚藝恨相見晚也且夫陽厓之木干霄豫章之材非擁腫拳曲不中繩墨者比也然不盡克上林甘泉之選也開明之珠樹錞于之瑶碧非遽供大匠之蒐羅登九

賓之會也顧其歷氷霜受日星之積氣自不可掩也善夫困場屋一第慳于昭諫往來邗上垂五十年門下士日益衆迺皤皤雪鬓鐙火青熒眉端精鋭之色不少挫折以是知其高致恬澹失得之見不芥蔕於胸中宜其所成就不苟不患其不収名遠也余嘗觀其文法度精緻氣味淵深足爲承學者取則而詩則幽懷老筆歌行長篇晚年更進淘汰於唐宋之間用唐而不失之膠固用宋而不失之頹放不蒙皮而作虎不吹竈以爲雲則其能自立腳園地軒天夫豈寸

明尺澤之所可擬乎時嘉慶乙丑秋仲余方搆草亭初成善夫將哀其全集擇其什之二三付梓于是京風入戶河漢薄影生於軒楹因煮茗燒燭清懽竟夕綴筆而序之以志十餘年契臬之終始蓋未之或假也已珠湖同學弟沈業富拜題

參訂挍閲門人姓氏

參訂泰州俞國鑑澄夫

挍閲江都陳逢衡穆堂

吳蘭樹庭

秦嘉謨猷廷

秦承謨

唐敦培補卿

陳兆巖築夫

甘泉唐鋆竹亭

唐徵作淵

文汝梅

卞汝楫

儀徵畢耀登春原

厲瀛芳

方震時敏安

張式壽松厂

張積功寄琴

張安保懷之

寒翠軒詩　七

金壇馮澤溥沛霖

歙縣鮑咸墳

鮑泰基

泰州陸應雲协堂

朱珏聯璧

陳逵雲衢

俞國銘新之

儲步雲湘舫

俞國鈞可樓

朱成樑廉泉

高鋆治民

潘克諧以和

陳瑞芝醴泉

張思祿步曾

俞肇鉠召夫

譚熙純野橋

弟文光松泉

男祖啟
贊士校字

寒翠軒詩　八

寒翠軒詩獨旦草卷一

蘭陵繆承鈞善夫

東亭拜范文正公祠

瞻拜靈旗奠酒漿碑摩慶歷未銷亡義田餘晦千秋計畫粥留芬一豆香殿楯才聞趁上相邊關遽出撫豪羌只今隄畔青楊柳不斷絲絲到海長

凌侍御海樓先生舊業堂文集書後

忠肝無路挽天閽西墅空留舊業堂見說江陵曾柄政敢云穆廟已頹綱賜環未了千秋疏歸骨難迴九轉腸試向高原望松柏怒鱗風起欲飛翔

秋中樽光閣待月侍家大人作

抱麋五步蟲一閣爲之限雖遜高鳳居尚餘仲達簡朝光好駐顏夕景足豁眼心喜堂上人未盡衰齡孱高卧毒隱囊冷壁皮手版金石時鏤鐫草樹亦編劃以此息榆陰往往薄生產雨脚收銀灣明河挂素涯爲漉冬缸蛆滿斟藥玉琖坐待晶盤張誰道孅阿赧

河埠旅邸

十日平原飲雲停客亦停怒潮沉海綠苦霧失天青草樹蟲沙血衣裳蜃氣腥爭教摩望眼秖許薄空冥

雨夜舟中

孤篷遲埜泊凉雨響空秋古渡零星火白波三兩鷗閒情傾魯酒欹枕看吳鈎不及芒鞵客飄然五嶽遊

送醒齋舅氏之東阿兼呈旭初舅氏

急景催晨策離尊餞古原前驅鄒子邑遥見魯連村白鴈泉如故黄河水到門一枝𣜳棣萼此去好相存

舊檢魚山記曾傳匏子歌孤城司啓閉三版截烟波祿薄官厨冷年荒戰骨多時王賊亂後除書何日下况復苦兵戈

苦李歎

男兒一蒦落譬若萎草委在天怨匏瓜在地愁苦李瓜苦有甜時李苦苦不止泝彼房陵產亦足妖桃比方春舒羣卉雨露無彼此奇光大如瓶青縹間以紫玉葉披離離金丸薦纍纍雖博嘯父餐卻蹈王戎鄙別來王母居翻受乖龍恥失勢蹊徑偏道旁小兒指霜風殺草木苦李苦不死一死苦有盡不死苦未已偃根不受斬苦李且生子子生不可食苦李苦連理

一物一造物所判在本始萘葹與椒蘭騷人豈例視倘或墮塵根遂爾成淚藥迴望河鼓津匏瓜何足擬

秋霖曲

銀河淚濺支機石深夜似有鉛淚滴玉清悄向機畔立珮冷姍姍霓裳泣老蛟扣角山風腥雷公好事騰窈冥倒騎蛟背擬玉鼓疎星震汨寒天青子休驂乘河伯怒安得洞口爲稍停溟濛斗柄插空杳淋透朱襦斷腸草九華帳底人獨惺雨帶蟲聲鳴清曉

過春雨草堂同家兄靜軒姪晴嵐作

寒翠軒詩 卷一 獨旦草 三

春雨草堂眞畫圖綴以泉石環以湖小橋略彴烟柳羃來禽吹落松花鋪儒先講堂峙其左遠堞行營健銳裏飛霞紅上珊瑚鉤鳥紗錦帶人來遊岳忠武王駐札時團健銳軍頹綱莫挽明社屋仕者挂冠處者伏淮南招隱只小山杜陵廣厦此厓谷虞山梅村諸公觴詠地春秋芳讌水邊多樵青蕩槳漁童歌喝月倒行入花座海角珠光如斗大亭林之勝干造物文藻江山足黼黻華嚴樓閣二百年瞥眼龕鐙供臥佛溪流半壁荒煙墟老圃種菜人釣魚可惜牙籤與錦軸小刦滄桑不堪讀太史富藏書時於草堂課族中子弟今遺址既湮縹緗亦皆散佚

蓬山和家兄靜軒韻

碧海沉沉散綺霞易遷館敞射東華人間未種同心苣上界先開稱意花軟裏秋雲新繡帕輕挐貫月古僊查五城倘許圖鵷會好覓瓊田共折麻

謾悵環瀛隔幾重傳言金簡詔開封婉娩靈鳥飛青雀元始新衣曳紫蓉五舌簧調巖畔客三珠斧鑿洞

寒翠軒詩 卷一 獨旦草 四

邊龍色聲悟得觀空訣笑倚蟠桃一樹濃

辰樓縹眇夕烟收芳蕙華鐙照十洲蚖蕤仙膏薰雉尾蜃吹海氣繞螭頭天銀闌楯人同晝水國魚龍夜不秋窺牖小兒殊狡獪問他幾度此間遊

飈車寒激怒濤清赤鯉騰虛羡子英玉液曾聞詒滿盎采庸何處請吹笙虹丹可傍珠河洗月醴誰從桂窟耕劉蹶嵗顛千古恨要參舍利返純情

題南唐小周后寫眞

姊妹嬌憨鬒朶梳司徒有女待年初南朝淚說金蓮

步未必提鞵樣不如后製樂府有剗襪金縷鞵之句

璧上紅羅插玳牙鴛鴦寺主愛繁華後主自稱鴛鴦寺主粧成扶出柔儀殿秋水宫人兩鬢花宫人秋水喜簪異花常有蝶繞其上

花牋新譜付雙鬟金屑琵琶撥正閑傳與流珠邀醉舞后製新聲有邀醉舞破唯宫人流珠能記宫中休唱念家山後主製念家山破后以恨來遲破和之

點點青綃著露時識成天水碧先知宫中收露水染碧製衣謂之天水碧遂爲宋滅南唐之讖汴梁更有傷心事龍袞何曾及畫師龍袞江南野史所傳不全載小周后事見王經默記

讀本朝諸名家詩各拈本集一句跋尾

論卜爭枚未了因當時東澗號遺民東澗晚年自號遺民如何頭白歸來日戎馬江山剩角巾虞山尚書

花月金門璧椀荒禁中才子定山堂孝陵禁中嘆曰龔某眞才子也

一堆血淚傾肝膽獨立蒼茫過夕陽合肥尚書

宫詹樂府唱雙鬟忍死偷生尚出山背後銅人清淚滴白衣宣至白衣還梅村宫詹

絶代龍門山左開夫于亭館足翹材一篇騷雅悲凉句落日三關朔鴈來新城尚書

北宋南施品藻同雙谿更擅兩方瞳海棠化去華嚴冷愚山嘗云詩如華嚴樓閣彈指即現居易錄云康熙庚申予與愚山過宏衍庵看海棠各賦四絶句今庚午二月重來海棠三株皆已化去而愚山之木拱矣東海從今少大風愚山少參

顧頷南冠欲斷魂聽鐘鳴罷又黄昏聽鐘鳴悲落葉老烏鬼語皆集中樂府老烏鬼語明星亂兩度呼號上蔡門入覲後蜀亂以受誣繫於理凡兩月而後釋荔裳廉使

行遍山程與水程九州一半入孤征早年行役足跡半天下敬業堂遊覽之作與帶經堂相埒橐東書屋從頭數馬踏雲中落葉聲悔餘翰編

五色龍紋健筆扛金蓮歸院影幢幢那知供奉閒情寄桃葉春深夜渡江秀水檢討

射烏樓閣俯驚瀧十載登陴恨未降見說南中鼓聲死射烏樓紀事詩云鼓聲欲死累紅妝烏龍江透白龍江櫟下侍郎

染得畊堂萬封銷冷吟閒醉老漁樵布衣滿目山河慟一抹寒煙似六朝孟陽布衣

醉蟹三十韻

九月霜華冷佳肴蟹舍添横行誰汝釀踈酌爲君淹

鎖斷秋潮緊登場夜火熠草泥聽郭索花月選團尖畢氏壚稱卓陶家里號潛朱登煩札報魯直待詩拈彭老尊初漉唐公典最恬見宋人詠蟹樂府沙沙爭亥市側側傍丁簾滋味津門美歌行宋代覘剝筐三雅足典郡一胥鈐皂筴傳方舊薑芽露指纖渴羌都紺把歡伯已螯沾幾輩憂臍噬何辜聚族殲居然仙蛻脫竟爾醉翁占鄖塢脂膏溢蠻鄉爪甲銛無腸雖共信有口為誰箝入甕矜張甚將饞躁擾嫌盡情傾魯酒隨意點吳鹽函谷封泥固江城索價廉風懷宜紫菊名

目配青帘西顥宵張讌南薰午負簷鮮華憐骨媚辛苦到頭甜著手中邊徹觀頤膠漆黏飛觴晴不飫加豆或求兼適越寧遺種遊秦尚愈痁魁輸真旨脆拇戰劇森嚴公子徒酣豢監州易屬厭單勞門下改菜佐饔頭醃謀飲因開盎非烹郇溉鬵醢葅彭越小也作上竿鮎

山行和昌黎山石韻

春山一笑嵐翠微游絲幻作蜻蜓飛奔泉百道瀉空水黃梅雨過楊梅肥花籐怪蔓盤磴足白鷄偎犬行人稀曉行礫确借榔栗羊桐飽飯先充饑登登雙屐踏平莽冥冥孤磬聞禪扉未秋已似樵牧絕無風亦有煙雲霏漸達林洞見佛屋石耳路滑青陰圍趺跏老衲坐偏袒澈骨冷氣侵人衣出山何如入山好便欲息影謝塵機短杓汲井朝露起長鑱採藥斜陽歸

十二月十九日祀蘇文忠公生日

九天仙樂吹笙笙雲車風馬來相迎手摘星斗斡造化峨嵋元氣嵩誕生石硯銘成年十二秘閣歐公正典試一代雄文南行集至今拾得沙中字查白庵渡淮氷觸舟

裂從沙泥中得南行集殘本彈冠不早挂冠遲還朝留得烏臺詩元祐以降苦謠詠坐宮磨蝎身流離度嶺之虔公垂老驂虬卻在金陵道浩刦茫茫七百年例得生朝薦蘋藻同時曾記劉景文蒼松白鶴為壽君亦如王郎一詩贈二十一片雲腴分公壽子由大士像香印篆盤光十丈後人壽公復何有僅有清風入夢想西山采薇公煮羹青煙萬縷芙蓉城扇山屏枕足髣髴公猿白鶴聞哀鳴嗟予異代同萍梗海上飃零弔暮影一瓣遙拈安道香年時氷雪闕河簪

石鼎僻昌黎

砰砰神鋒標黙黙鬼斧削桓桓中維虛兀兀下轉弱驕螭怒嚙齒雄熊縛局腳散紅土花繡攢青古苔剝何年巨靈擘妄拜一品爵鑄荆欲上升鉉玉軏皮閣秘之仲丙行負或公乙若用隨金注登究豈瓦鐺託翳維山有骨巧藉工則度一朝形模成宛爾光精著胚渾魁柄張玓宏炳勢作猛力勝鯨吞當風拔龍角洶湧夏雲崩鏗鏘冬冰鑿腹皤牛浮波頸出龜畏灼影垂三足能耳聳兩肩鶴倚竹山童敲炊松老婢掠

注清水沸潑亢熱火礟駁受坎扇離明疑陰戰陽熇名目儕餅罌器量象梧杓黿嘗染僅指雉斟容只勺移從汾水陰竟充孟嘗鑊緬彼不死質納我化者藥九還如可期五丁曷敢攫燒空紫焰生蒸日赤丸躍窾以六斗釜碇壓十石碚歆乃腰環環弄斯足躩躩伊誰筆能扛誤認金可錯折軸吐鋒稜當路森崖崿觸熱苦相煎緘口羞獻噱終非大冶鑪恐比秋風籜二儒語詹炎熟睡且膕約

塞上曲

鶯閨三五自年年暖律難吹絕塞天只有琵琶青塚上春風一角馬蹄邊

數過瓜期戍未還幾人赤腳唱刀環已隨漢使收南粵又報唐軍度火山

銀沙吹起月光寒秋色單于不忍看除卻衡陽飛鴈過封書誰爲保平安

雨雪弓衣細馬馱氷聲一路走鳴駝北人不及南人熱門外酸風落指多

題王嘯崖棲碧圖

碧城十二堆芙蓉佛頭幻作青烟濃偎人雲骨一絲細飛上螺鈿鬬雙髻鄁鄲枕上餐胡麻樵風如霧塵如沙丹田白鴉一失守下界開遍紅桃花三生瀛海眞游戲龍女遺來珠稱意夢回淺水激流鈴滿堂寒翠天冥冥

小倉山房集題句

迴風忽謾引歸船多爲雄文欲待傳一代縱橫大著作三江游戲老神仙依禪大士談何易說鬼東坡事偶然衹是丁娘謌十索狂來尚愛拓枝顛

掃葉樓贈胡中翰西垞

玉碎空山叫鳳凰羽衣一剪帶吳霜分明千尺錢塘水流過三塘復五塘

出郭鐙船夜不休紅牙翠管古揚州此時弔月啼鴣客正倚西風掃葉樓

春感和陳倥侗韻

二月不芳草開門只雀羅剪鐙雙淚落沽酒一瓢多何處金銀氣誰家錦繡窩開年都到眼可惜夢如婆

黃覇黿兒子王章媿老妻一牀憐絮敗八口為飢啼

雨雪皂鵰暗關山白雁低出門慳作計風色苦悽悽

送晴嵐姪之清澗

揚子江津春水流年光一路紀星郵作花白雪吹人面如鳳青山傍馬頭三輔圖開京兆驛七盤關鎖帝王州趨庭念爾西行日此會曾非汗漫遊

文昌墩與陸篠樓話舊即送之吳門

憂患餘年莨菪身蕭寥光景一龕隣竟天露冷無飛雁踏月夜深來故人沽酒那能消磈礧挑鐙只合話窮塵明朝又打吳淞槳似水離情是晚春

儲玉岑招同方笠塘法龍樓宮振之尚方寺登高以黃葉鳴秋蟬為韻

秋塵不可掃殿地風埃狂意行出北郭爽秋生鴈堂鴈堂何所有佛幌琉璃光猨猱弄鏽鎖蝙蝠升壞牆苔蘚淨滌剝古木昏沙黃入門屏百慮一縷聞戒香

三十六離宮遺蹟泝大葉夢中金碧圖幻若烟霞游禪山耆然開誌公曾掃葉三絕眞天人千秋足史牒流韻及永嘉墨花如可接偉哉楊廉夫猶見東坡帖

温磨徧大地絲竹非正聲一面走大江日夜流其清

去帆奔馬疾來艓閑鷗迎衆寂法楞啟觀空幽嘆生定中記了了物外輕庚庚請滌箏琶耳靜答風泉鳴

落日下遠水孤煙相與浮寺門晚雨來淒然成寒秋青天不可繫萬古如泡漚文章遼海哭錦段張衡愁掉頭大火宅彈指華嚴樓願言學莊叟一賦逍遥遊

平岡夾斷隴疎杉巢其巔寒色警粗蟲霜氣深哀蟬昔之登高人主客皆神僊重來眇陳迹一笑風巾偏渴飲眞一酒飽噉槎頭鯿去去鯨鐘催迴望東林邊

十二月八日家兄葛峯靜軒姪晴嵐雲谿精舍食臘

八粥同得八字二十四韻

佛閣敞千燈佳日兩紀八炊臛屆清和除障及漢臘例供自僧厨清齋共投轄溉釜精作麋析薪燎以蠟香雜蔬果芬米料升龠合脫殼採栗村蒸餾摘豆莢東京五味遺西竺七寶法雲豁一匆偏穴處僅如窡牛跡紛塵囂草烟生肅殺劒南是日西村詩草煙漢漢柴門裏牛跡重重野水濆抱堞柄林開繞屋踈籬市我來破凍塗園坐禮花埝雪鐘方未鏗齋鼓已先鞳空腹如欲鳴淨饌徑啜啜大千在鼎鐺奚啻一飽呷手指不待畫七箸聊用

梜初疑杏酪煎旋覺桃花滑至味薄虀鹽戒性屏蘇椴魚紀劒南詩膏載叔庠劄羣喋訝水凫餘瀝丐饞鴿古歡謝庭敦禪藻端師答蜡飲比上寅犀譚資某甲嬲詞筆爭飛搜祕神有嗒眼底節序馳空際色相刷歸路暝煙寒凍殺銀頭鴨

擬意

鵁鶄幽會太忩忩花影來時月半弓叢桂葉深多泫露弱菱枝小不禁風曾經舊枕怜曹植可記餘香遺賈充待欲心情訴解后惱人鸚鵡在簾櫳

遊僊

元霜紺雪摠徒然誰駐朱顏引大年丁令乍歸人是鶴麻姑才去海爲田夢酣太華一拳石起視齊州九點烟祗是臨風宜散髮黃昏初月上弓弦

贈周天橋紀眉山

青旗山店柳花春日日行吟不療貧爛醉壚頭忽大叫一瓢狂殺兩詩人

坡老何年海上回孝侯歸去已無臺分明餓殺子桑子看有何人裹飯來

隨外祖司馬公過徐勤哉戎幕看海棠

戟門容得野人過却占城東錦繡窩翠濕苔衣新雨後香生粉院早花多帳中銀燭寬衣帶壁上琱弓蓋網羅見說太平無一事將軍只合老笙歌主人精於音律

團丈鶴敍歸自山右任過

海內靈光幾輩存脩然一杖過柴門冷餐苜蓿思芒碭飽噉葡萄下太原三徑黃花元亮老百年絳帳馬融尊袖中攜得新詩卷細把金鍼看度痕

水心鏡

五月五日日當午碌日義輪驅萬櫓高旙十丈青琉璃白鼉豎尾蛟龍怒揚津古渡走大江江流日夜喧奔瀧釜底鄏得金虵掣波上詎有盤龍雙怪哉老人幻神術早辦洪鑪煽滈汩鑪中造化欺陽侯照出青藜闢太乙五行生剋元機微陽氷陰火交煇煇鍊雲生水水鏡心一氣噓噏天光飛以此寧旱著奇效扃戶三日靈湫畢避壇紫鳳迴鶩霆渡海神羊助霖潦當時入貢天庭始他日流傳到法喜豈眞寶鑑足膏澤郤勝齊諧弔譎詭我聞秦宮照膽寒搶入姸媸雖

判秖一身天寶伏狸亦奇絕禍水旋復漂青燐始知爍波金氣神僊手離畢蟾蜍無不有奩開便作銀河瀉匣收依舊龍堂守廣城土俗爭錦標競兒擊鼓長竿飄枯槁忠臣不可招此鏡曷不移向汨羅鑄魚腹中間縹煙霧或有魂兮來中渡

春晚偕周天橋王蓉裳郊遊小憩斜橋埜寺

好風從東來吹出風中檽過橋小蝶飛八烟爲之青二三支許翬頤影多傳仃翍翍著雙屐飄飄隨溪莽坐覺芳甸晚所惜春事零灌木一以繁鷺老聲不停微聞䟽磬度未便埜寺扃遂依跏趺座聊參維摩經

三塘首春徐東陽中翰招遊鳳山

江北無名山海東占林壑何代巨靈劈亦或五丁鑿絕頂貯梅龕當峰挂鈴鐸宛爾箨箨尾飛動森森閣我來方首春三塘此行藥殘雪滿郊墟寒氣入腰腳思從丹穴遊乃與之而約山中九松狀皆奇特一松蟠蒼虬一松臥黃鶴旁雜三五株老幹互紛錯歲月旣久淹吟眺兩不惡泠泠仙籟吹謖謖寒濤作爽氣生虛簷天風盪廣漠王八鶩坡客華簪盡擺落僊骨凌層岡古

誼勸栝酌歸路踏紅鐙埜火滿村郭土俗以元夕燎蟲

五藉樓感舊曩爲陳紿諫公别業　國朝諸名流觴詠與宮太史西湖草堂相埒迨歸先外祖司馬公則池臺竹樹已僅存二三矣陳睡翁僦居于是又五十年嘉慶丁巳年首春重過亭館全非荒烟滿目因用先司寇餘園集中傳是樓和商丘太宰韻以志感云

太史卜築占湖水給諫拓地穿高巖城西亭館擅兩姓足所未到心爲恔過江名士日投轄隱囊紗帽眞王兼北固山光當綺席南徐落木交層簷遠者暎帶近者藉駢列五指如排箋子生雖值雅輪墜遺址猶及搜題緘延緣老樹踏梯上蒼鼠四竄烟飛簾菊花

提首唱北里和者如搜潭秦寒周噢更幾易金石不朽烟雲酣髣髴鬼物此呵護詎若海棗憑虛談朅來客憁檢舊稿摟身如在千蓮龕煮沙成餱證妙諦噁酒作花回餘甘曩游回首一彈指名山如夢能療貪大雅不作玉琴碎來者誰復如廣堪

二軒詩爲姜桐軒家兄靜軒賦

桐軒嗜古如迂辛硯山一拳區貞珉口辯言夯行者忌葱肆不怕醉尉嗔靜軒佗傺臥積薪門排晝戟偏清貧二子磊落抑塞以詩寄曾否前生豹人與野人賤子五十不得志遺經獨抱東海濱三間馬磨坐敗落破庭不獨餓生塵鹽車九折志不折盤空尚欲凌高旻不恥飯牛效甯戚終思相馬如方歅歲晚故里始一聚孤劍來合雙龍津狂歡賭酒發高論吹動簾外波粼粼緬維東南壇坫人銷歇草堂春雨虛芳塵清響墨莊亦冥寂不有老斵誰扶輪蘊眞苦封咸陽秦吟房雖壞留吟身（靜軒宅居夾）蛾子寸草方哀呻旣雕復樸歸其眞蛩蛩乃藉駏驉負東家浿效西施顰餘齡相戒各努力名山尚有璆琳珍不然江河萬古流

時節好天氣軒楹一一通虛嵐詠言餘慧及賤子主人不惜加針砭（睡翁始教以一亚一壑有韻之言）一亚一壑一彈指（杜茶村題其軒日一亚一壑）一飄鐙轉燭慳幽探西州回首泫雙淚重過轉處羊曇讒臏有枳籬間蔬圃更無白酒堆紅鹽先是草堂亦並圮曩遊徒使張叢談

題黃素人家藏孫豹人牧牛像

青城山環丹亚出關老子騎青牛又幾千年得奇士短衣匹馬輕王侯五殺不直一洗耳眼底霍霍無巢由朝殺賊暮上書上界不知有官府手揮金紫沙泥如細草不可食烏犍驅不得虎毛森列虬鬚張游戲江南復江北扶桑捧日東海東孫侯曾此箋鴻濛（晚年館黃素人家）充棟漢書挂兩角方寸圭稜搖五嶽迴望隴首接天高耿耿星河掃風瞀不然被繡爲犧牷郙得世人辨清濁

續題朱秋嶼焦山吟用東坡自金山放舟至焦山韻

我生偃骨非蘇耽時握鉛槧來淮南把詩往往數亡友下泉文字今兩三古焦巖中臥秋嶼海雲枯木揮春蠶續古鼎詩發光怪欲抗西樵無俯憋當時鶴敎

不廢誰摘星光探齋淪

青嵐從叔歸自江上喜晤

風起江南北蘆花一櫂歸有家浮雪浪無手補寒衣久客囊錢罄新詩畫意微開樽醉今夕聊爲拂塵鞿

翠屏洲春望和劉湘南韻

翠屏洲上望一氣俯金焦屹影雲歸枕江光月帶潮泊沙村市小喚渡柳陰招我亦閑鷗鷺隨風任意飄

落花行

銅蠡晝掩春遲遲輕烟一髮春如絲時有歌童出深

樹何來粉蝶銜花枝昨日小園看花放今日花枝逐風蕩栩栩古井記牆半綠苔錢買花冢葬花開花謝爲誰主可是鑒花天未補靈霰淚漬彩雲濕當時悔擊花奴鼓十枝五枝花事闌萬千枝落春心酸朝來吹入深閨裏婉晩柔情常早起曉妝樓上看花飛花飛欲碎琉璃水迴身照影雙鷓鴣纖腰單帕衣五銖小紅韡踏百花上步步青綾蹙紅浪薄命女兒春可怜半弓愁製鴛鈎樣背花私語祝東君春花一落春波分明年花果今年始不願開花願結子

養蠶詞

桃花匝市楊花飛養蠶人家桑葉肥三姑祭罷出蠶子馬頭橫簇團成圍農桑直說有馬頭長簇橫簇團簇皆養蠶法結繩作網葦作箔百帖筠筐架上閣摻摻女手攀桑鉤不怕桑柔怕蠶弱三眠乍起原蠶熟辛苦蠒蛾紅似肉蠶娘愛蠒勝愛蠶早理絲籰與棉軸三才圖會先排絲籰說文籰收絲具棉如筒子絲如羅三才圖會棉軸用大竹子謂之筒賣向商人值價多頭蠶一半充官租晩蠶留與嫁小姑

江村道上雜詩

殘星四面曉雞啼沙路蒼黃水拍隄謾道橫流徧滄海牛車猶自駕王尼積潦之後車行

髡柳無烟禿樹荒郎當聲裏問南唐紙鳶飛過小兒剱看有何人弔讓皇南唐楊行密行營尚有遺蹟

寒林風起噪鵶蠻秋在霜天曉角間尚有哀笳怨草木兵聲疑是八公山

枳樹編籬竹樹笆晨炊才罷酒旗叉埽場天氣豆藨落涼露吹成蕎麥花

漁弟樵兄好唱訓一方鷗席雨句留袁冶山湯林齋館地蘆中

更有吹簫客乞食揚州二十秋
十畮良田一枕初代飛鷺鴈足居諸禽經箋後桑經注誰說羲農不讀書陳生兆巖之居

東塘展先司寇　餘園公墓

東村一帶俯滄瀛山拱南圖水抱清負郭只今餘半畮形家自古說佳城空青宰木今無恙積翠松門晚正晴羊虎年深翁仲倒憲皇帝賜葬誰憐芻上雜牛耕清響園亭拓地偏清響園爲先補山公別業吳梅村黃仙裳宮恕堂杜茶村諸集之地半隣蔬圃半葑田過江名士烏紗滿入洛聲華絳

斗懸未通籍時詩集已選入商丘太宰江左十五子湘水有源仍印證生而左手有湘字證前世湘山寺老僧愛河雖好不情牽俞太夫人歿後數十年單居令原分憶趨庭日手付餘園第一篇簪花朶殿第三枝風引珂聲到鳳池未覺象刑疎把酒虞東初學士題其遺集有云僕直肯將詩思減象形漸覺酒情闌幾曾按士不歌詩視學兩湖登黃鶴樓召諸生賦詩從容薇省披香日忼爽蘭臺入奏時疏劾東省鹽引事悉稱憲皇帝命勘蒲臺獄並旨鸎囀雞鳴渾一夢春光寒引曙光遲除夕宿齋館無疾而終瞻拜高原又晚秋回風凄緊叫鵂鶹重來馬鬣封何在此會牛醫願一訓駑末郵能穿魯縞泥中爭忍賦旄丘吳庵令清潤葛峰牧橫州俱下世而靜軒晴嵐亦相繼而歿封胡何限傷心事一片寒煙萬古愁

登隣江閣和宮霜橋韻

故人編小閣天水到簾前千嶂雲籠曉一江春染煙苔花無客踐午夢有鷗眠坐我梅陰下題詩風冷然

重九日吳莘叟外舅祖招同丹陽於亦川家兄葛峰陪雙橋大京兆奎閣登高分得風字

佳辰放新霽傑閣挂曈曨設葹分茅會題糕說餅中墟煙將夕淡海氣泊秋空亦有參軍孟謂於亦川偏無落

帽風

東塘詩

東塘無百里犯曉東征軺此別眞成忍天憐或可要屺紅初近日風定不驚潮前店澆愁酒青帘一桁挑
息影依趺座棲枝傍古原寺荒龕火淡僧老鉢衣尊柿葉行吟地松花一飯恩低徊三信宿怊悵出山門
入洛名猶賤投秦書已殘歸雲無我分流水作家看秖有編年卷長歌行路難一丸飛老兔擣素在江干

斗酒豐年祝鏗琴比戶秋東田吹穲稏西日下羊牛
蝸角圍棊局漁梁狎釣鉤客來情款款難得古風留

茶庵題壁

野路三叉近栴林一桁低雨中鳩婦喚門外部公唬
種菜成羅漢炊羹了淡虀從公六凡脫即此是曹溪

題周竹橋幽居

青簾小巷綠蘼蕪中有畊田識字夫仲蔚門開秋絡
索步兵厨啓夜狂呼苜盤博得才三月緺菜歸來又
五湖曾見先生點周易一函風硯手研朱

留別周西膠

我行東塘多回風風中萬木吹愁紅叢祠一榻隣秋
蟲提壺挈榼來盆公餞我祖道東海東酒酣歌驪將
夜終雄雞一聲海濛濛海塵飛入雲樹中我心紛結
孤雲同回望曉偃歸海宮

張雲浦來自湖北軍營見過旅邸

何處蒹葭水一方故人今夕下衡漳小山叢桂書才
寄大海橫琴客太狂（擕大海橫琴圖索題）眼底鹽花霜草白夢
中兵氣戰沙黃相逢莫謾牽愁緒且醉平原十日觴

元夕前一日大雪有懷靜軒次王新城鑾江大雪歌
韻

元陰四結天圍滯白碁夜澈丹鑪朗鐙輪無光月魄
死飛出鷺毛紅綱掌天軍玉戲見真面項上襄帽肱
心賞幾人大澤披羊裘亦或山陰泛烏榜咄哉坡仙
賦禁體白戰惟聞枯葉響風竹起舞瓦溝亂一聚星
堂光萬丈誰其來者泝嗣音草未池生輒神往馬磨
三間雪窖中牛衣一領羲皇上日高往往絶炊煙出
屋吟聲翻慨慷那知小封壇塵沙直使孤懷攬宿莽

結習年來慧業深頹齡老去冲襟爽故園時一會鷄
豚郢唱猶能彌薤壤所惜佳節尚離居矧復氷花滿
吾鄗天晴早晚踏蓬蒿開軒應辨朋尊兩

東靜軒歸自江洲次餘園集中題梁藥亭維摩居士
圖韻

萍蓬聚散車輪轉顚倒天公忒靈怪聚如劒合迴星
芒散似羽飛掠浮芥曩時君寄江洲跡拘我故園耳
目隘掩關獨剪登抨蔬蘆菔芹芽雜筍蔕嘯傲直使
紅霞噴狂勦笑指青山賣風埃滾滾畏流丸姤殺蛾

眉忌言疥寸鐵翻同玉斧脩空拳枉守金鉦戒三年
離思感褱裒一水悠悠畫兩戒君今安穩歸蓬蒿而
我揚州依半牓日暮誰憐翠袖寒勞薪欲下樵夫拜
安江門外即天涯東望扶桑日高晒書然閶闔開層
雲惜少金壺貯玉瀣支離蒿鷃一枝棲浪籍看花雙
眼瞶山中草木似太古枕上潮聲喧萬派車無四角
秪羈韈相到九方歎駿快看人唾手擲盧成獨我掉
頭失瓺壞回憶清吟春草生墨雨橫飛心介介功繭
會同千縷絲腔血並消一窠蘸即今急景偪虞淵憔

悴前旌等行邁會當海上招任公掀起神波策蹲牿

靜軒次韻見訓疊韻再寄

陰繁臥令一春蓋空房囚鎖花神怪妖狐夜泣驚麏
竄忽忽生香成腐芥揭來作詩呼令原溟渤但愁雲
夢臨何當報我千飛瓊白雪剪成朱蠟蔕幽光古冢
藉深藏寶篋風胡莫輕賣昌黎甘蜜痊沉疴坡公技
癢劇爬疥緬昔老輩騷壇張湘水因緣修淨戒維摩
高唱樹赤幟兩袖御香落偃界（先司寇公怪字韻首唱）菜翁逸
興鎔華蟲（華蟲山館爲顧花田太史之居）陶史扣舷和山牓（史蕉飲侍御）

墨莊累丸扛鼎手（宮恕堂太史凡六疊韻）小儒咋舌希龍拜（前後
唱和凡數十首玉叔伯父彙爲青棠書屋一冊見示）五花文蚪守金石未盋粉
蟫及時晒華嚴樓閣一彈指臏馥殘膏敵玉瀣七十
年來風雅亡東南奚翅於陵瞶詭波競弔邪魔徑擺
聲謖衍湖州派海山歸去獨嗣音蘊真一燈天宇快
（謂左州伯父）乂手直證心印合擘箋不怕吟房壞（續刻餘園精選）
（葛峰靜軒與挍讐）只今門巷可張羅獨有棣華亘江介放晴
初日上高春呼起山童燒潦薤披衣削牘谿老眼如
話窮塵與行邁來朝願逐東歸船同繫柳陰看投牿

蛾術軒牛首松歌

牛首天闕江表貢中有老松補天空怒龍鱗甲蒼虬
枝花厓直達文殊洞逆余雙屧林端住蔥帶山風吹
石路飽聽萬壑驚濤聲散炎江天弄涼露渡江而來
三百里移山手段蛾軒子蛾軒之室大如斗除卻孤
松更無有雪花時節松花香把酒賦詩共老友呵之
欲活寒烟微壁上時有之而飛

嗜書堂喜晤於亦川

此才猶自客江湖山屐田衣禮漸麤入座便如詩欲

湧逢人先問酒能沽曹唐可便稱尊宿蘇頲何庸笑
老儒見說臨軒重獻賦網開亦竟漏珊瑚

落葉詩和荔村方外

商館驚飆木末過闌珊一瞥剪庭柯秋生病樹衣先
脫人唱哀蟬曲最多難得水中韋薜荔誰傳海上有
桫欏畫陰門巷蟲絲罥敗葉寧堪作蘭窩

醉疑乾響颯空階醒覺樵風處處皆埽逕寒光生戶
牖捲簾秋色上弓鞋封完蟻穴唐圭剪鏤盡苔斑宋
楮埋昨日小軒舒望眼遠山添得一峯排

非露非烟一望收不成花果卻成愁亂蛩起助秋聲
賦孤鶴來探赤壁遊宮井塡時同薄命蘆花影裏傍
輕舟輸他天上長生者落子飄香得自由

芰盡長條復短條白雲深處晚蕭蕭飛紅滿地春何
在慘淥經霜豔已消山遠何能分峧岾巢空多恐失
鷦鷯淮南風景江南似不信樊川說未凋

朝華何事謝何因生面驚回夢裏春林畬似曾千氣
象枝高一樣逐風塵長門剪綵千秋怨小字題紅絶
代人悟得歸根同此例楊花遮莫是前身

窗櫺聽雨夜初分策策微從枕上聞人拾半牀同敗
絮鳥銜一片薄高旻添薪滿貯籌鑪火拂蠹閒箋蚪
文寄語禪山休淚籍當時纖影亦凌雲

前悲懷 壬寅丙午悼元配姚繼配凌

愛河回望眇如煙一擺情波撤眼前長簟竟牀空復
爾叢鈴碎佩各倭然口銜玉女投壺讖手擲黃姑下
聘錢見說五城三島濶青章何處叩高天

精魂石上廿年餘百里遙迎隔巷車姚自邗上遷泰少女風
和冰泮後小紅花滿燕來初奔鬬拜影春調瑟寶鼎

分香夜讀書卻為鏡中虛及第韋卿企望一慙子
家巷蕭條秖自傷門前緩日去堂堂磋樓僅有千絲
縷春廡曾無七日糧錦字挑殘難寫恨金釵典盡不
成行杜鵑枝上猩紅血涴得啼痕是晚妝

鐙前影事詎模糊重疊牟尼酒淚珠謾說漢皋猶解
珮那堪河伯更投巫十年潘鬢因愁禿一管江花賦
恨枯付與下泉弔渴鴈爭教霜雪叫菰蘆

京口晚泊

百花名酒奇奴城沙市銀鱗玉膾輕沽酒買魚好江

色滿天鐙火看潮生

六代山雲望眇茫水烟如夢冷菰蔣隔江千里南風便一片鐘聲下建康

游僊詩 并序

崑崙裊裊無地採星煙渚茫茫何年犯斗居尚謫乎塵海籍未挂乎蓬萊人間八垢攖纏天上三宮縹緲是卽練青濯絳燒蕙苡之芳鐙浴素陶元架珊瑚之彩筆裁流霞以作帔潘錦誰遺種瓊草以爲田江花孰贈縱極天情之騰踔終汙上界之僊

人然而流水一溪桃花萬古身能織路心卽挐雲金馬署中璨列十洲之記柏梁臺上紛披五嶽之圖龍師偕魚吏同升桂父共茅君並舉挹浮丘之袖裹禹餘之糧揮容成之盃貰麻姑之酒桐峯紫瑟倚歌而和皇娥湘浦瑤琴彈曲而迎帝子游戲清虛之府逍遙廣漠之鄉怒鞭朱龍笑驂素豹一丸飛藥逢璋瑞於西山九節菖蒲遘商丘於北溟思縶羲和之轡影逐虞淵待翻玉女之盆手排閶闔揮斥八極翱翔九垓是則事之所無未必非理之所有者矣且夫豪宕者境也俶詭者才也才落落以高飛境曼曼其脩遠一核東華之棗三芝冰谷之瓜弱水三千赤鯉之珠銜火齊層城十二青猨之劒獻芙蓉匪彈響於虛無迺抽思於幽秘卬弘農之首唱揚屈子之餘芬俊逸參軍亦有升天之句風流子建不無步虛之篇生面開自青宮夜光奪於玄圃後有作者庶或步趍僕窮愁羈人冥寂下士少日庚泥坐困中年辛蓼而居煮海歸來巧窮無麴搜神讀罷與敗催租每喚癸而呼庚怪

當申而取未粗食琅函之字謾希沆瀣之餐繡履乘潮三生夢到珠瑠弄月一晌魂迷攀負局之先生效守丹之弟子希源好道閑吟玉局之牀項曼學仙清嘯寙兹之枕辭兼感慨韻涉悲歌嗤薄命之蓬球等詠懷之中散而已

三山宮闕化銀銅天上人間片晌通乞得邯鄲如願枕一丸泥馬到星東

靈風高處幔亭峰金鑰森森寶誥封何事崑崙偷博戲五花親手擲斑龍

兀覆青瑤石點䆗九光鐙轉五雲幢傳來王母靈妃
嫁封得明珠念八雙
琳札分頒宴客時鵶鬟十八捧金巵白龍肝與黃精
酒穆滿重來卻恨遲
不是神僊不解飛紅泉隻履看煇煇雲臺峰頂元神
出時化一鷹打兔歸
洞邱寂寂好僊居沙礫清塵霧不如一路踏歌風細
細青藍花上有神魚
何處花田傍酒壚落棋村裏喚提壺黃昏雙鷺來時

朱烏𩀱檽玉宇低三更三點唱天鷄揚州一覺須臾
侯不是麻姑即鮑姑
事折得瓊花手自攜
琉璃屏障夾瑤階面上奇光月滿懷可是天宮無鏡
匣白紈扇子照橫釵
鹵簿星移按綠臺笳虛聲裏叩蓬萊一雙龍縞穿雲
輾會見王喬夜宴回
丹房七級楯天銀一樹梨雲埽淨塵竹杖是龍羊是
石封章還報蔣夫人

團蕉一粒裏香芸乞食歸來理篆文八素元經誰識
得繡衣亭上訪茅君
海邊片石比天尊浩刦茫茫獨此蹲何事祖龍不解
事一鞭流血記橋痕
樵風吹動藕敷冠麈尾蘓來是白鷺不怕六銖衣袖
薄蚌丹浴罷又虹丹
金簡傳封護鎖環柏梁臺上舊分頒七籤雲笈如山
擁那有僊官肯愛閒
赤足身騎八字蟾流鈴猶記水濺濺梁清調笑盧躭

去小別華胥四百年
海山霜雪路迢迢甲帳珠襦隔紫霄不是僊家小游
戲彩鸞那得嫁文簫
凌虛慣結羽人巢多種芸蓬當白茆夜半月團香霧
滿一鉤正挂海棠梢
東華會裏聽雲璈紫桂陰中酌斗醪日午靈官宣詔
到上元新賜赤霜袍
東海桑田只剎那餘杭賺得酒錢多三千弱水從頭
數一擺情波是愛河

溪邊仙犬吠山家石上支機犯斗槎君是避秦我歸
漢門前試看小桃花

芝田春暝藥苗長粉竹金松繞磵香飯煑胡麻布蒸
棗仙姑滿口說休糧

八幅明牙謁上清燭龍銜釆領宵明三宮不用蓮花
漏十二銅槃當報更

邀就艮辰早鍊形壺天星潋斗冥冥眞人也戴花三
朶螺髻多人一角青

高空一步一凌兢金闕西廂冷似氷輸與董雙成跨
鶴雲和吹上第三層

一宴瓊漿玉醴收藍橋郵復杵輕投瓊瓏寶塔三家
望看有何人續再遊

銀潢無影夜沉沉非露非煙去住深蕎地一枝猿臂
笛玉宸君正過湘陰

青苔白石舊精藍再訪樵蘇往事諳鳴鳳聲隨蕭史
去牧羊人在洞庭南

閑雲回首海山尖苦憶黃華並水簾玉女爭教誤壺
矢樊阿猶待乞青黏

奔天有路藥難乞縮地無靈骨尚凡此去往還三億
萬教人塵土涴征衫

寒翠軒詩拜湖集卷之二

蘭陵繆承鈞善夫

浩歌

金烏西走弱水東注舜華蜉蝣知旦暮王母老去青烏飛瑤池換盡桃花樹女媧石爛幾回補五色迷離無定處顧蹴羣嶽平海水簸揚萬物皆粃粃天地無情有生死巨鼇背輕蛘欲搔睡醒輾轉何時已

古意

濃春二三月埜草齊著花隨風鬬妖冶搖蕩青陰斜

寒翠軒詩 卷二 拜湖集上 一

遊子久不歸春情滿天涯惱郄游蜂鬧林藪客來折花螫汝手

反將進酒

將盡酒憂來搔足思一斗狂藥多且肯安用歠伯與爲偶我愁不能斬我憂反忡忡捧土塞斷小槽滴舉手擊碎玻璃鍾黃河浩浩白雲悠悠佩蒼精秉赤虬長生悟澈連環解一任飛光西入海

關山月和張文昌

妖狐跳梁作人立頭戴髑髏仰天泣野人哭出如狗嗥夜色慘淡森長毛怒搏妖狐食其肉白草光寒血淋漉插天礧嵳高峰危凍雲削盡鯨霜飛盧家少婦肝腸絕可憐一點關山月

東淘晚秋

淘上秋光海氣吞不成鄉縣只如村荒烟白鹵逢人少遠水蒼葭逼晝昏斷續霜鯨深埜寺兩三沙鳥下柴門㝠宵吹過殘鐙影判盡西風落葉魂

方叉瞫湖舫招同劉湘南法龍樓儲玉琴竹塘方外

萬厐舨稜暮色天故人高誼啓賓筵重攜風雪登山

寒翠軒詩 卷二 拜湖集上 二

屐來上江湖載酒船智遠閑閑同我老靈光落落得君憐（叉瞫并其尊人優禮湘南先生久而不衰）來朝各有還鄉思分得雲煙意惘然

十二月二日集天香書屋擬楊誠齋食太原生葡萄

鴈門日瘦霜稜尖旅人飣坐方厭厭曉寒市上得佳果涤雲元玉芳香兼驪龍頷下鬚初摘馬乳魚鱗紛的皪天邊葱雪餅窮鄉帳底珠光懸土壁是否廣利軍中歸亦或張騫槎上覓漢家萬里拓邊疆此味中原誰匹敵嗟余楡棗關前住伏雨闌風凡幾度側生

纍纍等孤根子實離離同一顆百錢沽罷堆頳盤一
翼奚翅千飛鸞飲漿便若吸雲露酣酒不待餐氷丸
我聞汾陰種此如種玉脆在中邊甘在腹百匹縑才
酬一斛得飽饑涎客館足此身倏拜太原尹不須更
擢凉州牧

送家兄葛峰分守桂林

西山一點太古雪司城一官冷似鐵春池七載愴離
悰茲行郤在邘關別一麾分守豈不佳捧檄之官翻
哽咽星霜白髮辭高堂慮鈌棗甘與蘭潔孝子行役

古所悲簡書其奈皇華催灘波西下百粤地摩天入
柱森崔嵬黃茆瘴雨界尸域獠狑犵獶紛喧豗龍城
方令拜　寵命蠻方自古資雄才鈷鉧潭前柳州記
爾時河東詎游戲唐宋以來稽循良衛公堯叟皆能
吏儘餘碑版載霄壤想見經綸儲腹笥兄年五十服
官政上答　國恩下家慶百里激海足清蔭偉業西
曹況彪暎但使推廓奏刀手何畏炎方風土劲一鶴
一琴重此行五羊五額争相迎而余側阜羈海鄉日
逐鹽車駈太行冥塵百折伏駑驥上道何日參翱翔

茱萸灣口飲君酒祿養爲君羨升斗扶桑初日挂晶
盤銅虎前旌樹勳卣期君努力振宗風愼勿瞻雲回
馬首

浥露軒雜詠

尺五城南路黃昏客到遲輕裝隨鴈婢積雪惱蛾兒
萍梗飄零日琴樽燕衎時拜塵巢有定好借屋前枝
水檻湘簾啓風櫺絳帳開分鐙安小榻選石坐莓苔
閴鎖寒潮緊庭空野色來鷄泉吾舊隱安用翦蒿萊
瑣瑣閱生計愍愍寄病懷飲河鼷鼠並甘帶蝍且儕

賤日謀常拙清時願未諧眼前雙鬢短何以慰殘骸
息影耽三好論文憶五原酒傾能醉膽詩冷欲呼魂
有帚愁難掃無梯天自捫朋簪拋幾日襟上有離痕
坐惜卮無當生憎斗沒粱長年烹蟊腦短夢枕魚腸
竹隱羲之宅田荒陸氏莊山中甘寂守踪跡似顛當
鄉思横孤館關河入暮年已知三家誤猶想一夔憐
晚景初升月芳辰早禁烟闌干星斗落隣笛轉凄然

贈陳素村用昌黎薦士韻

文蚪護金石銀蟬守眞詰入室靈威啓辨丁魚枕到

汲綆不厭深書淫廼許號主人藏書極富星海胷中羅支機
石上導高張素女紘雅叶水僊操雷琴古瑟皆僅見者五車日
有富三字不畏耗尺五韋杜天城南闢房奥一瓣瓠
棲耳羣雀不敢噪當關有鷄鳴欸門無狗盜嘉遯泝
先型檠中足高蹈積薪秦漢餘歷刼烽燧暴明季高傑屯兵
南郭宅居蹂躪而藏書無恙祖硯與父書登堂輙升奥人嗤辛澗
迂我畏孟雄鶩冥觀道益高痂嗜俗殊好怪哉古賴
壤車轄紛糾鼻井幹夾驚砂歌臺鬱滄潦市多瓦礫
投贈鮮瓊瑤報海戸雜蛋獲牢盆炊蜃竈鼓角晝昏

昏放衙吏眊眊多君辨取舍所得判静躁嗟余走踆
踆躡屩聿旣耄百里琴筑負兼程雨雪冒鍛寄中散
嬾濠容蒙叟慠𥕛以徐穉張門由王斗造廣袖廻塵
鞅豐條蔭遠爇敢憚曳紲勞而忘撫衿悼鼓臂失楚
弓瞪目射魯縞結言邂逅臧接鄰悃愫告輞水方單
居獨瓠來側帽嵜異岑則同耳熟心已嫪大官厨流
膏小糟粕及芼自慙鼠誤璞謾云鼎納郜明堂列虎
蜼諸侯合珪瑁但監五字城勝建十丈纛咋舌忽膜
拜希龍合祠禱䑛丹或卽仙鍛羽猶足菢萬古此江

河天風易爲漕翹首問津逮望洋頓悒懊儻挈中流
壺奚止一簞犒他日五湖歸請以雙魚勞

春暮和宮霜橋

爇盡名香惱麝臍好春與客雨凄凄河豚上市穿新
筍海燕還家補舊泥行腳漸同僧境界遨頭多仗友
提攜朝來賦得懷人句傳遍詩筒累小奚

美人風箏和芸菘夫子

翩若驚鴻一綫懸春空敲故引嬋娟才離塵壒人如
玉小試嬰游態欲僊可照銀灣描粉黛曾依紫府挂

鞦韆蛾眉亦有朝天髻不待吹嘘到日邊
步虛䣙復倩人扶金屋深藏笑彼姝紺袖風前搴趙
女瑤箏天半響羅敷瞥來奔月神離合吹入行雲夢
有無多事淮陰成戲具故教香閣鬬飛奴
寶鏡春糚怯曉寒姍姍輕鳳與飛鸞梯將粉界登天
易挽住游絲著地難一紙是誰怜命薄五銖未免怨
衣單麗娟不怕風吹去只在宮人掌上看
夢醒榆關午正停惱人匏繫憂風鈴雲中君去先傳
駕聶隱娘飛獨贈形綠鬓三春同掩映朱顔一例感

飄零高高別有悲懽境安用人間辨尹邢

桐花鳳四十韻

天開淑氣三春暮律應條風百物昌早有祟柯資飲啄郤教小鳥擅文章閫江不畏波搖蕩蜀道何嫌路渺茫上已未過應結侶清明初届欲調吭形雖如指身材細巢恰依桐藻繢彰嫩碧一鼓新染就妖紅幾點乍勻將距憐奇采爭跳擲背黲氄毛共頡頏好夢回時星尚短幽芬散處日初長綺霞半露桃腮赤新麴全黃柳眼黃遠近隄邊風轉蕙淺深池上葉披菖

龍門看倚亭亭影金井催開緩緩芳垂到畫廊簾淡蕩遊歸繡幕羽輕颺梧枝旣許營爲室竹實寧須饋作糧雨過平臺芭正拂露零阿閣乳先嘗來從瑤島三千界飛上金釵十二行綠鬢最宜翩鬒髮銀翹多半掠明璫靈心原只閨中識馴性何曾扇底狂粉漬木瓜沾氣味黛描螺子射容光折花授手眠鶯蝶刺繡廻身錦妬鴦欲去仍依憑盼睞如親故遠任徜徉慣聞蘭澤怜窺女爲採蘅蕪伺窈娘猊篆有時都惹馥鷓斑無刻不收香腦探晌午冠還整臍散中宵翼倍張吐綬衣寬慵助艷鵁金珥度嬾添妝熏餘覓藻人留戀捜遍禽經譜細詳幾處啣泥穿燕剪誰家載酒聽鶯簧報春喚罷音嘹嚦傳信嚬殘語抑揚百舌巧從檀口學畫眉正對遠山翔怨如思婦羞難匹清似優婆娩莫方獨以覽耀同蠓羽無妨小苑卽高岡朝攀疏樹雲千葉暮挂濃陰月半廊歲歲春深欣戻止年年花謝怕深藏載稽往牒徵靈異況復今時奏樂康青女西來寒弱水丹山東去接朝陽枝綠跗蕚孫連子瑞叶和鳴鳳引凰比翼參差歸閬苑同心高

不接

天閶紛紛舞雀賓巒域疊疊鳴鸞獻女牀四序祥符

調玉燭

九重大寶琛珠囊搏鵬願借扶搖便刻鵠猶煩鉛槧

忙眼底蓁萋逢

聖世可容耀彩近

垂裳

擬昌黎獨釣

暇日南塘路幽尋絕點塵秋光深灝氣凉意滿芳津

露冷珊瑚樹，風吹獨繭綸。竭來無可伴，小立此孤身。

菱蕩添新漲，蘆汀上晚潮。魚行穿沼荇，人影過溪橋。有餌何難湊，見本集又魚沼張功曹詩 無波亦自跳。一竿付柳耳，看逐水煙飄。

吏隱脩閑日，朝參嬾慢時。時內官刑曹 敢云公事少，媿報聖明遲。籛袂輕如許，濠梁樂可知。功曹招不至，辜負習家池。

山翠當空活，湖天過雨腥。兩舷牽芹葦，一路點沙星。短草寒逾綠，幽花晚故青。但歸辞得雋，何惜倒銀餅。

般若庵慧師招同張松坪太史玉川山人

丈室一莖草，中藏柳達摩。刼餘眞佛力，出福圓災退後移居 院小坡陀椽。燭風流在，雲烟供養多。松坪先生以詩見贈玉川善畫 雪鐙催鬢影，主客兩皤皤。

仲雲禰書來訊病卻訓

長千一輕別，揮手下江門。觽急不聞鴈，風狂欲拜豚。前塵天杳杳，老病日昏昏。剩有清吟癖，行歌桑苧村。

大藥奔天去，丹鑪慘不紅。殘星深夜氣，獨鶴警秋風。已分逢球遣，長書殷浩空。君家雋驃騎，差可問蒼穹。

寓言八首

西母何年降紫闔，絳河一擺淨纖塵。斑麐跨去輕於葦，彩蝶飛來大似輪。萬古神山三縹緲，十重宮闕九丹銀。上淸尺咫朝元地，好就羊權證夙因。

昆侖頂上路迢迢，函谷東來瑞靄飄。竟夜芳鐙燒蕙丙，徹天僊琯奏雲韶。青藍花底神魚戲，白玉京中彩鳳招。乞得飇車如駛疾，流鈴聲裏踏奔潮。

琳札傳呼宮宴回，三危使正下瑶臺。枝枝粉竹金松暎，處處紅泉芝草開。沽酒恰逢仙姥至，窺牕前度小

兒來。東華欲挽滄桑刼，揚盡塵沙海一杯。

金烏影動水淙淙，閶闔晴開玉女牕。采得明珠何止百，飛還青女不成雙。前津大道鉤陳界，後隊霓旌翠羽幢。見說彩鸞今下嫁，一天珠斗爛星釭。

三階煜爚五雲高，僊掌濛濛湛露膏。侍女風吹青玉佩，上元恩賜赤霜袍。人間幽會曾攀桂，天上閒田却種桃。一霎帝車飛過處，九光霞射鳳凰毛。

句漏砂成紺雪收，重來只爲訪丹丘。悠悠未了華胥夢，眇眇眞如汗漫遊。大藥奔天餘老兎，靈槎犯斗過

牽牛蓬萊萬里煙波送何處蓮花太乙舟
樵風吹下閬峰端好整芙蓉碧玉冠煉就飛凫仍是
舄看時況馬只如丸閉宮便爾休糧易有家偏云不
死難坐到晶屏涼似水天衣可耐五銖寒
黃粱回首易斜曛一枕邯鄲去住深樓上簫吹秦弄
玉湘陰磬擊花成君衣香寶璐歸瑤島瑣夔金根理
篆文羸得蕘賓詩句在明牙八幅認書裙

後寓言八首

洞房十二鎖曛紗一晌歡場記霍家珠箔暝烟生艾

寒翠軒詩　卷二　拜鵑集上　十一

納玉釵小影上樑花春愁才見銜銀甲廣袖何年貯
石華記過梁恩通半面瞅驪人正立丫叉
愛河幾日鵲橋填鴛鴦會無端綠牽湘女舊倉箏玉
佩洛靈初爲整金鈿鏡中好面秦嘉識箇裏新聲宋
偉傳好是春山對妝閣故將心語到眉邊
涼蟾三五挂簾鉤飽看巫雲在上頭六百畫鸞題錦
宇一雙小鳳嵌蘭箏閉攏寶瑟迎香令醉撥銀箏送
粉侯千古冷才粧閣最貴金錢見壓秦樓
空鐙挑盡影幢幢爭忍離懷一倍降王杵拔時裝易

乞金釵斷後服雞雙秋波桃葉人呼槳春水臙脂客
渡江（伯匽支載西江施爲范處少）此去九疑纔萬里西風何處采
蘭茳
蘅蕪燒盡一寒衾更有何人贈暖金玳瑁梁空知夢
淺茉萸帳掩又宵深閒聽謾種相思子齋樹難栖並
命鴛飛過填冤苦精衛青天無路海沉
聰明生長在庭除最憶函開捧硯初女伴猶應花藥
似侍兒祇有智瓊如描成淡粉輕金畫學得簪花倒
薤書七字新詩封到日冬郎何以報雙魚

寒翠軒詩　卷二　拜鵑集上　十二

懊惱歌成入夜闌啼粧多爲惜離羣藕花結子心偏
苦柳絮牽絲線已分琴感白頭悲卓女壺承紅淚憶
靈芸才多命薄誰翻案慧福從來兩地分
丁丁漏水滴銅壺影事魂迷半有無博局可憐輸玉
友聘錢翻悔貸黃姑青餘芳草飛蝴蝶紅盡春山叫
鷓鴣莫便傷心一回望朱門大道滿榛蕪

此心

花花草草惹愁生雨雨風風不放晴只恐此心如百
古落紅春盡亦無聲

春燕篇

好風吹過桃花水水上啣花雙燕子才過城南芳草中旋窺城北朱門裏城南城北垂靑楊夾道濃陰春晝長家家寶帳流蘇纈處處風櫺碧玉牕玉牕美人桃花色香衾卧起花飛急不怨來鴻不寄書但愁去燕無消息可憐雙燕影徘徊欲飛不飛去復來新第簾櫳照羅綺舊家門巷長蒼苔蒼苔羅綺來時路片片桃花憶前度月明空水又黃昏可復釵梁只如故

寒雁篇

薊門秋老飛黃沙狂風吹折菰蘆花中有渴雁翱且翔直下沉澧浮衡湘前旌主道後隊賓賤作奴婢尊稱臣命儔嘯侶以齒序支更警夜同蕭晨年年但說江南好誰道江南亦寒早紅蓼洲邊露氣深靑楓林外霜華老擣砧時節風如刀紛紛鵰鶚求其曹獨兩羈客遲江皋音書漂落哀嗸嗸餘晦縱使足粱稻兩血可亦怜風毛十三氷柱箏絃語我亦孤身寄江渚天涯乞食爾酸嘶何爭月明獨弔汝

淸明日同吳山尊王嘯崖蜀岡春眺

香界何年闢崇岡壓翠虬寒光春尚淺冷節雨初收眞賞追前碣棲靈訪舊遊隔江借新綠一面小瓜洲傑閣星辰摘垂闌牛斗尊天風吹浩㘦山鳥叫高原北去淮流截東廻海日吞下方望新火廓廓好煙村妖屧䣛南焆（時楚匪未靖）畊桑獨此康洞天三福種人影六朝香綵柳黃金刷細楪綠雪裴臨風弔賢守不朽一歐陽鷺燕狂飛路雷塘小大間紅裙拖細草寶馬戲春山月裏飄詞管雲中響珮環（歡歷攜女樂）此時足吟眺沉醉

不知還

題任朗峰司馬太保山焚香掃墓圖

東漢紀孝子類皆并循吏薛苞廬松門許孜宅墓次云矢抱柰心忍悴采蘭志玉魄秀釣臺夫君天廟器少霞績前題珠江按旌轡曷爲求郡人謾洒擁鎌淚王事不言勞烏私翻欲墜我登太姥山三關鎖烟翠東望五雲溪誰縮長房地感此宿草枯顧切宦臺侍耿耿周星霜哀哀積寢寐方春宰木深東風搖仙吹其上鳳凰巢其下靈芝穗

題沈味鐙都轉東方曼倩圖

三千歲滿一花開十二瑤階護滌臺不信層層金鑰鎖等閒尚有竊兒來

金馬門高薄祿分侏儒廼亦與臣隣上官秪有歸餘肉此物何曾及細君

送韋西山明府出塞

豖罷霓裳作宰官南中烽火趣征鞍（楚匪竄入粵西蒼梧正辦軍務）三年未解從軍苦萬里方知出塞難魚海東來煙漠漠龜林西下路漫漫鴟鴞灘上行旌過銅鼓無聲匹

馬寒

烏蠻百折朔雲開蘆管橫吹畫角哀氊帳直從皮島度羽書飛上鐵關來種榆舊識秦人地細柳曾傳漢將臺寬大聖恩原不殺玉門早晚看生回

陰山一抹晚蒼涼到日穹廬足感傷雁磧三春猶苦霧龍堆七月已嚴霜弓衣淚欲羈文士琴劍何當列戟行秖有雄文未灰滅登臨時復咏琅琅

久絕蘇州別後書茲行況復故人疏端知屬國非亡命其柰長沙是謫居晚歲無兒空悵望單車奉母費躊躇（賴同官貲助如夫人始得扶太夫人南歸）蒼梧千古傷心地不聽淸猨淚滿裾

天寧寺懷古

拱宸門外雁王宅寶殿凌雲耀金碧六龍曾此迂宸遊香界莊嚴成勝蹟刱從初地泝宗風別業流傳屬謝公開溝乍已城邦上卜宅旋且過江東江東當日偏安局秪賴名臣秉鈞軸前有司徒後太傅幹濟

雍容此公獨想當行藥暮年時淮南綦履掀吟髭香囊定有佳兒佩柳絮初成幼女詞東山女妓彈絲竹泚水兒曹建纛旗荒坵未卜羊曇淚別墅還羸謝石碁卽今華屋易禪關餘韻流風想像間六代繁華留紺宇千秋人物重靑山達人從古得高致捨宅居僧傳奕世短主簿居虎丘宅明僧紹占棲霞寺維公勳業管蕭儔折屐何時豎拂遊華亭鶴唳陸機宅漢上塵汙庾亮樓現來樓閣人彈指閱盡滄桑佛點頭鴿翎響動天風御道是當年游蹕處球將召伯比棠傳

墩被荆公争不去千年華表若歸來哀樂無端應解
悟敲殘塵刼一聲鐘賸有游人憶舊蹤冶城廻望烏
衣巷祇餘無恙隔江峰

蜀岡懷古

大江東下流潺潺二三百里無峰巒巴巫一脉鑿地
肺平岡迺得森重關由兹六代闘榛莽香界淮南特
廣敞巍巍前碣泝標題顔以棲靈額眞賞兆率三十
六誰建㸃汙離宮夾便殿接天錦纜爛千檣捲地楊
花飛一片金碧世界琉璃光天河手挽瀟坳堂彈開

傑閣始慶歷重葺初地維歐陽春秋佳日天放晴堂
兮直與山雲平北府風帆低到檻南徐烟樹來相迎
岡前老松落釵股岡後緗梅才半吐曾聞春貢采茶
山匊復名泉列第五風流太守傳觴令觴到荷花香
一柄同時主客皆神僊文藻江山兩輝暎往事悠悠
七百年揚塵浩刼更桑田竹西歌吹一轉燭風亭月
觀隨漂烟茲山獨許淩蒼穹丹甍百尺垂長虹
六飛所至萬靈護代有
宸翰光琳宮玉勾斜外雷塘路宮舫銀鐙只如故莫
教頹壞付驚砂來遊願反蕪城賦

黄山謠送琴客吳嗣伯

世伯今天人餐霞時採眞手持綠蟬杖別我揚子津
昔遊直跨盧阜還兹行却爲探黄山黄山千仞高插
天三天子都今在焉香鑪峰挂雲巖嶺銀河倒瀉珍
珠泉容成浮坵皆神僊軒轅丹成跨龍去至今洞口
生紫烟登高壯觀天蒼蒼巨靈誰擘小武當大江流
出漢洞水五嶺吹落芙蓉裳我爲黄山謠君向黄山
去朝驅蘇子翠眉亭暮宿樵人避秦處隨君况有太

古琴天風飛雪揚素襟仙人招爾朝玉京脫手彈出
鸞鳳音盧敖前期不足數但覺洒然清道心

王歗崖席上聽女樂彈琵琶

梁山象柱爲琵琶撥以玳瑁格以犀此樂傳自西舍
利流入中國聲轉悽瑯瑯公子開夜宴一曲飛送千
玻瓈枯桑十月天風號猨啼虎嘯霜林高烏孫馬上
心忉忉四絃促節紛牢騷漢家出塞悲如此此調何
堪彈不止商婦歌酸遷客心鬱輪袍進才人恥而余
十載江干住沙雨草風半岐路竽濫齊門感已深簫

吹央市愁中度高堂明燭今宵張檀槽未撥先淒涼玉環（天寶宮中琵琶名）韻苦氷蠶薄一樣天涯歎淪落

七夕水南村同陳李唐作

金井漂零片葉收蛛絲先已挂簾鉤當風紈扇驅殘暑入夜涼鐙報早秋今夕琴音彈落鴈（李唐從主人學琴）隔年花果憶牽牛鈍根久已慳天巧縱有傒姑不可求

水南村席上陪李雲門少司馬座賦呈

鑰匙河上絳雲開千里遙迎使節來席上紅羅煩顧曲袖中瓊尺爲量才星淵地隔偏忘分賓主情深只

舉盃此會趣　朝三獨座看調金鼎作鹽梅

桃花庵陪張木青夫子李喬生先生讌集

農桑一水絲彎彎（邢上農桑古蹟）綦履方春特地攀（同方又嘽焦理堂李冠山公讌）三月柳花香座上百年文獻酒盃間閑思曹洞尋衣鉢近喜龍門接斗山揮麈風清清讌永隔林嘘過鳥關關

春寒

朝光一點逗罘罳起換生衣候尚遲驀地捲簾風力峭瓶花又墮兩三枝

和靜軒閑居自述用丁辛老屋集韻

莊生三載羈窮閻豪家紅粟皂朧厭忽忽腐芥成香粘故園萍實知非甜畫筒書梱管鑰嚴粉蟫字食道氣添黙座不著心游恬方春滛雨風尖尖庭花紅坼如指纖經旬閉月羞窺匳惟聞尨鼓喧青帘病蔕客愁愁兩淹懷人海上靈蛟潛夜光燎燭飛焦炎千明珠遺城簑苫天涯苦語來針砭十指露盥方排籤雪麋仙氣鶩虬簷一聲飛上金背蟾要餐蜜葉吞蓬鹽顧我文藻非謝贍扶輪承蓋輪君兼漫勞春草青刺

簾髩歸幽夢池水漸莫邪爲鈍鉛刀銛碎裁斷錦酬吳縑寶蔬堂上初陽暹廻瀾紫射波湉湉何遽短刼催西崦璇霄方待翔雲鶊眼前奚翅兒童覘請看上界黃靈詹

疊前韻訓姜桐軒見懷

清微道院偕姜閣短檠分我夜厭厭兩年飽飯青精粘（同讀書道院）蕨芽蔔笱中邊甜步虛聲裏金柝嚴漏水恰與歌詠添畫山老叟心跡恬雲中吹落雞距尖霜顱碧眼如銀纖度人針指開詩奩（鶴筱先生提唱風雅同輩日相唱和）

鳳凰城角懸高帘草堂旗皷何愁淹夜光珠館靈蛟潛（秋嶼晴嵐早逝）北憁嘯傲遊羲炎（靜軒桐軒）蝸牛土菌窮廬苫膏流一例同攻砭紅蘭繼聲留芸籤（唱和兩集）距今蒹瓦縩排簷泣天老兎奔寒蟾存者墮落如飛鹽廿霜轉矚空遐瞻江花江草客思兼虛堂五月垂風簾枯荄賤子誰滋漸何當玉鑿飛毫銛瑤林瓊樹披尺縑晶盤廻望海日暹清吟終古波湉湉萬刼不隨東西崦狂來卧病賦鵜鶘一函枕上猶窺覘寄語白髮如老詹（蘇長公句老詹亦白髮）

寒翠軒詩　卷二　拜瀨集上　圭

贈寄塵上人（湘潭人遊粵爲福忠勇公所知）

牛斗星軺接遂端絨縢初解石牀安身從銅鼎溪邊度家在銀山寺頂看咳唾千言成慧水烟雲兩袖郎蒲團（詩書畫皆工）善財樓閣知多少到日煩君一指彈

蓴湖百折浪雲開鄂渚香風滾滾來照滿琉璃眞大乘踏翻鸚鵡是雄才袈裟著體塵都脫碑版摩厓刼不灰一自珠囊發光怪（行笈琳琅璀璨忠勇公書多賓如來以贈）淮南金碧總蒿萊

雙龍誰遣合延津（武昌鋏舟同寓二言合）韓孟雲龍現在身浪說流盃半天下常陪曳履上星辰直教滄海難爲水郇有名山住此人吟到百花莊上句打包今刼換芳辰

一龕燈火兩句留灌頂醍醐勝酒務書畫同時呼作舫天花當日散成洲（舊住黃州散花洲）前塵無已逢齊已後會裴休憶貫休我亦逃禪學蘇晉待君指點進竿頭

送陳理堂官下邳

蕭蕭沙草散鷗羣秋老江干手易分芒碭山高曾插笏大河風起又停雲三同有憾誰憐我九錫頻加獨

寒翠軒詩　卷二　拜瀨集上　圭

美君謾道令官淡行色馬頭紅葉正紛紛

懷白門李瘦人

一曲清溪水一方幽棲人獨據胡牀曾傳膽力窮遊詠可便鬚眉入老蒼夜月樓臺邀笛步秋風絃索聽箏堂端知廣厦宏開日（客秋帆幕府最久）采得蘅蕪貯滿囊

寒翠軒詩拜潮集下卷三

蘭陵繆承鈞善夫

泊舟京口韋靜山明府邀登甘露寺

甘露灑飛閣，香臺插水中。天容生紫翠，江氣雜青紅。曉市朝喧渡，荒鐘晚蕩空。左司邀一醉，兩袖御儒風。

北固

北固山前地，江南古戰場。潮來兵氣黑，月上水波黃。烟樹横京口，風帆下建康。至今餘亂石，猶說狠如羊。

邵埭湖暑夜和李南阿韻

衣上昭侯飶，隄邊露女墳。孤蓬牽葦蕩，炎景到宵分。隻堠連雙堠，江濆接海濆。如何消熱惱，天外有凉雲。

金山

曾醉江天閣上樽，十年重此赴吟魂。未知濁浪麥秋迥，但覺飛甍插水昏。烟鼎有香通帝座，塔鈴無語鎮山門。登臨浪說蓬萊遠，千朵蓮花一手捫。

焦山

陰陰枯木隱招提，鼎耳鳴風鳥亂啼。放眼只愁天宇盡，到山始覺海門低。孤墳窟水蛟龍護，三詔封崖竹樹迷。猶憶短蓬艤秋晚，斷碑零落草萋萋。

同沈午橋吳步尹登北極閣分韻

古寺高臺枕半岡，閑披榛莽問蕭梁。到來山果逢初熟，坐久簷花有異香。猛士鐵衣今寂寞，高僧布帽晚蒼凉。湖干一桁青帘颺，招我天風入醉鄉。

過朝天宮方又輝留飲

步虛聲裏躡梯時，鐙影懸香榻暗支。一角銀河秋澹蕩，三垣珠斗夜參差。故人獻賦名心熱，客子觀空覺性遲。聽過上方鐘百八，聲聲都爲景陽悲。

牛首山懷古

牛首亘江表，泝自晉元帝。帝出宣陽門，幾處皇輿墜。江東草劍初，山南天闕記。布練雖崇素，酣飲亦廢事。一馬既渡江，六讓何其僞。孰使潰安陽，享國竟無幾。蕭梁沿遺基，石窟復建寺。浮圖麥蒼穹，花座入清閟。我登祖堂巔，長江截天地。青翠一氣收，潮汐萬狀異。惜哉帝王都，飄烟付六季。坐使天塹雄，視同蝸角棄。銅駝委榛莽，龕鐙供游戲。衲子富禪藻，述古亦頗備。夕景下踆烏，雄譚送羲轡。

棲霞寺訪明徵君碑

篠驂䌖申旦遥遥伏孤策五里到山寺槮疏隱金碧江左此名藍齊梁泝遺迹碑留唐帝翰地自明僧闢勞山初息影舁榆復駐錫幽竄值晚年乃得此捨宅一指先函枯八詔不足辟憑林力斵猛拓澗或鋤螯花椶古香疏松龕空翠羃賜表竹根深刼豈雲炬厄獨證妙明心匪直煙霞癖入海幾星霜飛夢自疇昔殘碣摩銅綠鳥爪空際擲

登攝山最高峰

鼎鼎江光涵天半一峰插盤盤雲氣生烟中落雙屧初由澗底躋漸及山巔躡穴穿藏鰈深身攫飛猱捷呀呷棲鴿驚幽異竄鼬懾壞膺森陰苔髮互帖帖緬路時晚秋茲山冠建業綿亘九華連蜿蜒三茅接左跨蔣陵右瞰石城堞牛首與鷄籠膜拜若臣妾遂忘登頓疲不厭褰裳攝飛雪洒空際水花紅一捻疑有僊靈棲青霞上眉睫延緣感廢興舊茫嘆浩刼飄瞥星樓居灰滅旗亭獵鐵鎖一朝沉千江付漁艓微聞粥魚音悠然孤想愜

遊靈谷寺同俞樸人作

城東宿雨霽朝暹初挂木登登理長策盤盤入數曲一寺隱蔽薄悠然見靈谷厂塹露彈閣煙中辨佛屋嵌空一椽無欹飲八功足妙手藉菩提神異此幽築香生松翠巔露濕花茵蓐徑轉石竇開風鳴泉溜觸初疑七絃扣鏗訇激寒玉頃乃輥雷馳四山瀉飛瀑冥搜噎衆聞百流同一掬勢夾水簾并肯讓匡廬獨往復窮靈源沿洄恣貥矚西嶺下頹陽冷磬出蒼麓數聲白項鴉叫碎秋林綠

秣陵懷古

阜帽西風白疊衫高城縱目斗星函三山環堞鴻都敞（吳漢槎金陵篇云燕子二潮通海浪鴻郎萬雉俯江濱）一壘橫江燕子銜暈月有形天塹鑿埋金何術鬼工鑱時清不用吹蘆管但見嚴關鼓角監

門開儀鳳古雄封一部煙花紀舊蹤仙客風情桓野笛美人雲氣景陽鐘青絲白馬終成讖璧月瓊枝不再逢太息冷紅沉辱井寶衣火化草丰茸

千艦蕤毹一扇揮兩潮滾滾雪山圍軍門兒戲傳烽

火廟略淸譚是禍機落日荒山祠蔣帝淡烟小巷弔
盧妃獻花压上重回首驚起神鴉故故飛
文藻風流一泿顛青溪九曲水淸連攀桃問杏司勳
地捉月騎鯨學士天穆護沙留新樂府崔羅什講舊
冰絃如何同化哀猨鶴不獨蘭成一賦傳
十廟鷄鳴付刼灰諸陵秋老剩蒿萊玉魚金椀埋何
處阜莢黃塵事可哀詹事宅荒烟草合錦衣倉冷埜
棠開酒樓他日逢孫楚同話新亭一舉杯
長干落木晚蕭蕭湖水湖雲總寂寥輦路迷藏芳樂

苑宮莎萋緊白門橋誰教邊略歸中使待得偏安是
小朝惱亂先秋萬楊柳一回零落一魂銷
南都北里苦迴遮歸去長城不是家十自羣公爭黨
禍可堪四鎮滿蟲沙霜淒遠塞猶徵馬春盡閒園尙
進茶莫更焚樓比鐙火虞山先巳發長嗟
舊院曾聞說渡頭停鞭香引入温柔豈眞脂粉圍成
陣秪爲名流網易收圾後粧臺皆恨嶺憂時風節在
眉樓板橋雜記閑繙徧不是金僊亦淚流

東唐抑齋觀察歸自京邸

草長鷺飛春到門黃灣會記餞離樽君歸遽作抽簪
計我老空吟故紙魂看嶽西來詩健筆聽河東下淚
翻盆先生若爲蒼生計高卧如何答
聖恩 觀察宣防精諳東河著有成蹟兩次奉諱皆服未闋卽奉 先皇帝特詔

雲礀北闈報罷將赴關東校書書來郤寄

人正悲秋一鴈號關雲飛雨到江皐長風倘爾遲滄
海老眼猶能代彩毫河上書篇搜女子趙州人物表
琴高此行足抵名山業好藉青鐙破鬱陶

送唐荆帆之官粤西

枲葉豐碑足召棠海山南望萎衙湘一江晩雨岺岺
別五嶺蠻烟處處荒柳酒慺空招洞女蓮花寨冷弔
降王知君攜得青螺管簿領年光畫裏長

送劉樵雲北歸

薄薄歸裝陸賈金辟寒誰爲暖單衾沙橫雁磧愁征
羽風擊駝鈴是苦音蓮幕經時紅樹冷桑乾此去白
波深 時永定河決 茂陵本是秋風客相送劉郎直至今

丁己嘉平吳山尊招同蔣藕船吳蘭雪集棗甘蘭潔
之居出南樓郤扇圖補題

銀漢紅橋一道開蓮花幕裏贅仙才託婚不用妝臺玉一管青鏤呼平聘得來

高詠霓裳願未遲婿鄉先有鳳凰池（贅孫淵如觀察署中）來朝呵取芙蓉鏡便是郎君及第時

詠絮爭傳姓字香修蛾恰好試新妝十眉易畫才難畫螺子何須論斛量

官舫迎來正小春客中相對拂清塵懸知當日南樓夜一柄香紗兩玉人

老態擬放翁

少陵患耳聾昌黎病落齒杜韓并一身老態老不止譬若三軍張端藉指臂使將佐不用命元戎竟已矣半入不足名群兒嬉老子急景日復日浮生乃如此

芳草曲用放翁韻

曉日東風吹古驛香韉初回輾空碧天涯何事不歸來金徽夢斷無消息迷離門外王孫路小院梨花春欲暮無情芳草有情人不斷青青到關戍人生失計在封侯肯負年光春復秋黃鸝啼徹柳棉軟獨捲珠簾無限愁

浣溪女用放翁韻

浣溪女兒青髻丫春風二月吹胡麻金井轆轤聲咿啞一簾細雨煎新茶流蘇斗帳蘇小家出門閑著油壁車自矜顏色常咨嗟忽忽春事隨落花殘紅如水飄紅霞花鈿滿面誤韶華年年飄泊在天涯却從江上訴琵琶

銀槎歌為汪竹農賦

竹農摭古具古癖搜剔祕器等璣璧兄丁伯申彝鼎陳祖乙父癸尊卣積聽秋閣下芳譙開古剌瓦水金

鐺盃虹燭之錠跋三寸主人高擁觥船來斷梗枯槎異恒製箕踞誰何隔塵世曾否中有博望侯一葉飄飄落漢際我聞元季至正間銀師名字朱碧山酒鎗巧鑄壽虞揭拍之浮之光熿爛三百餘歲劫烽火典物故家無一可春水頭鵝宴已休炭山風起蓮花彈青天把酒問酒星槎之留兮侯之靈河源一盃足萬古葡萄千斛皆芳馨滄洲更把壺公頌兩道流涎孫與宋燬手當筵羽盞飛高歌提唱人寰誦三商雜出鸚鵡螺使星吹落今宵多銀鑿落已入君手藥玉船

詎誇東坡揚州酒庫貽傳久呼起神僊同不朽支機可便犯牽牛瓊漿猶能酌北斗

和東坡芙蓉城詩次元韻

月宮紫桂開窈冥恍聞吳斧摧冬丁芳卿偷出玫瓈屏城中酷愛花娉婷錯以佳木交蔥青攪身天上摘酒星鷫鷞金碧巧鑄形何事辛苦研丹經萬花如錦攢空靈霞漿倒注沾雲軿柔情一逝不可挽瑤英醉魄嬌流馨罡風夜半吹紫廷羅衣淚濕歌誰聽一別如雨誰所令墨光閃閃浮牕櫺山川秀絕自終古但

吹猴嶺簫清冷惜哉碧雲樓已扃仙人青鳳遲修翎坡公筆落千雷霆無緣攜手登斯亭清言霏屑紅靴銘描摹環侍諸玲瓏風旛陡觸簷牙鈴子高幽夢苦易醒伏枕反側心不寧徒羨夜日宮中瓶酒痕朱袖光熒熒烏叫一聲花事零塵襟冷淡蛟涎腥縱情六幕馳滄溟迺知良會如聚萍弓彎美女來中庭世事蚊睫巢焦螟歌遺寸楮傳千齡念茲妙舞人姓邢

諸葛銅鼓和靜軒

天香主人人中豪日方兩瞳搖修毫上抉秦灰下漢粕歌成銅鼓鏗瓊璈海上一擊震聾石嫣斕石鼓凌韓潮容牕貽我比僊爪恍使技癢勤爬搔緬大司馬起軍樂軒然鼖鼓先鼛鼗範銅之制始建武瘢雷紋識蠻溪標文淵遺購武鄉繼中空無底縛束腰黛花翠緣蝸篆蝕朱般砂痣鷓斑撩三枚似有卦畫隱兩耳奚翅風雲韜兩時漢賊不兩立狼荒嵎負借狑獠蜻蛉箐毒媥冥冥金沙黑水流滔滔男女雜遝跨犀象往來追逐如飛猱鼓動長腰筒拍抑笙吹短頸葫蘆挑（筒拍鼓葫蘆笙俱蠻人樂器）蜀侯渡瀘正五月王庭拜命揚

旌旄金鈇曲蓋各一具虎賁六十輝征鑣南中瘴濕草音痺蠻鉦獨响斜谷褒攻心絕勝醜虜執作氣不怕賓威撓故滇池上七擒縱讙動夷夔如追逃或云方物即獻此峒戶背負來中朝侯之大名垂宇宙與敦千載森丹霄往披史傳稽神物每歎閱世難堅牢漢宮神人倏流涕韶州鐵鼓旋沉銷不有精氣亘牛斗保毋灰滅隨烟飈定軍山前流馬走諸葛枕上天鷄號矧茲首山歷鍇冶風火橐籥千鈞熬我讀前後出師表大星一出欃槍消丞相精靈皎日皙都蠻鬼

火青燐熛如手捫菽金間作箏笛詎敢干雲韶鬼物呵護發光怪天陰疑有銅魚敲作詩紀事媿虛牝前旌淵響何超超他日歸耕芸茆屋尚煩梁父清吟招

九日和俞瀓夫韻

佳辰同是客居時榻爲齋分兩地支夜雨昏鐙憐我獨秋風小病豈君宜漉巾且飲羔兒酒踏葉閑吟桑苧詩只恐放晴花事晚霜禽偷眼下疎籬

春草和江頡雲韻

盼到蘼蕪欲斷魂經年離思問王孫一番好夢回香

麝十日春風放燒痕紫鷰來時芳甸晚金釵影裏暮烟昏桃根桃葉情何許只在江南遠近村

康山題壁

對山山脚抱城限未翦詩人舊草萊巽代尚憐瑠鶻烈好風誰送狀元來鉤輈小鳥深春語跌蕩名花過雨開三百餘年餘韻在琵琶嗚咽水聲哀

重過天寶觀

青精飯熟記寒宵十五年前此踐招丹鼎細調風緩緩緣總深鎖夜迢迢一江岏影雲相送三月楳花雪未消今日步虛歸去也酒人空自對瘿瓢

秋桑和阮芸臺中丞

記曾嘉果配黃甘瞥眼秋深不忍探夜雨寒應愁瘦蝶天風枯欲老原蠶陰分柘館昏烟鎖地近柴門落照含爭比丹林霜後葉一年畫意在江南

平川高下屋西東黃鳥來時春正中沃影舊看吹嫋嫋蕺臺尚憶蓋重重閑烹新火迷雙眼小摘柔枝曲一弓今日路旁桃李笑更無穠綠鬭青紅

纈星一角冷天河八月漁陽已罷歌待翦春心遲帝

女謾拈箏柱問秦娥高樓縱說催刀尺南國分明怨綺羅翻怪提籠二三月小姑織手摘無多

騷騷敗葉響颸颸衣上黃雲鞠薦秋可復使君停寶馬酷怜有子戀鳴鳩林空斯斧天何暮日薄崦嵫影漸收郵得漢家逢再椹荒年聊爲餓人謀

湖上上巳同李粹森韋酉山李濱石分韻

黃雀風前岸角巾玉句斜上碾瑪輪肯教客路重三節辜負江南第一春盃水綠深何代酒桃花紅得幾年人朝來又踐遨頭約差喜緇衣未染塵

患腐軒雨夜書感嘉慶癸亥三月時年六十二星家皆云數盡於此賦詩寄故園諸子雲礀李唐南阿竹薌潊夫皆有和章以當生輓詩

又是吹花孼柳天飛光如水水如年不紅鐙裏幢幢
影一雨輕寒到枕邊
蹣跚一月閉門多未了行吟仗墨磨他日故人編輞
草初鷺早雁不成歌
養到修翎鎩羽衣掉頭辛苦學妃豨三青鳥在神仙
廨六鷁如何不退飛
刺桐開徧冷烟新一別家園十數春麥飯清明如昨
日年年愁煞未歸人
銀河風起浪參差愛網能牽兩鬢絲輸與香山眞解
脫生前便欲遣楊枝
憂患餘生淚幾吞夢中猶自憶驚魂待歸已是沙場
將請解征袍看箭痕

感事用十二辰體六首

鼠憑社貴終掩腸牛脂一晌奔觧光貍奴虎踞不相
畏狡兎三窟方披猖斑龍夜下天閶叫燕窠虵驚初
日照馬角難招雪窖魂羊頭誰向關中弔袁公不來

獼猴孤失勢一落醯雞呼汝曹功狗今何如請看市
上烹封豬

雪夜聽浴虹羽士彈琴

山中蓮漏白鼠伺騎牛老子期不至鹽虎幻作芸薹
飛寒兎奔天泣巽二諾龍初捲靑藍花道人髻挽雙
靈虵登牀一操瘖萬馬羊珠腏卩成紅霞哀猴悄上
冰絃語試問丹鷄舐幾許白衣蒼狗苦追逐開門且
食花豬肉

踏鐙行

鼠貂裘裏淸宵寒道逢火牛驅田單天街錦纈千虎
蝻兎月正挂紅闌干游龍影裏三家塔烟標金虵燒
絳蠟暗塵珂馬去忩忩羊角玲瓏譎雜沓摸釘巨手
猴臂張銀虬箭促鵾鷄忙歸來兒輩弄瓦狗失腳屢
豬人中酒

讀書吟

銅丸逐鼠技神妙廻身卻笑犛牛大魚虎夜瞰疏鐙
青株守兎園鑽不破眼前幾輩畫眞龍朦虵滿目迷
冬烘誰怜老馬側阜棧仰希羊角搏高蹤三端刻猴

日復日掌焠鷄摠披卷帙但教不類繪狗徒畢豬坐擁何嫌迂

愁霖曲

弟簷陰深鼠晝伏日日蝸牛上門屋先秦畫懸雨玉虎兎管腥風吹蛸縮穆滿笛碎蒼龍愁苦霧中有螣蛇游明螺窻網失埜馬老子五月披羊裘有猴坐守元惠爨濕薪遲炊午鷄亂安得烹狗回初陽江濤不放豬婆狂

少年行

鼮鼠如豹好文采俛視往往無全牛虎皮縛袴南山陲鶻落兎起凌高秋龍頭酒熟時稱快渴飲長蛇不知怪鳶肩火色似馬周市上羊車比衛玠美猴亦以王孫名鷄鳴結客輕平生英雄屠狗聊爾爾騎豬且向長安市

同唐心畬羅喈六奏曉堂張春洲過秋雨菴

詩僧一去冷烟霞同金棕亭先生朱二亭過竹溪丈室題句尚在塵函誰籠壁上紗涤樹林中炊茗罏白篠花下挂袈裟前游何止三秋隔老瓦新添六枳遮安得依禪分一榻不教飄泊走天涯

懷龍生飛侯秦中

一程烟水一春山春到江南人未還記得桃花飛上馬亂紅吹影過潼關

曉霜凝温飛卿

珂馬聲停漏點微宿煙猶自裊鑪衣美人一笑入鸞鏡驚起文梁乳燕飛

剪盡凉鐙聽草蟲惱人商館又秋風年年此夕摧庭綠除却荷花不守紅

沈味鐙都轉招陪吳穀人夫子唐抑齋觀察飲女兒酒

越耶溪畔女兒家女兒娉婷顔如花一花流出千紅霞女兒笑把青旗叉女兒不怕酒星妬吹入揚州弄酒庫梢頭荳蔻滴眞珠臉上芙蓉暈香露銀漢在戶三星光隱侯開讌華鐙張河源之水成天槳女兒初薦昆侖觴諸公衮衮登廟堂上方拜賜宮壺香山中安用耽洪梁餘杭仙姆揚塵手女兒再進麻姑酒三百青銅沽一斗紫芝筵上皆吾友願向樽中祝壽耇

斟玉醴捧金卮一年風月今宵逞滿堂廻眸贈女兒把酒照爾朱顏朱梅未摽兮春未徂聘錢何處無黃姑有酒休賣文君壚

後悲懷

頳雲鎮日鎖簾鉤坐盡清宵冷似秋愁裏春光迷眼角客中雨點到心頭十年怕讀鴛鴦賦百夢難完燕子樓不分小牕燒短燭無風先已淚酸眸

蠶想逢春一半灰琉璃七碎彩雲回更無王母傳青鳥多事徐陵賦玉臺八繭絲纏蠶易老十三柱響雁

空哀無端漏水沉沉瀉惱亂羈孤逐緒來

閑庭寂寂掩殘香蕭瑟寒凄百感愴填海何當生精衛補天難得再媧皇紅霞嚼盡尋釵月碧樹棲殘憶女牀枕上陳思無恙否掉頭也算小滄桑

刺桐花放又清明宿草離離匊上生往事鴆媒終刺眼別來鶼會一傷神鏡中空照蟠龍影遂裏誰傳寡鵠聲酒醒鐙青聽簷溜傷心人臥綠楊城

歸與四章留別郡中諸子

歸與蹤跡等奔星幾見雲歸客倘停一夜秋心紅樹雨十年幽夢綠莎廳香鑪依舊隨荀令席帽分明戀管寧莫向前塵嘆顛頓古人書劍亦飄零

歸與分我是勞生曾把朱絲逐蟻行莊嶽頗聞齊楚雜鷦鷯所惜羽毛輕侏儒浪欲譏方朔黃祖何能客正平閑醉冷吟消歲月太清原不礙空明

歸與最憶友朋招畫舫輕陰繫柳條載酒不離禪智寺題襟多在美人橋句留花月成三影指點雲山補六朝此段柔情別如水鯉魚風急打寒潮

歸與東指海天蒼屹裏溫墩一片揚謾道下灘多逆

浪敢云餘晦盡荒莊閑消藥福炊松火細檢農書注草堂况是淮南撈霜信倚門兒女正相望

題秦敦夫太史西泠游草

吟成新水招漁父舞罷春衫唱拓枝不及石函詩句好沿隄看到日斜時

紅兜寂寞香猶涴金鰂浮沉水尚清不及石函詩句好遺簪空剩鶴無聲

山花如髻成南渡谷鳥啼春過若耶不及石函詩句好隔船猶聽撥琵琶

妾乘油壁怜芳草郎駕青驄愛大隄不及石函詩句
好鴛鴦何處不雙棲
珠林寶網簷花落銀燭金枰博局休不及石函詩句
好半閑蟋蟀鬭清秋
來尋宋嫂魚羹美去買麻姑酒味醇不及石函詩句
好畫船簫皷酹花神
一雙華表埋冤血半壁山河算刼碁不及石函詩句
好烟蘿深處有荒祠
疏鐘山寺蓮花冷遙夜星河玉漏分不及石函詩句
好嫩涼如水水如雲

乙丑丙寅紀事

十日倒天瓢萬水崑崙瀉勢挾驚沙崩聲如激箭下支祁一失守東下五百里瀕海尾閭耳下流凹釜底怒龍驕天吳鬼車號天風萬晦同日死昏昏如鴻濛陽徵陰始淫沉災安可陸長笑愚公愚移山不移谷古之農桑地日出無晨鷄農田不耕桑鷄乃上城啼九河沂禹跡故道今已非阡陌開西秦溝洫將安歸元光災始貽熙豐禍乃滕導北與導東羣公議未定悠悠三千年歲歲宣房築雨雪人命賤人鬼一路哭漕粟利輸輓東南數賦稅苦費水衡錢奚翅萬千計長淮丸泥封大河天半落豈無庚辰司可奈康回惡國幣繫匪輕蒼生實根本曲突徙薪遲漏塘塞蟻晚觀象厲以困占爻咎惟師怨咨縱罔念廩祿胡虛縻步出東郭門蕭蕭萬楊柳青燐陰火吹白日妖狐走死者委蓬顆生者如槁葉誰繪監門圖千秋一鄭俠旦暮大吏來時一封章訴逮食太倉稊已飽奸胥蠹催科成故事撫字令幾人仰睇高高天哀此嗷嗷民

滛雨海潮流民舴艋到門感賦

狂流東下雨翻盆麥仰禾低晝欲昏萬口爭呼汲長史一圖誰繪鄭監門濕薪屢徙無全突脫粟重沾是餒魂見說故園今宛在流民舴艋到墻根

北郭居民紛紛移家惟桐軒屹然不動詩以柬之

何事移家作等閒請看鷗鷺自閑閑居非宏景三層閣身抵峨嵋萬仞山瓠子秋風成故事盤庚河水頗重刪老夫滿貯安心酒好待歸來博醉顏

兩年潦災西城一帶枯骸載道芸臺中丞首建義冢

鄭東亭侍御沈咏鐙都轉捐貲襄成詩以頌之
支祁一怒金隄警東下鯨鯢波萬頃淮揚尾閭坐釜
底兩紀潦災歲乙丙鷄犬上屋民其魚數十百里無
人居禾低麥仰共漂沒頃刻萬壑成歸墟富者破產
貧者竄活者二三亡者半白楊蕭蕭道殣亂白骨纍
纍蓬顆燭揭來懷古安江門青燐鬼語愁黃昏車輪
之大雄虺伏陰火四吹妖狐奔餓鴟臛雀食人肉爪
血一一留沙痕禮魂不足禮大招不勝招新故盡赤
子歷刼同飄飄先農壇邊半弓地好是官人停車騎

菩心（二字見五燈會元）千蓮花散作萬種義相度築坵壠經
營藉僧寺要將仁澤及枯朽爭忍修羅任壇墜北風
時節天驟寒打揔初雪冬心酸烟水正憶故鄉夢虬
箭側聽津樓攢仰天竊嘆康回惡元光以來無此虐
是誰璧馬䃂東南終一丸泥封不著書生抱杞憂笑
爾憂何暇曷若溥甘露逢場補造化滿浮大白酡顏
醺傳芭起舞歌且忻修古特存掩骼令頌功爰續瘞
旅文

昭武將軍歌為楊鑒亭兵部賦（祠宇為質庫所據諸紳士請於官捐貲贖還鑒亭涕泣訴其事索詩以紀之）
斗牛城北將軍府旁建生祠祀昭武弓刀褒鄂垂千
秋勳業嫖姚足萬古緬昔底定
皇輿初薄海外內同車書間或青紅煽妖蜃奚翅潢
盜掀封豬將軍起家自遼左拔鞘當天急如火初從
太行掃氛毒旋拔東萊覈奇枭時維定海尤跳梁一
十九寨鯨牙張七營所至銛劍戟八槳南下馳風檣
（叙戰蹟據國史本傳）將軍之功傳苗疆將軍之廟綿烝嘗泝余
髫齔來郡中高甍百尺森蒼穹虛堂聧聧靈旗風陰

火飛出腥袍紅青門之瓜白門柳曾眼烏衣空巷口
如何
宸翰表丹忱（聖祖南巡御書丹忱兩字旌之）翻使互郎權子母錢
鏐之墓過者矚李靖之居聞者贖得母義膽感羣公
重安忠魂一轉燭桑梓砥柱廻狂瀾力祛奸儈排天
閽兵曹語我類涕潸當時百戰匡河山此舉髣髴如
生還升階展拜掘衣攀巍巍丹衮仰如舊願祝將軍
金石壽

李南阿招集不踩山房食鱸魚分韻

出門攜得杖頭錢正是金虀玉膾天一路紅鐙張海
市是日聖壽張燈頻年秋思起賓筵日斜風定詩如畫月
小山高夢欲仙歸去食單親點勘鮭頭誰說杜陵編

題團蕉墩窮交十傳

重溫盃酒剔燈花千古窮塵一笑譁每憶秋風吟海
上謾拈香草賦懷沙新阡馬鬣封何在舊恨漁陽鼓
亂撾君是闡幽非諛墓攫金原不怕劉乂

秋𪾢雜感

江關颭發又吹商偏是羈人易感傷欹枕暗驚更紞

寒翠軒詩 卷三 拜潮集下 三十三

紞打𪾢怕聽雨浪浪狐猖嘯月詩吟杜一蝶愁花夢
化莊撩亂鄉心爲東望水烟無際海天長
爇盡名香味不甘當時悔別闘峰尖方春謾釆蓬蓬
水入夜頻歌昔昔鹽臂上雙釵雙鏤玉懷中一字一
訓練到頭依舊增煩惱補塔投壺兩恨兼
淥章會欲叩天閽無郵樵風不引還僊佛路猶遲帝
所金銀宮自在人間三生浩刼雙眉鎖一晌廻身兩
鬢斑鷄犬淮南成往事待歸誰爲買青山
病骨支離是客中宋清券在藥鑪空長河郵便療心
渴盃酒終難治耳聾有興筆還垂露白無情花不拜
鐙紅哀音啼過枯桑末郊島前生一壞蟲

浙閩李提帥挽辭

一霎靈風夾水昏礮車怒捲折盤根身經百戰橫人
海印挂三邊出將門生有神魚同擊浪死無精衛可
塡寃巍巍丹衮圖麐日何待功成受 國恩
分水雄關界島夷東南半壁仗旌麾星河影閃千鐙
夜鼓角潮廻萬弩時妖霧縱教吹幻蜃青天郵許吽
飢鴟破家爲 國成言在手把靈犀口誓師

寒翠軒詩 卷三 拜潮集下 三十四

依然李愬領天戈破蔡功成一剎郵威到溪蠻諸葛
震名傳西域一韓多高檣牛草縫如銕小艦龍頭疾
似梭精熟韜鈐精練器雅歌聲裏退豬婆
鼉更不報夜蒼茫黑水沙沉慘不光五等銘勳看奕
奕
兩朝温語記瑣瑣大星可惜先飛墮小醜何當復跳
梁應有忠魂吹不散靈旗來往在封疆

寒翠軒詩江村集卷四

蘭陵繆承鈞善夫

樓觀滄海日

天宮不用蓮花漏十二銅槃管昏晝萬鐙一滅老鬼脫紫鳳初銜紅半豆須臾雙闕觚稜開晶毬捧出黃人來九州倏忽齊州點海水橫瀉坳堂盃一聲雄雞神山曉下睇塵寰方悄悄海童招我瓊樓登紅珠斗大滄瀛小

送李迪齋之官宜州

萬里龍江道盤雲絕塞天書生初習吏聖主特籌邊獠戶帶刀種馬人潑火田班春看到日花柳上旌㫌

過福緣庵

小雨石路滑疏風簷蔔香辨才去何所龍象此空堂竹裏不知暑草間時送涼一蟬噪高柳曾不怕螳螂

眞州道中雪泛

關河老矣客羊裘犯曉依然蕩客舟壓水倒垂封凍竹聒天亂響下江流虛無塔影連京口隱躍山尖辨

潤州白日黃雲禁不得消寒但藉酒盃甌

蘿月山房牡丹 先大父手植四十年來僅存一二對之悽然有感

天香古屋久沉埋都獨山房惱壯懷一徑冷烟飄墜瓦百年老月守空齋休云富貴根荄在且勸花魂淚眼揩不分摩挲成久立迴身風露濕青鞵

燒香曲

銀鏤三稜屏風映幔城遙撒青綾滿小姬捧出兩耳鑪玉彝紅蘭焼緩緩報花鳳檄箭忩忩二十五點呵

金蟲廻身人抱紫棉軟妙甜可與焚蘭同屜牕戶小霏烟遲茱萸匣鎖重相思相思一寸愁如許鴛鴦飛上界恩語

夜宴曲

妓鞋局罷牙牌收璧月正挂珊瑚鈎迴風席上開夜讌洪梁美酒方新篘望遠曲歌玉甌和文犀簪擊花枝悏細袖斂作香溟濛赤鳳狂飛落輕嗔夢同銀海春茫茫豪家那得崑崙觴清歌易闌酒易醒彩檻浮雲過煙頂

春柳和夏紅舫韻

一夜新黄雪後生禿餘才見羃陰成青囬埜渡還官渡綠到關城復渭城似剪好風吹有浪如綿碎雨濕無聲清明時節江南路最憶屯田墓上情

稊何容易鄣何因一樣丰姿兩樣神今日笑顰西子靨當時眠起漢宫人香來花草關心緒夢裏樓臺觸眼塵婉婉流光駘蕩命好春恐是可怜春

帽影鞭絲一片飛輕狂誰爲綰斜暉鶯兒欲醉風帘酒燕子初裁金縷衣別後十圍添翠蓋年時一色配

春旗朝煙門巷家家揷何獨龍池羡 帝畿

短條纖盡復長條舞袖粘天粉絮招張敞偶傳才子筆蕭娘曾鬬舞時腰閑調鶯語聲偏滑待化魚萍恨始消記否王孫問歸路清吟今豈嘆寥寥

團蕉墩刻春秋傳題詞

字食神儒手著書永嘉南渡此箋梳大官厨只麐經餽賣餅公羊邮得如

三板書人豈待詮六條析霸是心傳自云重闢江都學足不窺園又十年

村居

茆舍三間屋春烟一徑斜幾家圍竹樹隨意插籬笆

雪後香芹葉風前野薺花開年聞吉語多爲祝桑麻

梅天生衆綠一雨送京爬蠶子將分候魚苗欲賤時

孩兒榫引水寡女軸繅絲太古無游情羲農道在斯

秋水當空落漁人此地尊霜蘆吹入戸風柳挂當門

飯養長腰米酒香老瓦盆隣翁鬚鬢白扶杖會雞豚

豐年無一事攤起日三竿晚景完婚嫁租錢納上官

嬉兒分怏果餉客有牢丸葑火紅鑪擁身閑天地寬

擬王右丞老將行

丈夫學成萬人敵一劍鳴風手霹靂要將銅馬勒勳名肎使韝鷹等羈靮朝從青海領天戈暮向陰山馳羽檄眼底不知有袞鄂塞上何嘗議霍狄以之樹績垂凌烟豈獨銘功足亥錫漢家萬里收邊疆欃槍一掃良弓藏駒隙景光付逝水烏衣門巷對斜陽髀肉年年坐銷鑠烽烟夜夜夢沙場耳側皋棧惜駑驥心傷岐路感亡羊當時轉戰三河健今日迴身兩鬢蒼入戸寒風乍凄切都護鐵衣冷似鐵誰憐玉笛唱關

山爭忍貂裘卧氷雪意氣可似少年雄肝膽但覺將軍熱牀頭明月照刀環天外飛霜落旄節蹉跎未敢怨清時只是豪情不灰滅

洗馬行

清時萬幕歸中原司苑虎臣留花門老兵日高吹笛卧窺亘不敢來烏孫交河氷坼朝暾温玻瓈碎剪桃花兎呼向凉庌浴神駿始知十二天閑尊將軍弓挽山桑根鏤膺紅逗珊瑚痕亘叱番奴跨馬腹通以馬語馬不奔馬眼方瞳雙鏡夾馬蹄蹴踏千波渾風鬉

一戲海水立長城飽吸龍珠呑項刻蛟宮濺須洞鱗甲何止喧鯨鯢此馬未許毛羣論龍芻草秣天山屯哀牢作貢蒲桃獻汗鞲萬里馳沙磧曩時秋高狩大漠鹰䴪奐兎無一存回鞭棧火射漢月長鳴一聲動九閽至今骨相有神力五花請看濤頭掀

青山溝晩泊

青山小界晝茄店幾家藏天濶星留鸘江空月補光濕螢生露草涼鶩起菰蔣此景三人共村酤醉野航

登淨江寺松風閣

松風吹影過平岡爲快登臨住埜航僧寺四燈金碧界八家萬瓦水雲鄕靖江壘巘高空處白鳥蒼烟莽沆將安得此間眠一榻濤聲送到枕邊凉

褱守齋觀察見過

靑陰門巷兩家分忽漫停雲接朶雲官絹廉聲三品重繡衣風度兩江聞依然華髮籠紗帽難得新詩寫練帬君是寓公余老矣天涯一樣感離羣

次厲冠卿司馬見貽韻即訓

異苔謾許說岑同失馬如將念塞翁七字看君三影

似一鐙念我四禪空過江開府稱名士到海王孫唱惱公今夜薔薇花氣滿有人盥露誦當風

李賓南招飲却訓

粉蛤會切上巳餐霜螯重復宴登盤一年浪得高齋醉兩袖何知客路寒烟樹曉晴明浦溆苔紋秋老上琅玕江闊此會仙舟御靑眼能將郭泰看

送春詞

岎金箋上喚真真細打烏絲送好春一樣林花千樣落今年卮酒去年人闔城迢遞忩忩別石上精靈漠

漢塵眼底東皇歸去也離亭誰爲挽瑪輪
青天碧海恨茫茫一寸心非鐵石腸作嫁仍煩青鳥
使歌驪好倩綠衣娘筵前舞罷飛鸞袖樓上催成噴
馬糕此會紅閨齊懊惱金釵吹動十三行
芳時百五又重三小別前程不忍探瑤草幾時封洞
口綠波何止望江南風風雨雨留香夢燕燕鶯鶯送
絳駿翻憶朱旛高豎日一天粉界繡烟嵐
輕陰一霎鎖壺紗待拂征衫日已斜勝餞可憐折楊
柳新聲終怨落楳花溟濛贕有邯鄲枕窈窕誰攀博

寒翠軒詩　卷四　江村集　七

望楂剏吳草詩意始信奔天天路杳會無大藥駐容華

續題任朗峯林香掃墓圖
松門一雲鎖寒蕪爭恐霜封宿草枯千古依廬情事
在漢家先爲紀顏烏
一麾出守隔南天水複山重路四千便寄當歸歸未
得冷烟寒食又三年

采蓮曲
江南女兒弄碧波打槳解唱吳娘歌一歌未竟一歌
續對面荷花紅映肉荷花豔殺人荷葉青如蓋一手
采香一手擊汰日出蕩船來日斜猶未歸苧蘿溪上
鴛鴦飛西施昔爲吳王妃鴟巳一舸西施去館娃響
屧今已非歌儂歌花欲語五湖烟水秋如許無恙荷
花獨楚楚

瑤宮仙子掌花曲
迦陵仙鳥雙紅翎婉姈坐擁霓旌青灑灑露氣霏藹
蒸花樓中有千婍婷三宮窈窕瓊田接五色斑龍耕
不厭生春妙手藉星娥小牒司香倩儷妾紛紛人海
千花樣金谷華林兩相望青紅兒女怨飄風始識長

寒翠軒詩　卷四　江村集　八

春是天上

方東谿敏安招同汪吟石張寄琴江村修禊
三年粳泛鑾江濱白沙翠竹搖心魂昨夜東風舞淨
綠曉發烟艭波不渾汪倫千頃在胸次眼底時有雲
霞存酒榼況具方山子勝遊因得偕弟昆塹路略彴
導水次香泥過雨尋高原徑轉礫确入林麓陰籠灌
木深鵝豚圖岫數痕現林表瓜江一白流當門槎枒
老樹古雪卧蒼莽樓閣昏烟屯秋水可惜芙蓉小靑
溪亦有桃花源遂爾登頓疲雙屐要使幽蹤窮名園

園之作始不可考人代請騐杉松根沿洄不覺下西
日歸棹大好傾芳樽

江村八景和曾蕢谷夫子前題

初日滌凍塗一雨足犁作望見扶犁人沙田已盡破
烟中鳩婦喚屋角烏犍卧 耕烟閣

露茆凌層霄天青出江面舉首招愚公朝夕萬狀變
蒼龍曲未終朱烏峰先見 見山亭

一徑納幽翠一亭嵌空濛春來筠粉香驚蚍竄其中
坐久沁心骨此樂封侯同 綠筠徑

一水欲千畦中有小界畫兩兩野鴛鴦守紅真可惜
聆到釆江人涼烟澹將夕 芙蓉洲

地非賀監湖孰伴林君復三板插荒江羨此孤飛獨
我時羽衣翻相對苦跧伏 度鶴橋

入山横兆羅出山賭幽艷但覺山中多曾無片朵贈
一角隱谿東華嶺何足證 東谿白雲亭

蒼松亘太古上有蛟龍纏給諫今已矣林屋方森然
落落千股釵悠悠三百年 香葉山堂

未謝匾中緣郁得前因證慧然一鐙開如覿入關勝
木瓜弟子來空山倚孤磬 因是堂

古蹟

精衛填寃海白翎風滿天一家都虜繫何地整歌筵
三日柰燚跡孤城薄暝烟寒潮捲怒浪直打墓門前
抱蜀綿岡阜依山建子城兩京留故道魏帝此行营
鼓角愁兵氣菰蘆戰水聲回頭望天塹半壁大江横
瀨水沉千載壺漿博一餐揭來乞食易此去渡江難
孝激鞭尸怒忠餘抉目看留鷄何足報酒淚咽奔湍
寒食東風候屯田傑掌間春來空碧草人去失青山

樹石離離影雲沙漠漠斑但傳司里句流唱滿江關

南城曉泛同何炳光

一帶沙汀引鷺行朝來烟艤最分明子城山小櫻桃
熟儽掌風輕柳稻生抱郭人家深水氣過江商舶趂
天晴我來觸撥新詩意欲補尚書未了情

飲劉牧人水榭

蝦蟹登枰客踐招水心亭子浸溪橋楊雲亦閣此清
悶杜甫草堂長宋寥涼雨鴛鴦牽藻荇晴烟翡翠上
蘭苕無功座上譚犀接 巴僕園在座 巖得樽中酒易消

訪紀伯紫故居

真州景物廣城同只隔蘆花一夜風酒市仍開紅樹裏人家亦在綠楊中催帆萬里潮頭亮橫眼千山雨氣濛可惜江樓深閉鎖詩人老去響秋蟲

客中清明

封罷魚書欲寄雙小紅鐙影拜幢幢一年麥飯遲寒食三度梨花對客牕少日蘅蘭懷楚澤老來猿鳥怨巴江何須更訪屯田墓濕雪零烟過石矼

秋花詩和張古農

一桁蛛絲罥薜蘿花花猶自著庭柯垣衣小雨秋如此鈴索西風愁奈何紅剝美人蕉半捲綠盤思婦草無多姍姍可惜來時晚只合靈根寄蔛窩

書屏連日儘橫陳要看秋娘別後神疊鼓尙煩催令史一餐未免怨騷人鐙邊顧影怜遙夜香裏求心憶早春團扇漸拋刀尺冷是誰剪綵出蕭晨

金粉山川望裏銷采江此去恨迢迢烟痕滿地成終古露腦橫空洒六朝唱到哀蟬眞欲絕飛來臙蝶恐無聊詩情至此無顏色爭忍丹林落葉飄

涸壁茵升孰短長伶傳況復鬬殘枚不成圓果虛留月未了丰容且聽霜出塞琵琶同慘澹登樓詞賦等悲凉一齊收向珊瑚盒驗取紅冰淚貯將

新城看桃花

江城如畫草如茵三月東風好嫁春行過夕陽蹊上路無言看到息夫人

出郭何須駕小艭前津燕子正雙雙桃根桃葉秦淮水誰遣春深又渡江

斷飲

少日雠三雅中年近一觴留髠秪游戲醉白苦聊浪此會辭歡伯空尊付渴羌可因叩僊姥天上有瓊漿

人海聾蟲夜天風警鶴宵如何萬象寘向有百靈朝虬激非關箭龍吟不是簫聲聞落塵世那獨怨芭蕉

聽秋

東原秋望

埜火不成燒昏烟著眼塵荒年一秋老破壁幾家隣沙雨草風路呼鷹打雁人東園下西日無計挽羲輪

留別厲冠卿

欲別難爲別當歸可便歸林端丹鳥盡溪上白鷗飛無恙草堂在關情吟侶稀來朝策欵叚飛雪裹征衣

春社詞

靑陽五日屆芳辰令節句龍又一新吹過墨雲天小雨社翁社母好嬰春

一紙枌榆泝漢家新豐未許敵繁華至今父老閭中記曾贈金錢酒媼詩

紅閨乍煖日初遲鬵子新來小樣織樓上瑚梁樓下幔呼兒齊捲十三簾

落盡棣花粉水濱歸寧婦女帶香塵一竿竹傘靑油蓋提得葫蘆喚渡人

五日輕颸十日風沙晴土軟卜農功鄉村吉語從頭數大布田衫紫領翁

椎牛擊鼓鬧喧闐處處禾花祀土仙祝得上昜田了結一聲蘆管報豐年

百五重三尙未過十分春始二分和出城一樣嬉遊客偏是遨頭得句多

草草花花繡满鼓鷄豚好會古淳風老人爛醉無他事但乞一盃酒治聾

春江花月夜歌

空江夜敞千玻瓈天持圓鏡容我梯三垣珠斗蓬臉低飛渡兒有柁樓躋柁樓嬉春春似海流水無聲看采采萬柳齊牽錦纜絲百花都綴晶毬綵晶毬錦纜生冷光白龍豎尾凍且僵蒴氣郁得盃酒煖中流且試鐙筵張鐙筵盃酒神霄爛一片紅塵紅不斷鱗車後隊鎭宵明魚馬前旌晉嘷旦須臾貝闕森溟濛三宮涌出金銀銅海童蹈翻香霧裏鼉更浪打烟濤中

非烟非霧沙頭扇王母遙傳開夜宴月娥彩澈星娥飛大龍姑戲小龍戰龍姑曾嫁洞庭君儷樂琳琅闢紫雲上界空靑長杳杳人間簫筦苦紛紛江神爲我告月魄天水何須分界畫來朝妙景詐遨頭客是宗之主太白

留別眞州諸生

第三廳後小欒阿一矢壺投天笑何今日数錢輸姹女當時奔月誤姮娥吹將吴市簫聲澀乞得長安米不多此會情懷轉㨗觸可因磨蝎坐東坡

屯田儒掌絳紗開塹媿門生送葰材短尺敢量江面濶狂吟飛過海潮來奇零有廟白𪊲怨文選無碑紫鴿哀添得山川富行卷靑紅歸去闒蓬萊

讀後漢書偶感

鼓盡三撾恨未伸殺何容易薦何因當時切勿分恩怨黃祖曹瞞是一人

一家骨肉許昌收每到樽開淚暗流翻悔上書達先帝替人剌掖苦耽憂

誰云八十便衰慵尙有高堂祿萬鍾李固陳蕃收盡

也始知安樂是中庸

紛紛黨錮起蟲沙閭里歌成日已斜魚在釜中塵在甑鹿車何處是天涯

小除日蛾軒十五集分韻

東波西日相迴翔百年冉鼎勞觔煩蔥肆乍歸食指動桐軒招我開蛾軒蛾軒之聚十有五小除夕以成例論辛盤每薦槎頭魚卵酒常貯老瓦盆主人痂嗜健詩骨訓唱客雜羅岑溫頭礦幸就大冶鑄醜女亦混昭君村猷猷紅羅燭三寸此景回首沙中痕故人殘韮去夜鐙吹燈說鬼靑天昏辭漢金人帶淚眼逃秦逐客成歸魂（沙隄雲磵南阿秋槎相繼殁）不隨物化苦艷獨堅瓠或壽枯桑尊桐軒經歲卧老屋蕉子與僕遊梁園此會膢臘復宴集秖惟三老雲霞存存者兩鬢各白髮逝者已矣哀公猨細腰鼓打津漏趣飛幾出屋吟聲喧歸去黃羊醉司命我貧差喜非顏原

讀六朝史

六朝涙得史官編戎馬江山酒色天謾道皇輿輕播蕩須知傳舍豈長延銷沉紅粉三千界醉殺鴛鴦一

百年唱罷初鶯與早鴈可堪流穢到詩篇

常繼薌詩集題詞

一卷氷文啓三宮渾蓋通神珠飛渚北彩鴛到星東彈響同風外搜奇秘枕中書生眞變幻筆底有鵉籠

甘棗脩陜養湘蘅寄壯懷鮫綃含玉露魚腦拔金釵囊貯錦千樣梯攀雲半階請開王母宴花果已安排

繼薌和眞州留別詩韻見贈卻訓仍叠前韻

頹雲一角鎖纖阿風捲鐙輪缺奈何己分幽花如處女嘗聞星宿失羲娥殘年酒腑訓詩慣此會氷霜較

臘多獨有嗜痂舊吟癖朝朝拜墨學東坡
埜薺才抽柳未黃徵詞休喚杜韋娘年荒滿目無青
草天遠何人叩綠章今日紇干猶凍雀當時漢殿不
烹羊去歲旱災山妻未學休糧法充腹聊應𩞄腦嘗
蓬門歸老卧蒿萊岐路王孫子美哀三叐冰紋孤鶴
怨一聲高唱野鷹來爰金手漸同寒具敗鼓皮應號
菲材收拾小山賦招隱紙牕竹屋瓦鐙開
門館羞言逮及津侯邑空自問奇頻聲求黃鳥嘆諸
老香爇金蟾祝替人充隱桓公嘗恨假大名諸葛始

稱直餘寒兩袖瓊瑤捧贏得陽阿觸手春
龍埜雲庶常外擢卻贈
霓裳高詠領仙班風引三山去復還香吏名方分玉
案宰官身復現人寰今時手板雙旌捧舊蔭靴鐙五
蓀攀用新唐書崔戎解靴斷鐙事埜雲尊人南圃先生由甘邑擢徐州牧循聲特著聞道京
華已回首南雲相望斗牛間
坐睡和湯楙齊韻
苦海味將淡甜鄉思漸濃午風三足鳥花氣一房蜂
不假鉏茲枕聊如叔夜慵南榮偷片晌此意傲羲農

流水和韻
奔馬光中任青天斷復連華年空復爾歸路此悠然
有影難爲骨無風亦自烟與君共人海一折一延緣
桐軒端三日見過
半人將比習鑿齒全牛未見蒙莊生秖合頻當守門
戸一雯恐即天雞鳴
飢驅詩記陶元亮乞米帖臨顏平原一口邨能餬十
口但得食粥他何論
馬鳴議論好栩語阿難多羅惟苦脩五百鶴衆共智

慧一鶴一捧爭當頭
別去常如月盡蝕冐來依舊青天高年荒巳無益智
稷請爲先生歷麥饘
雪夜懷俞樸人
銀頭鵲叫江天朗快褱青魘忍奇賞平生愛讀鑿江
歌茲辰恰卧仙人掌蕭蕭苦竹聲鏗訇疑有冷翠飛
簾旌樸人齋名冷翠軒神騮一去玉踠脫至今萬馬無一鳴
東臯徐夜抱孤絕白礬丹鑪比高潔三間馬磨千兎
毫可惜酸吟不得熱人知牛腹有少翁邨識詩人在

狐穴

咎繼蘇端三日雨中病坐東禾齋詩

讀河渠志疏結轄誦逍遙遊起痿痺袪憂慮藉尸南子除熱惱檢麻姑記四者缺一墮冥塵昏眊遂等殺梁廢重聽耳致三足謝不快體受五禽戲葢戹矧復明鏡盲刮目郵得金鎞試以此老縋壁上張睇彼鬚戟隔雲翳重五前夕鍵戶坐腥風上堂夾龍氣靈湫忽幻腧糜光墨雨來作蒼水使益智似遺盧循糉競舟作以江陵比豈眞汨羅同幽憂髣髴洞庭聆仙吹

貽我甘蜜痊沉痾倩爾指爪搔爾臂披裘高卧余吟倩啜莧懐人足風味當時薦孟獨有韓今日知莊豈無惠秪慙病瘦技承蜩徒羨宜僚丸不墜天晴芳醞熟靑梅好踐幽期勿再遲

十臺詩

十臺詩始見於元至治閒濟南王首唱吳正傳和之余畢生足跡未出江表未嘗浮沅湘泝巴峽遊燕趙齊魯之鄉維是史書所紀江山故壘歌舞殘基惜紅粉於飄鐙弔英雄於轉燭遐稽故實聊據見聞約略十臺吟成七字只是效顰之陋未免貽羞否云懷古之工依然拾唾

章華臺

郢都霸業未全空贏得歌臺在望中公子彎弧麋麗射美人滅燭細腰宮當時作賦怜詞客今日傳芭弔鬼雄可惜蕭凉一彈指小家茆屋任秋風（放翁詩章華臺邊小家任茆屋雨漏秋風吹）

歌風臺

亭長威名一劍橫漢家勳豈項能爭龍生屋上虵應

斬雉在宮中狗故烹鐵券有時頒父老金甌無復仗韓彭至今泗上靈風起猶帶高臺擊筑聲

姑蘇臺

闔閭城西作射堂（郎智臺見任昉述異記）鏤金楣角望君王（築臺時句踐獻鏤金楣梁）可應輦道游麋鹿辜負名山倚鳳凰屧響廊時銷骷骨池成沼後怨飄香百花洲上遺墟在煙草紅雲摠斷腸（李紳題館娃宮句紅雲斷續草綿連）

朝陽臺

十二巫峯帶雨垂遺封曾此吊瑤姬（水經注帝女瑤姬封於巫山之

陽精蒐爲草寶靈芝千秋幻境楚襄夢一賦風流宋玉詞曉霧
披雲皆繡幔見劉夢得神女廟詩精蒐藉草即靈芝入閶天上
成終古未必神僊不受欺

黃金臺

雪恥深心代枕戈懸金築土爲蒐羅賜𡰪象鑄猶嫌
晚銅馬門高孰比多匕首不須煩聶政悲風何苦送
荊軻從來結客昭王最抵得東都伯樂過

戲馬臺

鹿走江東霸業收鴻門宴上畫鴻溝築臺方卜名騅

逝燒棧何當戲馬謀去日八千巷子弟來時五路合
諸侯阿房亦有㢡基在一樣銅駝荊棘秋

韓侯臺

嚴瀨淮陰兩釣徒王孫偏不及狂奴戎衣但少漁簑
換一死真教百戰辜勇退全軀輸更㨾報功毒手是
娥姁他時嗚咽臺邊水高鳥能飛子影無

李陵臺

塞上即官十九年隴西使者望氷天数莖髮爲胡爺
白萬里心隨漢月懸死別久經蹤骨月生離曾不戀
貂蟬國恩友誼知同感都藉河梁五字傳

銅雀臺

罘崼山河亦壯哉鴛鴦瓦合建高臺歌詩老擅幽燕
將天祿生詩草創才疑冢年深烟草合吹笙伎散埜
花開西陵遺令分明記可復宮人首一回張說詩魏武草創爭天祿

凌歊臺

半壁東南仗掃除奇功首建寄奴初冐容靈寶中原
抗不信成盧博局虛狎笑昏昏灰土障歌鍾宋宋散

金輿青山縱據如龍勢回首斜陽啼鵂鶹

題剔銀鐙詞據熊雪堂詩原序

祁縣蕤文志中有剔銀鐙詞云小院烟深雨細正
好慵慵春睡鸞被金枝連推繡枕報道皇都書至
良人得意集英殿首扳仙桂斗帳重襟鶩起斜倚
屏山偷喜寶髻慵梳香箋拆破果見中高高名第
秦樓十二知他向誰家沉醉後有邑人閻綎芳小
志云嘉靖癸丑秋九月於院中掘一枯髏藉一瑠
枕枕上書前詞詞尾題宣和次歲反復其詞似女

郎爲其夫登上第而志喜者因憶竟陵譚友夏集中會載此詞云是王右丞夫人所作攷右丞果而縣人以開元十九年登第詞尾不書開元而書宣和次歲豈作此詞一人書枕又一人耶夫疑碧管經之後右丞已淡世諦於輞莊乃集英首唱之時夫人尚憶香箋於瑠枕令人想見鬱輪袍楚楚風流如茲軼事自閻數行外祁人何以闕於揚榷也系之以詩以備參考

寶枕何年殉玉顔簪花吟帶土花斑開元自與宣和別好事偏傳出壙間

幾會真奏鬱輪袍點涴才人甲第高誰道熱腸巾幗少枯骸猶自護銀毫

葵藿清齋本夙因解頭早占等輕塵繩床經案他年事浪說秦樓慣醉人

玉魚金椀入高吟誰變山河大地音官職詩名齊鮮脫橫陳勘破七絃琴

題金人麗才卿題田琵之燕子圖

按田琵之以進士於明昌丙辰間從軍塞上有雙燕棲旅舍朝出暮歸琵之候其歸始扃戶俄屆秋社燕忽悲鳴喃喃似有別意琵之賦詩以蠟丸繫其足而去明年代歸甲子調山西潞州判官夏四月官廨中燕忽來一止戶一止硯上蠟丸封識宛然因倩才卿繪圖才卿有七古一章叙其事甚悉吁握手出　肺肝轉眼背信誓人也有愧於烏矣

截耳深情憶敬瑜帶歸前縷燕仍孤塞垣又報新聞事雙影薰風入畫圖

不傍朱門占好春一丸書繫蠟猶新烏衣信誓心如石誰說昭陽是後身

官廨重來話落暉美人南北笑輕歸翻雲覆雨交情幻會聽呢喃繞硯飛

客館挑鐙夜讀騷才卿妙諦得揮毫碩人酒淚關風化重賦差池燕羽高

擬杜工部秋興用原韻

吹角聲中望遠林清歌西顥極蕭森黿鼉抱日滄江晚龍虎霾雲斥堠陰迢遞關山聊縱目伶俜客子易傷心十年酒涕寒衣節夢到家園爲擣礁

魚腹金羊一道斜七城高踞俯京華深深雨夜傳鈴
閣宋宋邊亭駐使槎地迥寒應催露草天空秋易入
霜笳白鹽赤甲雲安路中有漂紅是蓼花
四扇潼關黯夕暉暮烟宮闕耿霏微幾時烽火三巴
靖爭恐風雲八陣飛狼籍羽書成案積飄零弟妹與
心違蕺殘苜蓿秋原遍飯顆何如牧馬肥
回首神皋一局碁滿枰勝敗雜歡悲漢家京雒全收
日秦地妖星乍掃時猿鳥亦知憐息影豕龍原不患
紛馳老臣供奉前因在問夜頻牽左掖思

五陵佳氣壓屠山金爵觚稜萬瓦間熊耳毘連三峽
界雞頭遙接六盤關西圖萿地來王母中護薇垣識
玉顏猶記九霄恩近日聲聲魚鑰聽鵷班
咸陽面面枕江頭咸事悲凉又一秋臨水湘娥曾馬
恨歸山望帝不勝愁宮中枉自調鸚鵡川上閑看起
白鷗太息飄烟付短刼漁陽鼙鼓動邊州
史書一代紀豐功貞觀開元在眼中席捲一九封谷
口帶襟三輔仗扶風闕雲銜出峰陰紫棧火圍成野
燒紅懷土景光謾悵觸那能無恙比簑翁

東屯西瀼極逶迤人在花門憶渼陂烟月中分難縮
地稻粱雖好是棲枝岑參兄弟誰相問嚴武軍營况
屢移莫謂蒻孤易頭白菰蘆未雪首先垂

雜詩

手寫送春詞心傷望遠詩海棠用梅聘可恨不同時
雙眼不成波千花奈苦何回頭亂風笛愁聽臙娘歌
飛蟾夜太狂斂鬓一簪凉穿盡紅絲露珍珠不肓香
南陌桑猶小西家繭未黄見夫不解事但要乞檳榔
窺面初疑宋提筐可姓秦含情呼好好私語問真真

賤妾留郎浦君王送女潮未經離別者那解說魂銷